Über den Wolken

Über den Wolken

Regula Eichenberger

Mein Leben zwischen Himmel und Erde

WÖRTERSEH

Wörterseh wird vom Bundesamt für Kultur
für die Jahre 2021 bis 2024 unterstützt.

Lektorat: Brigitte Matern
Korrektorat: Andrea Leuthold
Umschlaggestaltung: Thomas Jarzina
Foto Umschlag: Keystone-SDA
Fotos Bildteil: Privatarchiv, alle anderen Fotos sind gekennzeichnet
Bildbearbeitung: Michael C. Thumm
Layout, Satz und Herstellung: Beate Simson
Druck und Bindung: CPI Books GmbH

Print ISBN 978-3-03763-139-3
E-Book ISBN 978-3-03763-829-3

www.woerterseh.ch

Fill your days with life,
not your life with days!

_____

Fülle deine Tage mit Leben,
nicht dein Leben mit Tagen!

Meinem Vater Werner Eichenberger,
der ein wunderbarer, fortschrittlicher Mann war
und mich stets förderte. Ohne seine Unterstützung
wäre ich nie Linienpilotin geworden.

Inhalt

TRANS EUROPEAN AIRWAYS - TEA 1989-1999

BALAIR UND BELAIR 1999-2001 und 2001-2006

VORWORT

Als ich mich vor zwanzig Jahren zur Pilotin ausbilden liess, gaben mir meine Instruktoren viele nützliche Tipps, was ich ergänzend lesen oder auf Youtube anschauen könnte. Darunter war auch die TV-Serie »Air Crash Investigation«, in der die Hintergründe diverser Flugunfälle aufgearbeitet werden – die Bilder der Crashs haben sich mir tief in die Netzhaut eingebrannt. Durch diese Serie und die empfohlene Literatur habe ich viel gelernt. Noch nie habe ich jedoch in einem einzigen Buch so viel über das breite Spektrum wünschenswerter Verhaltensweisen und Fähigkeiten eines Piloten, über das sogenannte »Airmanship«, gelernt wie in der Autobiografie von Regula Eichenberger.

In ihrer erfrischend ehrlichen Art beschreibt sie nüchtern und realistisch die vermeintliche Traumwelt der Aviatik. Dabei spürt man gerade in ihrer schonungslosen Selbstreflexion, was sie zu einer so aussergewöhnlichen Persönlichkeit und einer ebenso aussergewöhnlichen Pilotin macht: ihre Aufrichtigkeit sich selbst, aber auch ihrem Umfeld gegenüber. Damit wird das Buch »Über den Wolken« zur Pflichtlektüre für jede angehende Pilotin und jeden angehenden Piloten. Der »perfekte« Flug gelingt einem sehr selten. Dass man trotzdem immer danach streben sollte, dieses Bewusstsein spürt man in jeder Zeile, die Regula Eichenberger schreibt.

Dieses Buch ist jedoch weit mehr als ein Buch für Aviatikbegeisterte. Es ist die Lebensgeschichte einer starken Frau, die vielen anderen Frauen Türen geöffnet hat. Als Aushängeschild zu fungieren, hat ihr jedoch wenig behagt, was sie uns noch sympathischer macht.

Beeindruckend ist für mich aber vor allem das Feuer, das beim Lesen des Buches zu spüren ist: die grosse Leidenschaft für das Fliegen. Dieses Feuer ist bei Regula Eichenberger schon früh entfacht worden, und es hat sie ihr Leben lang begleitet. Es hat sie durch die ganze Welt geführt und ihr in jeder noch so verrückten Situation Rückhalt gegeben.

Eine solche Leidenschaft, gekoppelt mit einem derartigen Urvertrauen, wie sie es entwickeln durfte, können wir unseren Kindern für ihre Zukunft nur wünschen. Denn beides zusammen lässt uns Berge versetzen und manchmal bis hoch in die Wolken und darüber hinaus fliegen.

Dominique Gisin,
Ski-Olympiasiegerin und Pilotin,
im August 2022

PROLOG

Wenn ich Menschen kennen lerne, kommt meist irgendwann die Rede auf den Beruf. Sage ich dann, dass ich Pilotin war, sind sie erstaunt, und fast immer stellen sie die gleichen Fragen. Wie das so war als Frau im Cockpit. Ob ich von den männlichen Kollegen akzeptiert wurde. Ob das mit der Anziehungskraft zwischen Piloten und Flight-Attendants stimmt. Welche schwierigen Situationen ich in der Luft erlebt habe. Ob ich dabei Angst hatte. Welchen Flughafen ich am herausforderndsten fand und welches Flugzeug besonders toll. Was mich an meinem Beruf faszinierte, was ich weniger gut fand. Ob ich ihn wieder ergreifen würde. Und überhaupt: Was das Schönste am Fliegen war.

Das Schönste am Fliegen? Eine eindeutige Antwort fällt mir schwer, denn es gibt so viel Spannendes in diesem Beruf. An erster Stelle steht sicher das Beherrschen der Maschine. Ob sie gross sein mag oder klein: Beschleunigen und Abheben ist etwas unglaublich Faszinierendes. Toll war aber auch, dass ich die Welt so oft von oben sehen durfte. In meinem Kopf trage ich noch heute viele wunderbare Bilder mit mir herum. So oft schon bin ich über unsere Alpen geflogen und konnte mich doch nie daran sattsehen. Besonders im Winter. Oder bei Sonnenuntergang. Oder wenn der Vollmond aufging, zuerst schwammig dunkelrot, dann immer heller, bis er weiss und scharf vom dunklen Himmel herab die Bergspitzen beleuchtete. Schön war auch, wenn im Herbst nach dem Start die Wolkenfetzen nur so ums Cockpitfenster sausten und sich dann, wenige Sekunden später, ein unendlich blauer Sonnenhimmel über der wellig weichen Nebeldecke ausbreitete.

13

Oder die nächtlichen Südanflüge auf den Flughafen Zürich, auf die Piste 34. Bei klarem Nachthimmel konnte ich – einfach aufgrund ihrer verschiedenen Lichtquellen – alle Städte und grösseren Dörfer erkennen. Flüsse und Seen schimmerten silbern im Mondschein. Und auf einem Flug ins indische Goa konnte ich erstmals den Kometen Hale-Bopp beobachten. Grossartig auch der Himalaja oder Agra, wo ich tief unten den Taj Mahal stehen sah. Unvergessen die Anflüge über die James-Bond-Insel Khao Phing Kan in Thailand. Die Malediven im türkisblauen Ozean. Dubai mit seinen Wolkenkratzern und den künstlich angelegten Palmeninseln. Und dann erst die Nordlichter! Wir waren auf dem Heimweg vom mexikanischen Cancún nach Zürich und flogen etwas nördlicher als sonst. Plötzlich, mitten in der dunkelsten Nacht, waren sie da, die mächtigen grünen Vorhänge, als ob jemand einen Schalter umgelegt hätte. Obwohl wir bereits über zehntausend Meter hoch flogen, schwebten sie weit über uns. Sie waberten auf und ab, verschwanden und waren wie von Zauberhand plötzlich wieder da. Wir riefen damals die Besatzung einzeln ins Cockpit, damit alle die magische Naturerscheinung bestaunen konnten. Wie winzig kam ich mir damals vor.

Und dann gibt es noch die Frage, wie ich überhaupt zum Fliegen kam. Nun gut, ich werde Ihnen meine Geschichte erzählen, wenn auch nicht ganz freiwillig. Aber dazu später.

EICHENBERGERS

1955–1983

KOPFSALAT MIT ZUCKER

Meine Ankunft in dieser Welt begann mit einem gebrochenen Schlüsselbein und einem anderen Namen: Der Arzt hatte bei der Geburt offenbar etwas zu energisch mitgeholfen, sodass ich, kaum hatte ich den ersten Schrei ausgestossen, geröntgt werden musste. Auf dem Röntgenbild wurde als Name »Irene Eichenberger« vermerkt. Ein paar Stunden später entschied sich meine Mutter jedoch um, und fortan hiess ich Regula; Irene liess sie mir noch nicht einmal als Zweitnamen. Das war im Oktober 1955 in Zürich. Im Familienfotoalbum notierte sie damals: »53 cm, 4,08 kg, Haare rotblond, gute Stimme, grosse Füsse«.

Meine Schwester Eva war damals bereits zwei Jahre alt, und die kleine Wohnung an der Zürcher Hohlstrasse wurde schnell zu eng. Im nahe gelegenen Urdorf fanden meine Eltern ein bezahlbares Stück Land, erhielten vom Grossvater mütterlicherseits ein Darlehen, und bald war der Grundstein für unser Haus gelegt. Urdorf mit seinen etwa viertausend Einwohnern gehörte in jener Zeit zu den stark wachsenden Agglomerationsgemeinden des Limmattals. Mit dem Zug war man in wenigen Minuten mitten in Zürich. Das hatte ich, wie meine Eltern mir erzählten, bereits mit drei Jahren einmal ausprobieren wollen; ich kam allerdings nur bis zum Urdorfer Bahnhof, dort griff man die kleine Ausreisserin auf und überbrachte sie der aufgelösten Mutter.

Wir hatten nicht viel Geld damals, es wurde gespart, wo es nur ging. Mein Vater arbeitete als Fahrlehrer in der Fahrschule seines Vaters Heinrich; er verdiente bis zu seiner Heirat gar nichts und später, als er zusammen mit seinem Bruder Ruedi den Betrieb übernahm, sehr wenig. Lebensmittel und Kleider waren im Verhältnis zum Einkommen ohnehin viel teurer als heute; ausserdem musste die Hypothek für das Haus abbezahlt werden. Die Finanzen verwaltete Mutter, mein Vater hatte selten mehr als eine Zwanzigernote im Portemonnaie. Sie kochte Früchte ein, Aprikosen, Zwetschgen und Beeren aus dem eigenen Garten, oder machte daraus Konfitüre; im Keller lagerte sie Äpfel und Kartoffeln ein. Damals lieferte der Bäcker das tägliche Brot übrigens noch bis ins Haus, und der Milchmann brachte Frischmilch, Butter und Käse. Meine Mutter warf nie etwas fort, sie verwertete alle Resten in einer Suppe oder einem Auflauf. Zum Zvieri bekamen wir einen Apfel und ein Stück Brot, manchmal zusammen mit einem Reiheli Schoggi. Ganz selten einmal gab es einen Zwanzigräppler, mit dem wir uns am Bahnhofskiosk ein Stängelglace kaufen konnten.

Meine Mutter war in einem Gärtnereibetrieb aufgewachsen, heiratete ironischerweise aber einen Mann, der weder Gemüse noch Salat ass. Sie war eine gute und vielseitige Köchin, richtete sich jedoch meist nach den Essgewohnheiten meines Vaters. Und da dieser Süssspeisen liebte, kamen oft Milchreis mit Kompott, süsse Wähen oder Aufläufe auf den Tisch. Auch ich liebte (und liebe) Süsses über alles. Sogar auf den Kopfsalat streute ich Zucker, sonst hätte ich ihn gar nicht erst gegessen. Fleisch gab es bei uns fast nur sonntags. Wenn Poulet vom Grill mit selbst gemachten Pommes frites auf dem Speiseplan stand, war das für uns ein Festessen. Ebenso für unsere Katzen, mit denen wir aufwuchsen, denn sie bekamen die Innereien. Katzen waren mir ein Leben lang wichtig, bis vor kurzem hatte ich selbst eine. Damals war Mitzi der Liebling meines Vaters, sie sass beim Mittagessen immer laut schnurrend neben ihm auf der Eckbank. Hinter Eva und mir auf einer Ablage sass Wyss-Pfote, eine Pfote auf unsere Schulter gelegt. Füttern durften wir sie nicht, sie bekamen die Resten; aber natürlich verstiess unser Vater immer wieder gegen das Verbot und gab ihnen etwas Wurst oder Rösti von seinem Teller.

Zum Leidwesen meiner Mutter, die von zu Hause anderes kannte, stellte mein Vater auch die Tischregel auf: »Esst nur, was ihr gernhabt, und nur so viel, dass noch eine halbe Bratwurst Platz hätte. Was ihr aber selber geschöpft habt, wird aufgegessen.« Das imponiert mir noch heute. Er kam werktags zum Mittagessen nach Hause; die Woche hatte damals noch sechs Arbeitstage, und auch wir gingen samstags zur Schule. Er machte eine halbe Stunde Mittagspause, dann wartete bereits der nächste Fahrschüler. Oft sass auch einer der zwei oder drei Fahrlehrer, die er angestellt hatte, mit am Tisch. Und ein sogenanntes Zimmerfräulein. Um das Budget aufzubessern, vermieteten meine Eltern nämlich eines unserer Zimmer, Essen und Familienanschluss inklusive. Meine Schwester und ich liebten diese Zimmerfräuleins, denn sie waren für uns wie grosse Schwestern.

Auch bei der Kleidung wurde sorgsam gespart. Selbstverständlich musste ich die Sachen meiner Schwester nachtragen und immer eine Schürze darüber anziehen. Und Mutter strickte für uns: Pullover, Strumpfhosen, Socken und Mützen und den von mir gehassten blauen Glockenjupe, den sie immer wieder auftrennte, um ihn grösser zu stricken. Sonntagskleider gab es leider auch. Denen sollte ich besonders Sorge tragen, Rollschuh fahren war damit also nicht erlaubt. Ein weiterer Streitpunkt mit Mami waren die wollenen Strumpfhosen. Erst wenn es warm war, durften wir die blöden Strumpfis gegen die geliebten Kniesocken tauschen; meistens war das um Ostern der Fall. Wie gross aber die Enttäuschung, wenn dann noch Schnee lag und Mami sich partout nicht davon überzeugen liess, dass es endlich Zeit für Kniesocken war!

In der sechsten Klasse erhielt ich dann die ersten Hosen. Mein Vater ging mit Eva und mir einkaufen, und alle drei kamen wir mit Jeans nach Hause. Wie stolz war ich auf dieses praktische Kleidungsstück! Zwar machte ich noch kurz die Minirock-Mode mit, aber dank der Erfindung der Jeans war die Zeit des Röcketragens für mich bald endgültig beendet.

EIN FOLGENREICHER FÜHRERSCHEIN

Ich hatte gute, einfühlsame Eltern, allerdings waren sie völlig verschiedene Charaktere. Meine Mutter war pessimistisch veranlagt und schaute sehr skeptisch auf die Welt, während mein Vater ein unermüdlicher Optimist und sehr lebensbejahend war. Unlösbare Probleme oder unüberwindbare Hürden gab es für ihn nicht. Mutter achtete stets darauf, nicht aufzufallen, und vermied alles, was andere stören könnte. Wenn es unser Vater nicht hörte, sagte sie oft zu uns: »Was sollen denn die Nachbarn denken?« Meinen Vater kümmerte nicht, was die anderen dachten. Er hatte keine Angst, weder vor Menschen noch vor Ämtern. Er war offen für alles Neue und unterschied weder nach Hautfarbe noch nach Herkunft oder Geschlecht.

Meine Mutter erzog uns streng, während mein Vater – obwohl er nur wenig Zeit hatte – uns immer liebevoll begleitete, förderte und unterstützte. Meine Schwester und ich vergötterten ihn. Er war ein fantastischer Pädagoge. Wollte er etwas erklären, nahm er meist mit dem Satz »Du weisst sicher, dass …« ein Blatt Papier zur Hand und begann, den Sachverhalt anschaulich aufzuzeichnen. Nie hörte ich von ihm, dass etwas zu schwierig sei. Immer nur: »Du kannst das! Das ist kein Problem für dich!« Auch als ich längst erwachsen war, ermunterte er mich oft: »Mach das jetzt, denn später kommst du vielleicht nicht mehr dazu!«

Dass meine Mutter eine schlimme Kindheit hatte, erzählte sie uns erst, als wir schon grösser waren. Sie war in Albisrieden zur Welt gekommen und hatte ihr eigenes Mami schon mit zwei Jahren verloren. Von ihrer Stiefmutter war sie dann seelisch und körperlich fürchterlich misshandelt worden. Und ihr Vater hatte das zugelassen; er schenkte ihr weder Liebe noch unterstützte er sie in irgendeiner Weise. Bereits als kleines Kind musste sie in der familieneigenen Gärtnerei in Albisrieden schuften, auch dann, wenn sie krank war. Ein gemeinsames Familienleben gab es für sie und ihren zwei Jahre älteren Bruder Willi, der ebenfalls sehr unter der Stiefmutter litt, nicht. Essen mussten sie immer mit den Gärtnereiangestellten, und Freunde und Freundinnen durften sie nicht mit nach Hause bringen. Als sie von einer Kochlehre träumte, war ihr Vater dagegen, dass sie überhaupt eine Ausbildung machte. Er vermittelte ihr – das empfand sie als das Schlimmste –, dass sie nichts wert sei. Mein Grossvater war stockkonservativ. Für ihn zählte nur das männliche Geschlecht etwas. Und selbstverständlich erwartete er von meiner Mutter, dass sie einen Gärtner heiratete und diesem Söhne gebar.

Doch dann sollte Mami den Lastwagen-Führerschein machen, damit sie das Gemüse auf den etwa zwei Kilometer weit entfernten Wochenmarkt in Altstetten karren konnte. Sie besuchte deshalb die Fahrschule Heinrich Eichenberger. Dort entdeckte sie Werner, einen unscheinbaren, schlaksigen Burschen, der sich immer hinter Büchern versteckte. Und der sogar fliegen konnte, und wie! Einmal fegte er im Tiefflug mit seinem Motorflugzeug über den Markt, wo Mami Gemüse verkaufte, nur um sie zu grüssen. Damit stach er sämtliche Konkurrenten aus. Dass er sich das Fliegen, von klein auf seine grosse Leidenschaft, mit Frondiensten ermöglicht hatte, erfuhr sie erst später. Sie verliebten sich, und meine Mutter wurde in der Familie Eichenberger herzlichst aufgenommen. Zum ersten Mal in ihrem Leben erfuhr sie Liebe und Geborgenheit.

Ihr Vater war überhaupt nicht begeistert, als die beiden heiraten wollten. Erstens war der Zukünftige kein Gärtner und zweitens von Altstetten, nicht von Albisrieden. Wenigstens war er reformiert! Die Erfahrungen in ihrem Elternhaus machten Mami noch lange zu schaffen, obwohl sie nun einen offenen, herzlichen Ehemann zur Seite hatte. Bei Evas und auch bei meiner Geburt weinte sie, weil sie doch Buben hätte zur Welt bringen sollen. Papi war dagegen hocherfreut über seine Töchter und schimpfte ein bisschen mit ihr. Mami war aber auch ganz schön mutig: Bereits 1959 liess sie sich von Papi das Segelfliegen beibringen, und später lehrte er sie, schwere Motorräder zu fahren. Die beiden führten eine bewundernswert liebevolle Ehe, und als Mami am Ende bettlägerig wurde, pflegte Papi sie, bis sie 2013 starb.

Eines verstehe ich aber bis heute nicht so recht: Warum liebte Mami ihren Vater, obwohl er sie so schlecht behandelt hatte? Noch bis zum Schluss brachte sie ihm jede Woche sein Lieblingsgebäck, das sie zuvor für ihn gebacken hatte. Eva und ich hassten es, wenn wir mitmussten nach Albisrieden, vor allem auch, weil die böse Stiefmutter anwesend war. Wir hatten dort regungslos und mucksmäuschenstill auf dem altmodischen Sofa zu sitzen. Es könnte ja eine der grauenhaften bunten Glasfiguren, die überall herumstanden, in die Brüche gehen! Das war bei Papis Papi Heinrich ganz anders. Er zeigte uns Dinge, die wir noch nicht kannten. Zum Beispiel besass er eine Filmkamera, mit der er Schnecken filmte. Das war sensationell. Ein paarmal packte er uns ins Auto – Eva, die zwei Kinder von Papis älterem Bruder Ruedi und mich –, und wir fuhren nach Engelberg oder ins Tessin, wo wir mit ihm wunderbare Tage verbrachten. Das waren richtige Highlights für uns Kinder! Ich bewundere ihn noch heute, wie er die vierköpfige Rasselbande unter Kontrolle halten konnte. Zumindest meistens, denn manchmal lief es schon gehörig aus dem Ruder. Leider starb seine Frau, das liebste Mami und Grossmami, schon mit einundsechzig Jahren an Leukämie. Ich war damals erst sechs Jahre alt und – wie wir alle – unendlich traurig.

Grosspapi Heinrich war ein ziemlich witziger Erfindergeist. Da gab es zum Beispiel die von ihm abgeänderte Wanduhr, die mich als kleines Kind ungemein faszinierte: Das Uhrwerk war im Büro zu sehen, das Zifferblatt, die Zeiger und das Pendel hingen jedoch in der Stube, also an derselben Wand, aber auf der anderen Seite. Dann gab es in der Wohnung noch einen Staubsauger, dessen Schlauch man aus dem Wandkasten ziehen konnte und der durch die ganze Wohnung reichte. Wo sich der Staubsaugerschlitten versteckte, habe ich nie herausgefunden. Von Beruf war er Elektriker gewesen und hatte neben der Fahrschule in Altstetten auch eine Autogarage mit Tankstelle betrieben. So lernten mein Vater und sein Bruder schon als Kinder, mit Strom zu hantieren und Autos zu reparieren; Testfahrten unternahmen sie ohne Fahrerlaubnis. Als Grosspapi während des Zweiten Weltkriegs Aktivdienst leisten musste, war es für seine Frau sehr schwierig gewesen, die Familie über Wasser zu halten. Grossmami verkaufte kaum noch Benzin, sodass sie den Lieferanten der Firma Shell nicht bezahlen konnte. Nach dem Krieg kam dann der Shell-Vertreter zu ihr und sagte: »Frau Eichenberger, der Krieg ist vorbei, wir beginnen neu und streichen Ihnen sämtliche Schulden!« Das war der Grund, warum mein Vater immer nur bei Shell tankte.

Mein Vater erzählte uns viele weitere wunderbare Geschichten aus seiner Jugendzeit, über Solidarität und Beistand unter den Menschen, die mich noch heute zu Tränen rühren. Wie die Geschichte von den zwei Altstettern, die für seinen Vater, ohne dass der darum gebeten hätte, einen Kredit organisierten und dafür bürgten, damit er die zuvor nur gemietete Garage übernehmen konnte. Allein die Erlebnisse meines Vaters – sei es als Auto-, Töff- und Lastwagen-Fahrlehrer oder als Flieger – würden ein dickes Buch füllen. Leider hat er all das, was er erlebt hatte, nie aufgeschrieben.

Auch er besass erfinderisches Talent. In den Siebzigerjahren baute er mit seinem Vater zum Beispiel einen ersten Fahrschulsimulator: eine Kiste mit Steuerrad, Kupplung, Bremse, Gaspedal und Blinker, vor dem sie selbst gedrehte Filmausschnitte mit verschiedenen Strassensituationen abspielten; später entwickelte mein Vater auch ein E-Learning-Tool für die Flugschule. Ausserdem ging er bis ins hohe Alter problemlos und wie selbstverständlich mit Computern und Handys um, samt diversen Apps wie Whatsapp. Er war ein Autodidakt und sein ganzes Leben lang unglaublich wissbegierig.

SCHON WIEDER KEIN VELO!

Papi hat auch die riesige Schaukel gebaut, auf der ich so gern herumkletterte, wenn ich allein war. An den vier stützenden Metallstangen stieg ich flink wie ein Äffchen hinauf, balancierte auf allen vieren über den Querbalken und rutschte auf der anderen Seite wieder hinunter. Am liebsten aber spielte ich mit

Silvia von nebenan, später auch mit meiner Freundin Esthi. Im Sommer fuhren wir mit Rollschuhen ums Haus oder kesselten damit die steile Wohnstrasse runter, wir gingen nach Birmensdorf oder Schlieren schwimmen, spielten Fangis, Stäckli-Verbannis, Räuber und Poli; die Samstagnachmittage verbrachten wir in der reformierten Jungschar von Urdorf. Und natürlich klauten wir im Frühling auch Kirschen beim Bauern, über dessen Wiesen wir unseren Schulweg abkürzten, und schlittelten im Winter die noch unbebauten Hügel oberhalb unseres Hauses hinunter. Früher lag viel mehr Schnee, und ich erinnere mich noch gut an die Zürcher Seegfrörni 1963, als die halbe Bevölkerung auf dem Eis war. Eislaufen war neben Schwimmen und Leichtathletik eine weitere Leidenschaft von mir. Wie gern hätte ich Trainingsstunden im Eiskunstlauf genommen! Aber das lag finanziell einfach nicht drin.

Weihnachten bedeutete mir immer sehr viel, nicht unbedingt nur wegen der Geschenke. Unter dem Baum lag viel Nützliches, mal ein Winterpulli von der Gotte, ein Wintermantel vom Götti oder etwas für die Skiausrüstung. Immer gab es aber auch Spielsachen. Zu meiner Enttäuschung jedes Jahr das Falsche: Mädchen schenkte man damals ungefragt Puppen, also bekam auch ich Jahr für Jahr entweder ein neues Bäbi, ein Bäbiwägeli oder sonst ein Bäbizubehör. Ich spielte aber nie damit! Und so stand der Wagen samt Puppenzeugs unberührt in der Ecke, wo meine Mutter ihn hin und wieder abstaubte.

Wie viel lieber hätte ich einen neuen Ball, bessere Rollschuhe, ein Velo oder ein Trottinett gehabt! Jahrzehnte später sagte meine Mutter einmal kopfschüttelnd: »Warum nur haben wir zugelassen, dass du immer wieder Bäbisachen geschenkt bekommst? Wir haben doch gesehen, dass du nicht damit gespielt hast.«

Toll war Weihnachten vor allem wegen der Familie. Ausser den zwei Wochen Sommerferien im Jahr waren dies die einzigen Tage, an denen beide Eltern uneingeschränkt für uns da waren. Unter der Woche gab mein Vater ja Fahrstunden, und sonntags engagierte er sich auf dem Flugplatz Spreitenbach. Und als die Eltern 1970 zusammen mit meinem Onkel Ruedi den Flugplatz Buttwil eröffneten, wo meine Mutter das Beizli und mein Vater die Flugschule führte, waren beide kaum noch zu Hause, zumal das Flugplatzbeizli auch bei schlechtem Wetter geöffnet hatte. Nur an Weihnachten war der Flugplatz komplett geschlossen. Dann hatten Eva und ich die Eltern endlich für uns. Wir genossen diese ruhige, festliche Zeit. Später als Linienpilotin musste ich sehr oft über Weihnachten arbeiten. Trotzdem haben wir es immer geschafft, an einem Tag mit der Familie zusammenzukommen und zu feiern, es musste ja nicht unbedingt an Weihnachten sein.

Mit meiner Schwester Eva war ich eng verbunden. Während ich ein sehr lebhaftes, unbeschwertes Kind war – weshalb meine Eltern mich Räbel nannten –, war sie introvertiert und scheu. Stundenlang konnte sie allein mit ihren Puppen spielen. Sie war eine Träumerin und pflückte Mami, wenn es ging, jeden Tag ein Sträusschen Wiesenblumen. Sie ängstigte sich vor vielem und schickte gern mich vor, wenn ihr etwas ungewöhnlich oder unheimlich vorkam. Dafür verwöhnte sie mich mit spannenden Geschichten und zauberte dabei mit ihren Händen Schattenfiguren an die Wand. Jeden Sonntagmorgen las sie mir aus der Sonntagsbibel für Kinder vor; unter der Woche unterhielt sie mich abends im Bett mit Büchern wie »Hans Eichhorn, der Lausbub« von Sepp Bauer, »Jim Knopf« von Michael Ende und »Die rote Zora und ihre Bande« von Kurt Held. Ich lag derweil auf dem Rücken und hörte genussvoll zu. Ich selber las nie etwas. Kein Wunder, konnte ich schlecht vorlesen. Das mit der Aussprache war aber auch schwierig! Warum betonte man das Wort »gestern« auf der ersten statt auf der zweiten Silbe? Und wieso las man bei Häuschen und Mäuschen das »s« und das »ch« getrennt und nicht als »sch«?

Klar, stritten wir uns auch. Beispielsweise, wenn wir in einer Wirtschaft zusammen eine Flasche Sinalco oder Vivi Kola trinken durften. Dann stellten wir beide Gläser nebeneinander und achteten streng darauf, dass jede gleich viel bekam. Wehe, wenn nicht! Als Eva zwölf wurde und wir beide ein eigenes Zimmer erhielten, war das für mich ein Drama. Ich protestierte lauthals, aber es nützte nichts. Ich hasste es, allein zu sein, und das abendliche Vorlesen war nun auch vorbei. Ich habe mein Zimmer nie benutzt, auch nicht, um darin Hausaufgaben zu machen. Es diente mir nur zum Schlafen.

DER HILFLOSE HERR GUT

An meinen allerersten Schultag erinnere ich mich nur zu gut. Das Schulzimmer war mit über dreissig Schülerinnen und Schülern und den vielen Eltern krachend voll. Unsere Lehrerin, Frau Aebli, rief uns alle einzeln an die Wandtafel, damit wir unseren Namen schrieben. Ich war die Einzige, die nicht nach vorne ging, denn ich hatte keine Ahnung, wie man Regula schreibt. Heute muss ich darüber lachen, aber damals schämte ich mich ziemlich. Danach aber ging ich gern zur Schule, obwohl Frau Aebli eine Lehrerin alter Schule war. Ohrfeigen zu geben und andere blosszustellen, stand bei ihr auf der Tagesordnung. Da sie schlecht stehen und gehen konnte, umringten wir ihren Schreibtisch, wenn sie das Einmaleins erklärte. Danach mussten wir uns in einer Reihe aufstellen und bekamen nacheinander eine Rechenaufgabe. Wer sie richtig löste, durfte an seinen Platz zurück; wer falsch antwortete, musste sich erneut in die Reihe stellen. Das zweite falsche Ergebnis hatte eine Ohrfeige und nochmaliges Anstellen zur Folge. Ich hatte mit Rechnen keine Mühe, es war eines meiner Lieblingsfächer, aber die Schüler, die vor lauter Angst nichts mehr zustande brachten, taten mir schon sehr leid.

Nach meinem ersten Schuljahr wurde Frau Aebli pensioniert, und in den nächsten zwei Jahren unterrichteten uns so viele Lehrer, dass teilweise nicht einmal ein Zeugnis ausgestellt werden konnte. Darauf folgten einige Schuljahre ohne besondere Vorkommnisse. Bis 1969, in der zweiten Sekundarklasse, das Chaos ausbrach. Damals wurden wir von zwei Lehrern unterrichtet. Mathe und naturwissenschaftliche Fächer unterrichtete Herr Bruppacher; »Bruppi« war noch jung, hatte gerade erst das Studium und seinen Militärdienst hinter sich gebracht. Für Sprachen und Geschichte war Herr Gut zuständig, ein liebenswürdiger älterer Herr von über fünfzig. Eines Tages erzählte uns dieser von einem neuen Konzept namens antiautoritäre Erziehung. Er war begeistert davon, und wir sollten als erste Klasse davon profitieren. Keiner von uns begriff so recht, was er meinte. Und so ging es nicht lange, bis die Schulstunden völlig aus dem Ruder liefen. Einige legten ihre Füsse auf den Tisch oder rannten im Klassenzimmer herum, andere stellten ihr Transistorradio an oder spickten Kaugummis an die Wandtafel. Herr Gut redete uns gut zu, aber es nützte nichts. Wir fanden das Durcheinander lustig. Bis Herr Gut einen Nervenzusammenbruch erlitt. Er musste viele Wochen in Kur, und als er zurückkam, war der Schlimmste in unserer Klasse in eine andere Schulgemeinde versetzt.

Bei Bruppi wäre ein solches Benehmen undenkbar gewesen. Er duldete keinerlei Störaktionen, sodass wir in seinem Unterricht alle ganz artig waren. Wir haben ihn auch immer zu unseren Klassenzusammenkünften eingeladen, die noch heute regelmässig stattfinden. Für mich waren diese zwei Jahre eine orientierungslose Zeit, und es wundert mich heute noch, dass ich den Schritt in die Mittelschule geschafft habe. Zumal ich privat ziemlich unbeaufsichtigt war: Meine Mutter drückte damals ebenfalls die Schulbank, da sie für das Wirtepatent lernte; Papi arbeitete ohnehin immer, und meine Schwester besuchte im Welschland – inzwischen ging es uns finanziell viel besser – eine Internatsschule. Oft war ich bis spätabends unterwegs, was für eine Vierzehnjährige eher ungewöhnlich war. Einen Schulschatz hatte ich aber noch nicht, auch wenn ich für den einen oder anderen Jungen schwärmte und doch ein, zwei Verehrer hatte.

ISIS LÖWENMÄHNE

Im Sommer verbrachten wir oft zwei Wochen am Meer, in Spanien, Italien oder Jugoslawien, mit den besten Freunden meiner Eltern und deren Buben Peter und Jürg. Ich liebte das Campingleben. Bereits das grosse Zelt aufstellen war ein Abenteuer. Endlich keine Kleiderzwänge, auch sonntags nicht. Von morgens bis abends in den Badehosen, und so lange im Wasser bleiben, wie wir wollten! Jürg und Peter waren wie Brüder für uns, wir lachten viel, und immer war was los. Manchmal verbrachten wir die Ferien aber auch in einem Segelfluglager im französischen Pont-Saint-Vincent oder in Saanen im Kanton Bern, wo mein Vater mit dem Motorflugzeug Segelflieger in die Höhe zog – im Fachjargon heisst das »schleppen« – oder selber in den Segelflieger stieg. Die Frauen der Segelflugpiloten blieben am Boden und standen parat, wenn sie Mann und Maschine mit dem Transporter abholen mussten, falls sie es nicht zurück auf den Startflugplatz geschafft hatten. Auch hier campierten wir mit unserem Hauszelt, und da es Kinder jeden Alters gab, wurde uns nie langweilig. Einmal fanden wir in Pont-Saint-Vincent eine zerdrückte, schwere Metallhülse im Wald. Wir nahmen sie mit. Es war der 1. August, und am Abend machten wir – ganz schweizerisch – ein grosses Feuer. Der Bruder meines Vaters wusste nichts Gescheiteres, als das Metallteil ins Feuer zu werfen. Wir hatten wirklich Glück, denn es war Munition aus dem Zweiten Weltkrieg. Es gab einen Riesenknall, und in der vordersten Reihe verbrannten sich alle die Haare. Noch nie hatte ich so kurze Stirnfransen.

Mit siebzehn zogen meine Freundin Evi und ich dann erstmals allein los und reisten mit dem Interrailticket quer durch Europa. Wir fuhren an die Côte d'Azur, an den Atlantik nach Biarritz, nach London und Amsterdam. Obwohl wir stets im Zelt übernachteten und fast nur Baguette und »La vache qui rit«, den französischen Streichkäse, assen, kostete der Urlaub Geld. Das hatte ich zuvor als Servicekraft an Festbanketten verdient; das Servieren machte so grossen Spass, dass ich später auch in Cafés und im Flugplatzbeizli meiner Mutter bediente – und später, aber davon wusste ich damals noch nichts, regelmässig bei der Crossair. Als Copilot* und später auch als Captain, zumindest dann, wenn rechts von mir ein guter Copilot sass.

---

* Meistens verzichte ich bei den Berufsbezeichnungen auf die Nennung der weiblichen Form, da es in der englischen Sprache, die in meinem Beruf dominiert, keine weiblichen Endungen gibt. Es heisst *pilot, captain, copilot, instructor,* sodass auch ich mich meist als Pilot und Instruktor bezeichnete.

Aber zurück in die Vergangenheit: 1972 besuchte ich bereits seit einem Jahr das Unterseminar an der Höheren Töchterschule in Zürich Stadelhofen. Bruppi hatte mir dazu geraten, als ich den Vorschlag des Berufsberaters, eine kaufmännische Lehre zu machen, verworfen hatte. Dabei wollte ich doch gar nie Lehrerin werden! Gleich am ersten Tag im Untersemi lernte ich Evi kennen, weil sie sich neben mich setzte. Sie ist bis heute nicht meine einzige, aber meine engste Freundin. Von nun an hiess es jeden Morgen, pünktlich den Zug nach Zürich zu erwischen, und dann gings durchs Niederdorf hinauf zur Töchti. Damals hatte ich noch keine Augen für Zürich. Heute finde ich sie eine der schönsten Städte der Welt (und ich kenne viele Städte!) und bin stolz darauf, Zürcher Bürgerin zu sein.

Am Unterseminar ging es streng zu. Ich war es nicht gewohnt, Hausaufgaben zu machen, und glaubte, das Flohnerleben der letzten Jahre an der Urdorfer Sekundarschule ginge auch hier weiter. Uiiihhh, weit gefehlt! Beim Deutschlehrer Huber mussten wir beispielsweise jeden Freitag ein Gedicht auswendig rezitieren. Einmal konnte ich gerade nur den Titel und die erste Strophe. Ich stand vor der Klasse, und meine Kollegin Maja versuchte mir die Zeilen einzuflüstern. Es half nicht viel. Ich bekam eine Verwarnung, und es hiess, dass ich die Probezeit nicht schaffen würde, wenn ich mich nicht endlich anstrengte. Meine Eltern sagten nicht viel dazu, meinten nur, das liege allein in meiner Verantwortung.

Nicht optimal war auch, dass man als zukünftige Lehrerin singen oder wenigstens Klavier spielen können sollte. Ich beherrschte weder das eine noch das andere, sondern nur Querflöte. Im Gesang war ich zumindest nicht die Schlechteste, denn eine meiner Mitschülerinnen sang noch kläglicher: Sie intonierte alle Lieder mit maximal zwei Tönen, was sich so grauenhaft anhörte, dass ich mir immer das Lachen verkneifen musste. Wenn ich selber vorsingen musste, klang es allerdings nicht viel besser. Ich merkte genau, dass der Ton danebenlag, konnte aber leider nichts daran ändern. Mit Wehmut und Neid dachte ich an meine Mutter, die so schön singen, ja sogar jodeln konnte.

Sprachlich war ich auch nicht gerade ein Hirsch. Weder Französisch noch Englisch gehörten zu meinen Lieblingsfächern, obwohl ich diese Sprachen später noch sehr schätzen lernte. Physik, Mathematik und Turnen mochte ich viel lieber. Schon seit frühester Jugend fesselte mich die Weltraumfahrt. In meinem Zimmer hingen neben Postern von Tom Jones und den Bee Gees auch Apollo-Helden; ich verpasste kaum einen Start oder eine Landung der Missionen, selbst wenn sie mitten in der Nacht stattfanden. Wie gern hätte ich Astrophysik studiert! Aber ich kannte meine Limiten.

Im Unterseminar waren wir Anfang der Siebzigerjahre noch eine reine Mädchenklasse. Wir diskutierten damals über Themen wie Frauenrechte, Rauschgift, AKW und Naturschutz, und einmal brachte Marie-Claire, eine meiner Mitschülerinnen, ihren Götti, den Journalisten und Schriftsteller Niklaus Meienberg, mit in die Schulstunde – wir waren begeistert von seiner kritischen Haltung gegenüber dem Establishment und seinen für uns revolutionären Ideen. Geschlossen rückten wir 1973 für vier Wochen in die sogenannte Rüebli-RS im bündnerischen Madulain ein, das 2004 endlich abgeschaffte hauswirtschaftliche Obligatorium für junge Frauen. Ausser Zopf backen blieb bei mir nicht viel hängen, und putzen hatte ich bereits zu Hause gelernt.

Als es 1974 dann auf die Abschlussreise nach Berlin ging, hätte ich beinahe allen die Tour vermasselt. Damals benötigte man, um mit dem Zug durch die DDR fahren zu können, einen

Pass und ein Transitvisum – es war die Zeit des Kalten Kriegs und des Eisernen Vorhangs. Am Hauptbahnhof Zürich stellte ich fest, dass ich Visum und Pass zu Hause vergessen hatte. Holen ging nicht mehr, dann hätten wir den Zug verpasst. Die beiden Begleitpersonen diskutierten. Der eine wollte mich zurücklassen; der andere aber, Mathelehrer Grob, setzte sich durch: Irgendwie würde man mich schon in die DDR schmuggeln können, meinte er. Wir hatten Liegebetten gebucht, sechs Schülerinnen teilten sich ein Abteil. Ich sollte mich verstecken, sobald wir uns der DDR näherten. Auf dem Bahnsteig des Grenzbahnhofs – es könnte Probstzella gewesen sein – patrouillierten die Beamten mit Schäferhunden und Kalaschnikows. Auch die Kontrolleure, die ins Abteil kamen und die Reisenden mit der zuvor bewilligten Passagierliste abglichen, waren bewaffnet.

Herr Grob, ein stattlicher Mann, postierte sich in unserem Abteil. Als der Grenzbeamte kam, streckte er ihm die fünf Pässe entgegen. Dass der sechste fehlte und ein Bett leer war, interessierte diesen gar nicht. Ich lag derweil auf der obersten Liege hinter Isi, einer Mitschülerin mit gewaltiger Löwenmähne, und machte mich so dünn wie möglich. Kaum war der Beamte aus dem Abteil, rief ein Mädchen laut über den Gang: »Wie isch es mit de Regula gloffe?«* Und zack stand der Beamte wieder da. Mein Herz pochte laut. Doch er wollte nur wissen, warum da ein Bett frei sei, und verzog sich nach einer schnell zurechtgezimmerten Erklärung wieder. Wir atmeten aber erst auf, als der Zug in den Berliner Westbahnhof einfuhr. Dank meiner Mutter, die mir den Pass express per Luftpost nachschickte, konnte ich dann sogar am Tagesausflug nach Ost-Berlin teilnehmen.

* »Wie ist es mit Regula gelaufen?«

DER TRAUM VOM FLIEGEN

Bereits die Familie meines Vaters hatte es sonntags von Altstetten auf den Flugplatz Dübendorf gezogen, wo sie die Starts
und Landungen der Flugzeuge beobachteten. Dabei steckte sich
mein Vater mit dem Fliegervirus an. Mit sechzehn durfte er
sich dann auf dem Flugplatz Spreitenbach, den die Segelfluggruppe Zürich betrieb, das erste Mal in den einsitzigen Zögling,
ein Gleitflugzeug für Schulungszwecke, setzen. Um seine Leidenschaft zu finanzieren, half er, Segelflugzeuge, die bei unglücklichen Starts und Landungen kaputt gegangen waren, zu
reparieren. Dazu wurde das havarierte Segelflugzeug unter Zu-
hilfenahme von Velo und Leiterwagen von Spreitenbach nach
Altstetten ins sogenannte Baulokal bugsiert. Für je drei Stunden
Arbeit konnte er Schritt für Schritt Segelfliegen lernen – vom
ersten »Rutscher« über den ersten »Hüpfer« bis zum ersten Alleinflug. Mit neunzehn kaufte er mit seinem Bruder ein Motorflugzeug; das Geld dafür hatten sie sich zusammengeliehen.
Leider planten die Schweizerischen Bundesbahnen, SBB, denen
das Flugplatzgelände in Spreitenbach gehörte, in den Sechziger-
jahren genau dort den späteren Rangierbahnhof Limmattal und
kündigten den Seglern und Motorfliegern. Zwar durften diese
den Platz bis zum Baubeginn noch einige Jahre benutzen, aber
der zunehmende Flugverkehr in Zürich Kloten schränkte die
Motor- und Segelfliegerei bereits stark ein.

Mein Vater und sein Bruder Ruedi suchten darauf nach einem
Ersatz. Jahrelang vergeblich. Ich erinnere mich, dass sie sich
eine Zeit lang jeden Mittwochabend mit Bauern trafen, um über
mögliche Grundstücke für ihr Flugplatzprojekt zu verhandeln.

Als nichts vorwärtsging, schalteten sie die Presse ein. Darauf meldeten sich zwei Buttwiler Landbesitzer, und das Projekt »Flugplatz Buttwil« konnte starten. Es war eine Herkulesarbeit, auch noch die anderen Bauern zum Verkauf der angrenzenden Felder zu bewegen. Und auch ziemlich gewagt, denn mein Vater und sein Bruder hatten das Land gekauft, ohne die Einwilligung des Eidgenössischen Luftamts abzuwarten. Am 17. Juni 1968 hatten sie aber auch diese in der Tasche. Der Wald in der Anflugschneise wurde gerodet, der feuchte Boden trockengelegt, der Bau des Hangars, der Kläranlage und der anderen Nutzgebäude – wie das Beizli und das sogenannte C-Büro für die Piloten – vorangetrieben, was einen Grosseinsatz an Freiwilligen verlangte. Und viele, viele packten mit an. Zwei Jahre später konnte der Flugplatz eingeweiht werden.

Nun waren die beiden Brüder ihre eigenen Herren, und ein lang gehegter Traum ging in Erfüllung: ein eigener Flugplatz mit eigener Schule für Motorflugzeug- und später auch noch für Helikopterpiloten. Da sich der Flugbetrieb anfangs nicht rechnete, betrieben mein Vater und Onkel Ruedi die Fahrschule und die Autogarage eine Weile nebenher weiter. Doch mit der Zeit ging es voran, bald boten sie auch Schleppdienste, Rund- und Fotoflüge an, und die Flotte vergrösserte sich auf etwa sechzehn Motorflugzeuge sowie vier Helikopter, von denen wegen Havarien und Revisionen aber immer wieder ein paar am Boden blieben.

Meine Eltern setzten ihre ganze Energie in den Aufbau des Flugplatzes und der Flugschule. Mutter blühte in ihrem Beizli richtig auf und wurde, bescheiden und zurückhaltend, wie sie war, zum guten Geist des Flugplatzes Buttwil. Beide rackerten, bis sie weit über siebzig waren, dann erst trennten sie sich von ihrem Lebenswerk und übergaben alles Bruder Ruedi und dessen Familie. Vaters Leidenschaft fürs Fliegen hielt ein ganzes Leben an. Mit einundneunzig – zwei Jahre vor seinem Tod 2020 – absolvierte er seinen letzten Flug.

Kein Wunder, verbrachte auch unsere Familie viele Sonntage auf dem Flugplatz, zuerst in Spreitenbach und später natürlich in Buttwil. Und dabei hat auch mich das Fliegerfieber gepackt. Unser Vater nahm meine Schwester Eva und mich nur ein einziges Mal im Flugzeug mit, 1964, nach Lausanne an die Expo. Ich bin mir sicher, dass er uns ganz bewusst nicht öfter im Flugzeug mitnahm – das Fliegen sollte uns nicht verleiden. Vielleicht war es genau diese väterliche Zurückhaltung, dass wir beide später unbedingt fliegen lernen wollten. Als meine Schwester Eva mit achtzehn den Theorieunterricht für Privatpiloten besuchen durfte, wollte ich das natürlich auch. Mein Vater meinte jedoch, ich müsse noch etwas warten. Das hielt mich nicht davon ab, mit ihr zu lernen, und so büffelten wir zusammen Fächer wie Meteorologie, Aerodynamik, Navigation, Luftrecht und die Grundlagen des Flugs. Zwei Monate vor meinem siebzehnten Geburtstag bestand ich die Theorieprüfung für die Privatpilotenlizenz, ohne je den Unterricht besucht zu haben.

Ein paar Monate später ging es an die praktische Schulung. Ich lernte, was es alles zu beachten galt, bevor das Flugzeug überhaupt abhob: Ich musste die Wetterlage studieren, Informationen zum Luftraum, zu den Flugplätzen und aktuellen Schiessgebieten einholen, berechnen, wie viel Treibstoff ich für den geplanten Flug mitführen musste, einen Beladungsplan erstellen und am Ende den Flug im C-Büro anmelden. Damals gab es in den kleinen Flugzeugen noch keine Navigationsgeräte. Für die gesamte Strecke musste ein minutiöser Flugplan ausgearbeitet werden. Darin wurden als Streckenabschnitte geeignete

Fixpunkte eingetragen – terrestrische Merkmale wie Seen, Flüsse, Berge, Täler, Schienen, Strassen und Dörfer – samt Kurs, der errechneten Dauer für den jeweiligen Abschnitt und der Flughöhe. Diesem Plan folgte man später im Flugzeug, und der ausgearbeitete Kurs wurde peinlich genau mittels Magnetkompass eingehalten.

Nach den Vorbereitungen im Büro ging es ans Flugzeug. Ich lernte, es korrekt zu betanken und dabei darauf zu achten, dass es mit einem Kabel geerdet war, damit ein eventueller Funke kein Feuer entfachen konnte. Den Tankstutzen durfte ich nicht am Einfüllstutzen ablegen, sondern musste ihn in der Hand halten, da Flugzeuge, um Gewicht zu sparen, generell sehr leicht gebaut sind und schnell Deformationen entstehen. Beim Aussencheck gibt es viel zu beachten. Ich musste schauen, ob das Flugzeug irgendwo beschädigt war, überprüfen, ob sämtliche Ruder für die Steuerung funktionstüchtig waren, musste sicherstellen, dass die Pneus genug Luft hatten und sich ausreichend Öl im Motor befand, dass die Sensoren für den Höhenmesser intakt waren sowie für den Geschwindigkeitsmesser und das Variometer, das anzeigt, wie schnell man sinkt oder steigt, und ich musste alle Antennen kontrollieren. Ein ganz wichtiger Punkt war, dass in die Tanks das richtige Benzin eingefüllt wurde; später lernte ich auf den Flughäfen, dass der Tankwart dem Piloten deshalb immer eine Probe davon bringen musste. Zudem durfte in die Tanks kein Wasser eingedrungen sein; das konnte passieren, wenn beispielsweise ein Deckel nicht richtig verschlossen oder undicht war. Und natürlich musste ich auch die Cockpitfenster putzen, denn früher gab es viel mehr Insekten, die während der Starts und Landungen auf der Scheibe kleben blieben und die Sicht störten – kleine Flugzeuge haben keine Scheibenwischanlagen.

Ich lernte auf der Piper L4 fliegen. Das ist ein mit Stoff bespanntes US-amerikanisches Heckradflugzeug – also mit je einem Rad rechts und links und einem Rad hinten; Landeklappen hatte sie keine, und sie verfügte auch noch über keinen Funk. Der Einstieg erfolgte rechts über eine nach oben und nach unten aufklappbare Tür. Ich sass als Schülerin nicht neben, sondern hinter dem Fluglehrer (meinem Vater), die Sitzverhältnisse waren ziemlich beengt. Auch einen Starterknopf hatte die L4 nicht. Mein Vater musste den Propeller jeweils aussen von Hand anwerfen, um die Maschine zu starten. Dieses Manöver ist nicht ungefährlich und hat schon einige Piloten Finger gekostet.

Aufgrund der Konstruktion der L4 sieht man beim Rollen zur Piste nicht nach vorn aus dem Fenster. Wir mussten deshalb zickzack fahren und dabei aus dem Seitenfenster kontrollieren, ob Hindernisse im Weg lagen. Am Pistenanfang führte ich den sogenannten Run-up aus, einen letzten Check, ob alles mit dem Motor, der Steuerung und dem Benzinsystem in Ordnung ist; damals benutzten wir übrigens noch keine Checklisten, das wenige, das zu überprüfen war, konnte ich nach kurzer Zeit auswendig. Dann starteten wir.

Der Start und vor allem die Landung mit einem Heckradflugzeug verlangen viel Fingerspitzengefühl und sind um einiges schwieriger als mit einem Bugradflugzeug. Da das Heckrad als Erstes vom Boden abhebt, darf der Steuerknüppel nicht zu schnell nach vorne gedrückt werden, sonst macht die Maschine rasch einmal einen Kopfstand. Die Landung sollte eine Drei-Punkte-Landung ergeben, alle drei Räder sollten also gleichzeitig aufsetzen. Das braucht viel Gefühl und Geduld, zumal ein Heckradflugzeug bei Seitenwind die Tendenz hat, auszubrechen. Wie oft war eine der drei Piper L4 nach einer unglücklichen Landung im Hangar, weil ein Fahrwerk oder ein Flügel repariert werden musste. Manchmal half ich beim Nähen eines frisch eingetuchten Flügels.

Dann – endlich – ging es in die Luft! Dort übten wir zuerst elementare Dinge wie geradeausfliegen mit und ohne Kompass, steigen, sinken, kreisen, landen. Und immer wieder auch kurz vor der Landung durchstarten. Selbstverständlich erfuhr ich bei meiner Privatpilotenausbildung auch, wie ich mich in den Alpen verhalten musste. Denn dort lauern ganz andere Gefahren als im Flachland. Zum Beispiel die vielen Stromkabel, die man aus der Luft nur schwer erkennt, obwohl sie mit riesigen Kugeln versehen sind. Diese und Transportkabel sind vor allem für Arbeitshelikopter gefährlich. In den Alpen herrschen auch andere Windverhältnisse. Es können Turbulenzen und grosse Abwinde oder Föhnwellen auftreten, denen ein kleines, leistungsschwaches Motorflugzeug schnell einmal nicht gewachsen ist. Ich lernte auch, dass man in der Regel auf der rechten Seite und nicht zu tief in ein Tal einfliegt, denn sonst ist möglicherweise der Radius nicht gross genug, um notfalls sicher umkehren zu können. Auch Wolken können in den Bergen sehr tückisch sein, im Nu »verstopfen« sie Passübergänge, sodass diese für Piloten zur Sackgasse werden. Wer in den Bergen wandert, weiss, wie schnell sich Unwetter entwickeln können. Im Flugzeug kann man in so einem Fall keinen Unterstand aufsuchen und zuwarten, bis das Gewitter vorbei ist. Daher ist es ratsam, immer wieder einen Blick nach hinten zu werfen, um sicher zu sein, dass der Rückweg noch offen ist.

Sie ahnen es vielleicht schon: Fliegen erfordert einiges an Fachwissen, und es gibt auch das Fliegerlatein. Dieses Buch habe ich jedoch nicht in erster Linie für Piloten geschrieben, sondern für fachunkundige Leserinnen und Leser, weshalb ich die flugtechnischen Begriffe und Erklärungen bewusst einfach halte; auch Abläufe und Verfahren sind simplifiziert und lückenhaft dargestellt. Mögen die Expertinnen und Experten mir die zwangsläufigen Ungenauigkeiten verzeihen!

SINGEN, JAUCHZEN UND JUBILIEREN

An einem schönen und ruhigen Sommertag 1973 stiegen mein Vater und ich in die Piper L4 und probten ein paar Notlandungen. Das gehörte damals zur Lerneinheit Gefahreneinweisung, die diverse Notfallübungen beinhaltete. Etwa, was zu tun ist, wenn ein Motorschaden eine Notlandung ausserhalb des Flugplatzes erzwingt. An diesem Tag musste ich auf einer Höhe von mehreren hundert Metern über Grund den Motor auf Leerlauf stellen und ein geeignetes Notlandefeld ausfindig machen, wobei ich auf Hochspannungs- und Telefonleitungen, Häuser und Strassen achten musste. Auch den Lichteinfall und die Windrichtung galt es abzuschätzen, da man möglichst gegen den Wind landen und dabei nicht geblendet werden sollte. Im freien Gelände ist das Risiko einer Bruchlandung recht gross, da sich von oben nie genau erkennen lässt, ob auf dem ausgesuchten Feld nicht ein Zaun, ein Graben oder grosse Steine die Landung behindern. Deshalb setzten wir nicht auf, sondern starteten immer wieder knapp über dem Boden durch. Übten wir diese Notfallsituation jedoch über dem Flugplatz, stellte mein Vater den Motor ganz ab, und ich musste die Landung ohne Motorleistung schaffen. Das hiess, den Landeanflug so einzuteilen, dass ich im Gleitflug den Flugplatz sicher erreichte und nicht im Wald davor landete. Da die Piper L4 nicht mit Landeklappen ausgerüstet ist, die eine bremsende Wirkung haben, muss man hoch anfliegen und kurz vor der Landung die überschüssige Höhe mittels einer sogenannten Glissade abbauen, ich musste das Flugzeug also in eine Schräglage bringen, die den Luftwiderstand erheblich erhöhte.

Zur Gefahreneinweisung gehörten auch sogenannte Stall-Übungen, das sind Übungen für den Fall, dass die Strömung über den Tragflächen abreisst und das Flugzeug mangels Auftrieb zu kippen droht. Würde man nicht sofort Gegenmassnahmen ergreifen, fiele das Flugzeug in eine Vrille, käme also ins Trudeln, und würde abstürzen. Bei vielen Flugzeugen macht sich das drohende Abkippen durch ein Schütteln bemerkbar, weil die Luft nicht mehr glatt über den Flügel strömt. Ausserdem ertönt die Stall-Warnung, ein Signalton, der den Piloten über die gefährliche Fluglage informiert.

Als wir an jenem Abend nach den Notfallübungen Richtung Hangar rollten, dachte ich, die Flugstunde sei beendet. Doch da stieg mein Vater bei laufendem Motor aus und gab mir Zeichen, nochmals allein zu starten. Ich schluckte ein paarmal leer. Jetzt war es also so weit. Mein erster Alleinflug. Keine Hilfe mehr – von niemandem. Die Piper L4 hatte im Unterschied zu anderen Flugzeugen ja keinen Funk, mein Vater konnte mir keine Anweisungen mehr geben. Freude übermannte mich, in die sich leiser Zweifel mischte, ob ich es wohl allein schaffen würde. Etwas nervös rollte ich Richtung Startbahn und führte dort den erforderlichen Check aus. Nochmals ein kurzes Zögern und dann – Vollgas! Das Flugzeug hob ab. Im Steigflug jubelte ich laut. Es war ein unglaublich schönes Gefühl, ganz allein über die Landschaft hinwegzufliegen. Wie schade, dass ich schon bald wieder landen musste. Also nochmals die Zweifel wegwischen und volle Konzentration! Als mir eine sanfte Landung gelang, war ich einfach nur stolz. Mein Vater umarmte mich fest und gratulierte. In jener Nacht hatte ich grosse Mühe einzuschlafen, die Bilder und Gefühle des Alleinflugs stürmten immer wieder auf mich ein.

Jeder Pilot und jede Pilotin kann sich an dieses einmalige Erlebnis erinnern. Als ich selber Fluglehrerin war, erzählten mir meine Schüler – es waren meist Männer – immer aufgeregt und stolz, welche Emotionen ihr erster Alleinflug in ihnen ausgelöst hatte. Sie hatten in der Luft gesungen, gejauchzt, gejohlt, einige sogar geweint, und andere wollten endlos weiterfliegen und nie wieder landen.

Auf meinem Ausbildungsplan stand nun als Letztes noch der 250-Kilometer-Alleinflug: Ich startete in Buttwil, landete erst in Colombier, dann in Beromünster, von wo aus ich dann wieder zurück nach Buttwil flog. In Colombier und Beromünster musste ich eine Telefonkabine suchen und meinem Vater in Buttwil durchgeben, dass alles in Ordnung ist. 1973 war das Handy ja noch nicht erfunden. Mein Vater erzählte mir einmal von einem Flugschüler, der sich auf dem Flug Spreitenbach–Neuenburg verirrt hatte und in Frankreich gelandet war. Statt meinen Vater anzurufen, flog er auf Verdacht Richtung Osten zurück. Erst spätabends rief er meinen inzwischen höchst besorgten Vater an, dass er nun in Neuenburg gelandet und in einem Hotel untergekommen war. Er musste den 250-Kilometer-Alleinflug wiederholen.

Später habe auch ich einmal erlebt, dass ein Flugschüler aus Versehen am Flugplatz Buttwil vorbeiflog. Irgendwann meldete der Tower des Flughafens Zürich, es kreise bei ihnen ein Flugzeug, das verzweifelt den Flugplatz Buttwil anfunke. Da der Pilot die falsche Funkfrequenz gewählt hatte, konnten wir seinen Hilferuf nicht empfangen. Als er auf den Befehl vom Tower endlich auf die Buttwiler Frequenz umgestellt hatte, lotsten wir ihn nach Hause. Es war schon dunkel, und da kleine Flugplätze keine Pistenbeleuchtung besitzen und deshalb nachts eigentlich nicht angeflogen werden können, stellten wir ein paar Autos mit eingeschalteten Scheinwerfern neben die Landebahn. Das Flugzeug landete unbeschadet.

Am 13. September 1973, kurz vor meinem achtzehnten Geburtstag, legte ich die Privatpiloten-Prüfung ab. Zu jener Zeit war die Anzahl verlangter Flugstunden für die Ausbildung zum Privatpiloten noch geringer, und auch die theoretischen und praktischen Anforderungen waren nicht so hoch. Aber auch damals musste ein Privatpilot regelmässig zum Arzt, um sich das Medical, ein medizinisches Tauglichkeitszeugnis, ausstellen zu lassen, und jährlich einen Check zur Überprüfung seines fliegerischen Könnens absolvieren; ausserdem musste er mindestens zwölf Flugstunden pro Jahr nachweisen.

Ich bestand die Privatpiloten-Prüfung trotz erheblicher Nervosität. Später musste ich als Linienpilotin noch unzählige weitere Prüfungen absolvieren, sodass ich mit der Zeit etwas ruhiger wurde, aber ablegen konnte ich die Nervosität nie ganz. Vermutlich war ich einfach zu ehrgeizig, denn ich ärgerte mich schon sehr, wenn das Ergebnis nicht meinen Vorstellungen entsprach. Noch viel nervöser war ich allerdings, wenn meine Flugschüler Prüfung hatten. Es gelang mir nur mit Mühe, das zu verbergen.

Aber nun durfte ich endlich, wie zuvor schon meine Schwester, Flugzeuge pilotieren, was ich als ein ungeheures Glück empfand. Eva und ich hatten aber auch sehr viel dafür gearbeitet. Wie viele Wochenenden verbrachten wir als Teenager auf dem Flugplatz Buttwil, um im Familienbetrieb mitzuhelfen! Wir hantierten am Bratwurststand oder verkauften Rundflüge. Morgens rüsteten wir im Beizli Gemüse, mittags gaben wir Essen und Getränke aus. Zwischendurch hiess es abräumen und Geschirr spülen. Wenn meine Freundin Evi mithalf – was sie oft tat –, konnte ich dabei zwar mit ihr plaudern, abends waren wir aber trotzdem immer fix und fertig. Unter der Woche half ich meiner Mutter beim Kuchenbacken. Wir produzierten unzählige Rüebli-, Schwarzwälder- und Quarktorten und Tirolercakes, die sie am Wochenende im Beizli anbot. Einfach so in den Schoss gefallen ist Eva und mir das grosse Privileg, fliegen zu dürfen, also nicht.

ÜBERFLUSS IM ÜBERMASS

Nach dem Unterseminar 1975 hatte ich eigentlich genug von der Schule. Dieses Mal aber insistierten meine Eltern, dass ich zuerst die Lehrerausbildung abschliessen müsse. Danach stehe es mir frei, zu tun und zu lassen, was ich wolle. Also folgte ein Jahr am Oberseminar – heute ist das die Pädagogische Hochschule –, und dann war ich 1976 tatsächlich Primarlehrerin. Allerdings mit null Interesse, mir eine entsprechende Stelle zu suchen. Ich wollte weg. Ich wollte nach Kanada und dort ein Jahr als Au-pair arbeiten. Und so zog ich im Sommer jenes Jahres hinaus in die weite Welt.

Mein freiwilliger Abschied vom Elternhaus fiel mir weit schwerer, als ich dachte. Während des ganzen Flugs über den Atlantik liefen mir die Tränen. Nicht einmal die netten Flight-Attendants der Air Canada schafften es, mich zu trösten. Das Heimweh dauerte an, bis ich mich nach ein paar Wochen endlich an die neue Lebenssituation gewöhnt und mir ein neues Umfeld samt Kollegen und Aktivitäten geschaffen hatte. Einmal im Monat telefonierte ich mit meinen Eltern, Übersee-Anrufe waren damals noch sehr teuer. Ansonsten schickten wir einander Briefe. Wöchentlich berichtete ich meinen Eltern, meiner Schwester, meinem damaligen Freund Urs und den Freundinnen, wie es mir ging und was ich erlebte. Ich schrieb seitenlange Briefe, die meisten auf Englisch.

Die vierköpfige Familie meiner kanadischen Gastfamilie wohnte in Thornhill, einem Vorort von Toronto. Rory, der Vater, war Buchhalter, seine Frau Patricia erwartete das dritte Kind. Tracy war vier- und Sean dreijährig. Die Familie wohnte in einem weissen Holzhaus mit einfach verglasten Fenstern, durch die es ständig zog. Die Eingangstür war nicht besser konstruiert. Im Winter musste ich jeden Morgen den Korridor von einer dünnen Eisschicht befreien. Damals war noch kaum vom Energiesparen die Rede, trotzdem war es mir unerklärlich, wie man solche Häuser bauen konnte, da in Kanada im Winter eisige Temperaturen herrschten und es oft stürmte. Doch alle Häuser ringsum waren Reihe um Reihe ähnlich gebaut.

Mein Zimmer befand sich im Untergeschoss und hatte keine Fenster. Direkt daneben lag das Spielzimmer der Kinder. Auch dieses ohne Tageslicht. Hier spielte aber auch nie jemand, es diente lediglich als Abstellplatz für das viele Spielzeug: Über zwanzig Puppen lagerten hier, ausserdem unzählige Autos, Flugzeuge und Raumschiffe, viele davon arg ramponiert. Gleich nach meiner Ankunft machte ich mich daran, das lädierte Spielzeug zu flicken. Aber wöchentlich kam neues dazu: Zauber und Malkästen, sprechende Puppen, weitere Autos, sogar Lastwagen und kleine Caterpillars, vor denen die Zerstörungswut der Kleinen ebenfalls nicht haltmachte. Irgendwann hörte ich mit dem Reparieren auf und warf immer wieder einmal einen Sack kaputte Spielwaren in den Müll. Es tat mir im Herzen weh.

Der kleine Sean liebte es, Batman zu spielen. Dafür standen ihm diverse schöne Kostüme zur Verfügung, von denen er aber keines benutzte. Viel lustiger fand er es, sich aus meterweise abgerolltem WC-Papier behelfsmässig einen Umhang zu basteln und damit im Haus herumzurennen. Und ich durfte das Papier dann wieder einsammeln.

Gewöhnungsbedürftig war auch der Speiseplan, da Patricia selten kochte. Wenn die Eltern auswärts assen – was sehr oft geschah –, wurde für die Kinder und mich Fast Food geordert. Die ungesunde Nahrung legte sich auf meine Hüften. Und da meine Eltern, die Verwandten und Bekannten mir Fresspäckli schickten, mit Schweizer Schokolade und anderen Süssigkeiten, war ich bald kugelrund. An jedem schönen Weekend waren zudem Gäste zum Barbecue geladen. Patricia rechnete pro Nase je ein Steak, einen Burger, einen Hotdog, einen Maiskolben, eine Kartoffel und eine grosse Portion Salat. Auch Chips und Dessert fehlten nicht. Diese Unmengen konnte natürlich niemand aufessen, am nächsten Tag wurden die Resten einfach in den Müll geworfen. Für mich war diese Vergeudung unerträglich.

Den Höhepunkt in Sachen Überfluss bildete aber Weihnachten. Um den Baum herum türmten sich die Pakete fast bis zur Spitze hinauf. Die Kinder rissen sie auf, schauten kurz hinein und waren auch schon beim nächsten Paket. War alles aufgerissen, vergnügte sich Sean wieder mit dem WC-Papier. Auch ich wurde mit Geschenken überhäuft, unter anderem bekam ich ein T-Shirt, Pralinen, Seife und ein Parfum. Und da Patricia mir eine Freude machen wollte, stand zudem neben dem obligaten Truthahn für mich allein ein Schinken auf dem Tisch, der für zehn Personen gereicht hätte. Das sei doch eine europäische Weihnachtstradition, meinte sie.

Für die Kleinen das Frühstück richten, putzen, Wäsche waschen, aufräumen – das alles gehörte zu den mir übertragenen Pflichten. Die vierjährige Tracy kleidete sich mehrmals am Tag um. Meist konnte ich die nur kurz benutzten Kleider nicht mehr in den Kasten zurücklegen, da sie bereits mit Schokolade bekleckert waren. Der Kühlschrank war übervoll mit Süssigkeiten. Es wunderte mich, dass nur Patricia mit dem Gewicht zu kämpfen hatte, denn die beiden Kinder durften sich so viel und so oft bedienen, wie sie wollten. Meine anfänglichen Versuche, ein paar Regeln einzuführen, scheiterten kläglich.

Patricia startete um elf Uhr in ihren Alltag – der meist aus Shopping bestand –, indem sie sich am Küchentisch ihre falschen Wimpern montierte und eine dicke Schicht Make-up auftrug. Sie redete in einem fort, trank Kaffee und rauchte. So wusste ich bald genauestens Bescheid, welche Sorgen sie wegen ihres Mannes und ihrer Eltern hatte und wann sie pleite war. Oft hatte sie bereits Mitte des Monats das ganze Haushaltsgeld ausgegeben, dann lieh sie sich von mir fünfzig Dollar. Sie zahlte das Geld zwar zuverlässig zurück, aber nur, um mich einige Tage danach erneut anzupumpen. Trotzdem mochte ich Patricia. Sie nahm mich überall mit, zum Shoppen, zu den Eltern, zu den Freunden. Und da ich es gewohnt war, viel zu arbeiten, nahm ich ihr auch nicht übel, dass sie mir mehr Arbeit aufhalste, als es der Au-pair-Vertrag zuliess: Eigentlich sollte ich mich vor allem um die Kinder kümmern, nicht noch um den ganzen Haushalt.

Immerhin hatte ich montags frei. An diesem Tag ging ich zum Englischunterricht nach Toronto, wo ich zudem einen Selbstverteidigungskurs besuchte. Und einmal im Monat fuhr ich nach Buttonville zum nächstgelegenen Flugplatz, wo eine Flugstunde fünfzig Dollar kostete, was günstig war. Ich rechnete. Damit verblieben mir von meinem Au-pair-Lohn noch hundertfünfzig Dollar im Monat, von denen ich fünfzig Dollar für spätere Reisen zurücklegte. Öffentliche Verkehrsmittel führten keine zum Flugplatz, aber ich hatte in der Familiengarage ein altes Velo entdeckt. Mit dem war ich in etwa vierzig Minuten am Airport. Velofahrer gab es kaum auf den Strassen, immer wieder hielten nette Autofahrer an, die sich anerboten, mich mitzunehmen, was ich lachend ablehnte.

Die Flugstunden waren herrlich. Da ich keine kanadische Lizenz besass, begleitete mich Fluglehrer Bob, der nur wenige Jahre älter war als ich. So lernte ich die Umgebung von oben kennen. Wir überflogen die beeindruckenden Niagarafälle, riesige Wälder und tiefblaue Seen. Bob lud mich regelmässig zum Nachtessen ein, und dabei erzählte ich ihm, wofür ich in dieser Familie als Au-pair alles zuständig war. Er riet mir, eine andere Arbeit zu suchen – und hatte auch gleich eine Idee: Im Februar würde er als Fluglehrer mit einem Kunden, der eine Cessna 210 besass, auf die Sanibel Island in Florida fliegen. Ich solle sie doch begleiten, denn vielleicht würde sich daraus ein Job ergeben. Die Vorstellung, mit einem kleinen Flugzeug nach Florida zu fliegen, begeisterte mich, und sofort machte ich mich an die mühselige Arbeit, ein USA-Visum zu bekommen. Mit dieser Aussicht liess sich der anstrengende Au-pair-Alltag gleich viel besser bewältigen.

Der allerdings noch belastender wurde, als Patricia das dritte Kind zur Welt brachte. Für den kleinen Bruce war umgehend ebenfalls ich zuständig. Da sie nicht stillte, legte sie mir ein Babyphone ins Zimmer, und wann immer Bruce nachts krähte, stand nicht sie auf, sondern ich. Sie kümmerte sich nur wenig um den Kleinen, ich musste ihn selbstverständlich auch wickeln. Bald begann er zu schreien, wenn ich freihatte, offenbar vermisste er seine Ziehmutter. Ich begann, mich zu wehren. Die

Diskussionen mit Patricia fruchteten jedoch nichts. Schliesslich erkundigte ich mich bei der Au-pair-Vermittlung, wie die Rechtslage war. Patricia versuchte, mich mit kleinen Geschenken zu beruhigen. Es gelang ihr nicht mehr. Ich bat sie, eine Nachfolgerin für mich zu suchen.

DINNER IM MILITÄRCAMP

Ende Januar ging es dann los. Bob, sein Kunde und ich flogen in der Cessna Richtung Florida. Und zum ersten Mal erlebte ich in einem kleinen Flugzeug einen Flug bei miserablem Wetter. Es schneite, und die Wolkendecke hing sehr tief, beim Start und bei den Zwischenlandungen sah man kaum etwas. Die Cessna war jedoch mit Blindlande-Instrumenten ausgerüstet, mit denen man auch bei schlechten Wetterverhältnissen sicher landen konnte. Ich war beeindruckt. Natürlich auch von unserem Kurzaufenthalt auf Sanibel Island, denn die Insel war damals touristisch noch fast unberührt.

Der Besitzer des Flugzeugs verdiente sein Geld, indem er Kanadiern Ferienhäuser, Ferienwohnungen und Wohnmobile in Florida verkaufte. Er bot mir dann auch tatsächlich gleich einen Job an: Ich sollte zusammen mit potenziellen Kunden nach Florida fliegen, ihnen die Objekte zeigen und diese verkaufen. Ich als Verkäuferin? Eher nicht, aber man wusste ja nie. Ich wollte mir die Idee ernsthaft durch den Kopf gehen lassen, allmählich hatte ich nämlich auch ein bisschen mein Herz an Bob verloren und endlich auch bemerkt, dass er ganz offenbar vom ersten Augenblick an in mich verliebt war. Bis im Mai, wenn ich ohnehin in die Schweiz fliegen musste, um mein Kanada-Visum zu verlängern, wollte ich mich entscheiden.

In dieser Zeit kam mich meine Familie besuchen. Wir trafen uns in Chicago und reisten von dort zusammen mit dem Auto Richtung Florida. Es war wunderbar, wir vier hatten uns so viel zu erzählen. Als sie nach drei Wochen in die Schweiz zurückkehrten, reiste ich allein weiter. Heute staune ich über meinen Mut. Mein Budget betrug gerade einmal sechshundert US-Dollar, damit musste ich mehrere Wochen auskommen. Wenn möglich, reiste ich deshalb per Anhalter. Von Orlando nach New Orleans leistete ich mir aber einen Greyhound-Überlandbus. Spätnachts kam ich an, und als ich mich im Bahnhof nach einem freien Platz in einer Jugendherberge erkundigte, waren alle belegt. Was tun? Ich fragte einen Bahnangestellten. Der rief, weil er mir nicht weiterhelfen konnte, seinen dunkelhäutigen Kollegen. Und als ich hinter diesem her durch die schwarze Nacht trottete, wurde mir schon etwas flau im Magen. Ich redete mir gut zu, wozu hatte ich schliesslich Selbstverteidigung gelernt. Irgendwann standen wir dann vor einem heruntergekommenen Hotel. Eine dicke Dame zeigte mir das Zimmer. Ich war froh, heil angekommen zu sein, und so müde, dass ich umgehend einschlief.

Am nächsten Morgen schaute ich mich um. Die Farbe an den Wänden blätterte ab, das Mobiliar war abgenutzt. Der Blick aus dem Fenster bestätigte meine Befürchtungen, dass ich in einem äusserst schäbigen Stundenhotel gelandet war. Die Häuser waren in einem erbärmlichen Zustand, die Wege schlaglochübersät. Dafür kostete die Übernachtung aber auch nur zwei Dollar. Auf der Strasse war ich die einzige Weisse, und ich muss zugeben, die Gestalten, die ich in dunklen Ecken herumlungern sah, machten mir Angst. Ich wischte meine Bedenken beiseite und machte mich zu Fuss auf den Weg in die Innenstadt. Ein oder zwei Nächte würde ich es hier schon aushalten. Am Ende blieb ich eine Woche in New Orleans, unbehelligt und unbelästigt. Ich schämte mich wegen meiner Vorurteile und begann, die lebendige Stadt mit den vielen Sehenswürdigkeiten und den Strassen voller Musik zu lieben.

Auch im kalifornischen San Diego hatte ich Glück. Bevor ich mich in einer Jugendherberge einquartierte, wollte ich den dortigen Hafen sehen – Häfen faszinierten mich schon lange. Ich schlenderte also am Quai entlang, als ich hinter mir Pfiffe hörte. Ich spazierte weiter, denn im Ignorieren war ich als junge Schweizerin geübt. Doch dann sprachen mich die zwei Uniformierten direkt an. Sie meinten, für eine Frau allein sei der Hafen zu gefährlich. Es waren Angehörige der Navy. Von da an erwarteten sie mich jeden Morgen um neun vor der Jugi und lieferten mich nach dem Nachtessen wieder ab. Das waren unvergessliche vier Tage. Sie wollten mir unbedingt alle Sehenswürdigkeiten von San Diego zeigen; ich war abends total erschöpft.

Ich erfuhr viel über die beiden Soldaten. Jim war vierzig Jahre alt und früher Polizist in Chicago gewesen. Was er über die alltägliche Gewalt dort berichtete, war erschreckend. Als er im Dienst angeschossen wurde, wechselte er ins Militär. David war erst zweiundzwanzig und hatte sich seine Jugend mit kleineren Delikten versaut; um aus der Endlosschleife herauszukommen, hatte er sich zur Armee gemeldet. Hier konnte er jetzt sogar eine Ausbildung nachholen. Am letzten Abend überraschten mich die beiden mit einem Besuch auf ihrer Militärbasis. Ich konnte zwar nur einen kleinen Teil davon besichtigen, war aber überwältigt von der Grösse des Camps. Es war eine richtige kleine Stadt mit Restaurants, Bars, einer Disco, Fitnesscenter, Sportanlagen, Läden, Kino und vielem mehr. Sie luden mich zu einem feinen Essen ein und gaben mir zum Abschied viele Tipps und Mahnungen mit auf den Weg. Hätte es schon Internet gegeben, wären wir damals sicher in Kontakt geblieben. Ich hoffe inständig, dass die beiden ihre Militärzeit unbeschadet überstanden haben.

Danach führte mich meine Reise die Küste entlang nach Vancouver und quer durch Kanada. Es war eine tolle Zeit, mit vielen interessanten Begegnungen und Erlebnissen. Als allein reisende junge Frau kam ich sofort in Kontakt mit anderen Menschen. Und oft musste ich mich dann richtiggehend zwingen, meine Sachen wieder zusammenzupacken und den neuen Freundinnen und Freunden Lebewohl zu sagen. Aber ich wollte ja schliesslich noch mehr von dem riesigen Kontinent sehen. Der Polizei schien die Rucksacktouristin dagegen etwas suspekt gewesen zu sein, denn ich wurde oft kontrolliert. Aber auch die Polizisten waren freundlich und gaben mir Tipps. Während der ganzen Reise erlebte ich keine einzige gefährliche Situation. Doch dann lief mein Visum ab, ich musste zurück in die Schweiz.

KANTÖNLIGEIST

Als Bob mich im Mai 1977 zum Flughafen brachte, bat er mich, so schnell wie möglich zurückzukommen. Er wollte mich heiraten, nicht nur, weil das die Aufenthaltsprobleme gelöst hätte. Das war für mich mit meinen zweiundzwanzig Jahren allerdings trotz meiner Verliebtheit überhaupt keine Option. Aber ja, ich plante, nicht allzu lang in der Schweiz zu bleiben. Ich wollte nur etwas Geld verdienen und dann zurück zu Bob nach Kanada. Der Zufall wollte es, dass ein Flugschüler meines Vaters eine Stellvertretung für seine Primarklasse in Graubünden suchte, da er ins Militär musste. Das war genau das Richtige:

ein paar Monate unterrichten, und dann nichts wie zurück nach Kanada.

Als ich mich bei der Schulpflege der Gemeinde vorstellte und einen Morgen lang die Klasse zur Probe unterrichtet hatte, bekam ich jedoch in zweiter Instanz eine Absage, da ich ein Zürcher und kein Bündner Lehrerpatent besass. Das bestärkte mich in der Meinung, dass auf dem nordamerikanischen Kontinent alles viel besser sei. Dieser Kantönligeist war ja nicht auszuhalten! Ich war so sauer, dass ich den Lehrerberuf an den Nagel hängte, und zwar für immer. Damit war aber auch mein Plan, so schnell wie möglich Geld für Kanada zu verdienen, geplatzt. Was nun? Mein Sparkonto wollte ich nicht antasten, zu oft hatte ich meine Mutter sagen hören: »Spare in der Zeit, so hast du in der Not.« Und in einer Notlage war ich nun wirklich nicht.

Meine Eltern halfen mir aus der Patsche, indem sie mir eine Stelle auf dem Flugplatz Buttwil anboten. Während des Sommers und des Herbstes arbeitete ich nun als Mädchen für alles im Familienbetrieb mit. Der Lohn war niedrig, dafür konnte ich immer wieder einmal eine Stunde fliegen. Vielleicht wollte mein Vater mir damals zeigen, dass die Schweiz gar nicht so schlecht ist und es viele Gründe gibt, nicht auszuwandern. Spätere Partner unterstellten mir immer einen Vaterkomplex, was ich natürlich vehement bestritt. Aber ja, ich bewunderte meinen Vater. Er war eine aussergewöhnliche Persönlichkeit, und ich verdanke ihm sehr viel. Bis ich ihn etwas nüchterner betrachtete und mich von ihm zu lösen begann, dauerte es noch viele Jahre.

Wie bereits früher half ich auf dem Flugplatz Buttwil nun wieder in der Küche, gab als Büffet- und Servicekraft Essen und Getränke aus, half zudem Flugzeuge bereitstellen und Segelfliegern beim Starten. Meine Kernaufgabe war aber die Arbeit im C-Büro. Auf jedem Flugplatz gibt es ein solches Office, auf dessen Tür ein schwarzes C auf gelbem Grund prangt. Ich habe nie herausgefunden, wofür das C eigentlich steht und finde, genau wie offensichtlich meine Kollegen auch, bis heute nirgendwo eine Erklärung. Ich nehme an, es steht für Control – wie auch immer, in diesem Büro wurden sämtliche Informationen für die Piloten zusammengetragen. Hier konnten Landkarten, Flugzeugmanuals, die aktuellen Schiessgebiete und Wetterberichte eingesehen werden. Auch das AIP stand bereit, das Luftfahrthandbuch, ausgeschrieben Aeronautical Information Publication. Jedes Land hat sein eigenes AIP. In der Schweiz wurde es vom heutigen Bundesamt für Zivilluftfahrt herausgegeben und bestand aus dicken Ringbuch-Ordnern. Es enthielt wichtige Informationen, beispielsweise über gesperrte Lufträume, An- und Abflugrouten, Zollbestimmungen, Öffnungszeiten der Flugplätze, aber auch die Tag-und-Nacht-Grenzen. (In der Fliegerei liegt die Nacht zwischen dem Ende der sogenannten bürgerlichen Abenddämmerung und dem Beginn der bürgerlichen Morgendämmerung.) Ähnliche Ordner traf ich später als Linienpilotin in jedem grossen Flugzeug an, mit Informationen für ganz Europa oder die ganze Welt; es war Pflicht, sie an Bord mitzuführen.

Viele Mitteilungen kamen damals noch per Post oder Telex herein, auch die regelmässigen Updates für das AIP. Diese mussten einsortiert werden, was wenig Spass machte. Später bei der Crossair, wo die Piloten diese Arbeit selbst machen mussten (bei grossen Fluggesellschaften erledigte dies das Bodenpersonal), gab es viele Faulpelze, die alle möglichen Ausreden vorbrachten, warum sie gerade wieder mal keine Zeit für den Papierkram gehabt hatten. Die Piloten bekamen zusätzlich noch eigene Luftfahrtordner, die sie ebenfalls aktualisieren mussten; sie waren verpflichtet, jede Änderung zu lesen und als verstanden zu quittieren.

Auch in unser C-Büro in Buttwil flatterten jede Woche dicke Briefumschläge mit unzähligen Updates. Das Einordnen und Auswechseln der Seiten übernahmen die beiden Sekretärinnen und ich. Heute ist das alles viel einfacher. Diverse Luftfahrt-Serviceunternehmen wie beispielsweise Jeppesen bieten den unerlässlichen weltweiten Informationsservice für Piloten und Airlines längst auch digital an. Sämtliche Fluginformationen, Flugzeugmanuals, interne Handbücher sowie Weisungen und vieles mehr werden mit einem Klick auf dem Tablet ausgeführt. Gleichzeitig bestätigt der Benutzer, sämtliche Änderungen gelesen und verstanden zu haben. Womit die Chefs aus ihrer Verantwortung entlassen sind.

In unserem kleinen Büro gingen damals noch sämtliche Flugzeugreservierungen per Telefon ein, die Sekretärinnen mussten sie von Hand in die Flugzeug-Reservierungsliste eintragen. Bei schönem Wetter wollten natürlich viele Piloten ein Flugzeug mieten, und das Telefon klingelte unermüdlich. Im C-Office herrschte dann Hektik und Gedränge, da sich neben den Sekretärinnen auch die Piloten über diese Liste beugten. Buchte ein Kunde dann noch zusätzlich einen Fluglehrer, lagen gleich mehrere Agenden auf dem Tisch. Dann hiess es für die Sekretärinnen, die Übersicht zu behalten und ein Flugzeug nicht für zwei Kunden gleichzeitig zu reservieren. Wie einfach ist das doch heute mit Computer und Internet!

DIE EIGENEN VIER WÄNDE

Da ich weder eine Ahnung von Buchhaltung noch von Maschinenschreiben hatte – ich hatte ja keine kaufmännische Lehre machen wollen! –, besuchte ich abends nun einschlägige Kurse. Tippen lernte ich – anfangs mit Krämpfen in den kleinen Fingern – auf der mechanischen Schreibmaschine. Zum Glück stand bei uns im Büro schon eine elektrische Kugelkopfmaschine. Später stellten wir auf EDV um, grosse Computer mit kleinen Bildschirmen und Floppy Disks. Das war für unsere Sekretärinnen Hildegard und Yvonne eine Herausforderung. Ich erstellte für sie Checklisten, in denen ich jeden einzelnen Bedienungsschritt beschrieb. Trotzdem stürzte bei Hildegard der Computer regelmässig ab, und auch Yvonne konnte ihre Angst vor dem Ungetüm nie ganz ablegen (war später aber sehr stolz, so früh schon einen Computer bedient zu haben).

Den lebhaften Flugplatzbetrieb fand ich sehr spannend. Ich lernte viele interessante Menschen kennen, die fliegen wollten oder es schon konnten. Wenn ich servierte, gehörten kurze Gespräche mit den Buttwiler Bauern und Handwerkern genauso dazu wie mit den Piloten, hin und wieder war auch eine Pilotin darunter. Beim Mittagessen waren wir eine grosse Familie. Fluglehrer, Sekretärinnen, Mechaniker und Piloten assen zusammen und diskutierten rege. Der Sommer verging wie im Flug, und meine Kanadapläne rückten immer weiter in den Hintergrund. Bis ich sie schweren Herzens ganz aufgab. Als Bob realisierte, dass ich nicht zurückkommen würde, brach er den Kontakt abrupt ab. Bis er mich vor ein paar Jahren auf Facebook anschrieb. Seither sind wir in zwar loser, aber sehr netter Verbindung.

Als Trostpflaster für die aufgegebenen Kanadapläne buchte ich für den kommenden Winter einen Französischkurs: zwölf Wochen Paris, mit Übernachtung in einer Familie. Diese Familie entpuppte sich als alleinstehende alte Dame, die das Zimmer nur vermietete, um ihre Rente aufzubessern. Sie redete kaum. Die Stimmung beim Nachtessen war beklemmend. Nach zwei Wochen wurde sie in ein Spital eingeliefert, ich hatte nicht gewusst, dass sie krank war. Ihre Tochter teilte mir darauf kurz und bündig mit, ich müsse nun allein zurechtkommen, selber einkaufen und selber kochen. Dass sie mich bat, aus Rücksicht auf die Nachbarschaft nicht zu laut zu sein, war sehr weitsichtig, aber wenig effektiv. Von nun an diente die Wohnung als abendlicher Klassentreffpunkt. Französisch sprachen wir dabei allerdings nicht allzu viel, denn alle konnten Deutsch.

Im Frühling kehrte ich aus Paris zurück und bezog meine erste eigene Wohnung, eine Drei-Zimmer-Altbauwohnung in Zürich Albisrieden. Sie kostete gerade mal 245 Franken monatlich. Da durfte ich keinen Luxus erwarten. Aber sie war genau das Richtige für mein Alter. Ich konnte tun und lassen, was ich wollte. Die Zimmer waren klein, die Wände getäfert und die Decken mit Stuck versehen. Ich strich jedes Zimmer in einer anderen Farbe. Das WC beliess ich schwarz. Auch die weissen Stuckdecken mussten frisch gestrichen werden, was erst nach mehreren Anläufen gelang, denn nach ein paar Stunden löste sich die Farbe in grossen Blasen von der Decke, und ich konnte neu beginnen. Der Muskelkater in meinen ungeübten Armen war gewaltig.

In der Küche standen ein alter Gasherd und eine Duschkabine. Die Fenster waren mit Doppelscheiben versehen, an denen sich im Winter wunderschöne Eisblumen bildeten, da es hier keine Heizung gab. Nur in der Stube stand ein Ölofen. Während dort an kalten Tagen das Thermometer dreissig Grad anzeigte, blieben die anderen Zimmer weitgehend kalt. Wie herrlich waren da warme Socken und eine Bettflasche! Ich besorgte mir für die Wohnung eine kleine Waschmaschine, denn im Keller standen nur uralte kupferne Waschzuber. Die Böden knarzten bei jedem Schritt, und irgendwann hörte ich sogar Mäuse in den Wänden rumoren. Als der kleine Wohnblock renoviert wurde, musste ich schweren Herzens ausziehen. Es waren sehr schöne Jahre in Albisrieden.

Zur Arbeit holte mich damals Hans-Ueli ab, unser Chefmechaniker und ein begeisterter Pilot. Während der halbstündigen Fahrt zum Flugplatz gab es immer viel zu diskutieren. Überhaupt vermischten sich Arbeit und Freizeit oft. Segel- und Motorflugpiloten sassen abends meist noch gemütlich beisammen, auch zum Anstossen und Feiern fand sich immer ein Anlass: erste Alleinflüge, bestandene Pilotenprüfungen, Siege bei Ziellandewettbewerben oder schlicht Geburtstage. Als Festhütte diente oft einer unserer zwei Hangars. Tische und Bänke wurden aufgestellt, Musik ertönte live oder vom Band, und schon konnte das Fest beginnen. Den 1. August feierte die Gemeinde Buttwil bei uns auf dem Flugplatz. Das war immer ein Grossanlass. Am Nachmittag offerierten wir Gratisrundflüge für Kinder, Politiker, Handicapierte und Vereine. Und während das grosse Erst-August-Feuer brannte, bestaunten wir das Feuerwerk.

Es gab noch weitere Events, wie etwa den zweitägigen Ausflug am Eidgenössischen Dank-, Buss- und Bettag ins benachbarte Ausland. Oft waren da fünfzehn Flugzeuge miteinander auf Tour, und ich war immer erleichtert, wenn sie am Sonntagabend alle wieder sicher in Buttwil gelandet waren. Und einmal im Jahr fand das Cognac-Rallye statt, ein Wettbewerb, organisiert vom französischen Aero Club de Cognac, das Pilotinnen und

Piloten aus ganz Europa und natürlich auch mich anlockte. Dabei galt es, verschiedene fliegerische Aufgaben zu meistern. Nach der Ziellandung auf dem Flughafen Cognac bekamen wir Cognac in drei dunklen Gläsern zum Degustieren vorgesetzt, mit der Aufgabe, zu erraten, welcher der älteste und welcher der jüngste war. Danach wurden alle in der Destillerie mit einem Galadinner verwöhnt, auch dabei floss das edle Getränk. Der Höhepunkt des Abends war die Preisverleihung; dabei wurde der Gewinner – Gewinnerinnen gab es, soweit ich mich erinnere, nie – auf einer grossen Waage mit Cognac aufgewogen; diesen erhielt er dann als Preisgeld. Allerdings sah man nach dem Dinner bereits die ersten Cognac-Leichen. Als ich einem Betrunkenen einmal einen Kaffee anbieten wollte, lallte er nur: »Das wirft mich um Stunden zurück.«

ERSTE SCHRECKSEKUNDEN

Neben der Arbeit im C-Büro setzte ich meine fliegerische Ausbildung fort, da ich inzwischen Fluglehrerin werden wollte. Ich besuchte einen Radiotelefonie-Kurs, bei dem ich den englischen Sprechfunk mit den Standardformulierungen im Luftverkehr erlernte. Damit konnte ich nun auch auf internationalen Flughäfen landen. Und ich versuchte, so viel Erfahrung wie möglich mit den verschiedenen Flugzeugmodellen zu sammeln, die in Buttwil bereitstanden: Ich schleppte mit der zweisitzigen Chipmunk Segelflugzeuge und erlangte die Berechtigungen für Flugzeuge mit Landeklappen, für Flugzeuge mit Einziehfahrwerk und für solche mit Verstellpropeller.

Im Unterschied zum Festpropeller hat der Pilot beim Verstellpropeller die Möglichkeit, den Winkel des Propellers im Cockpit einzustellen. Damit kann er den Steig- und Reiseflug optimieren und die Leistung des Flugzeugs markant erhöhen. Man kann es mit dem Laufen vergleichen: kleine Schritt bergauf und grosse Schritte in der Ebene. Auch ein einziehbares Fahrwerk hat Vorteile, korrekte Bedienung vorausgesetzt. Wie jeder Pilot musste ich die möglichen technischen Probleme und deren Beseitigung erlernen. Kann das Fahrwerk beispielsweise aufgrund eines Defekts nicht eingefahren werden, muss umgehend die Geschwindigkeit reduziert und der Kraftstoffverbrauch neu berechnet werden, da dieser durch den erhöhten Luftwiderstand enorm ansteigt. Das gilt nicht nur für kleine Flugzeuge, sondern auch für grosse Verkehrsmaschinen, wie der Hapag-Lloyd-Flug 3378 am 12. Juli 2000 zeigte, bei dem der Captain den Treibstoff ausser Acht liess und keinen näher liegenden Flugplatz ansteuerte, sondern weiterflog und schliesslich bei Wien 660 Meter vor der Landebahn seinen Airbus schrottete. Es gab glücklicherweise keine Toten. Unzählige Unfälle sind aufgrund falscher Bedienung passiert oder weil der Pilot schlicht vergessen hat, das Fahrwerk auszufahren – was eigentlich nicht geschehen sollte, da sofort laute Warnsignale ertönen und visuelle Anzeigen aufblinken. Wieso solche Warnungen trotzdem ignoriert werden? Eine Landung benötigt auch im Normalfall höchste Konzentration, was bei einigen Piloten offensichtlich zu einem derart markanten Stresslevel-Anstieg führt, dass selbst die schrillsten Warntöne überhört und alle blinkenden Warnsignale ausgeblendet werden. In der Luftfahrt nennt man dieses Phänomen Tunnelblick.

Mein Lieblingsflugzeug war damals die zweisitzige Bölkow Bo 209 Monsun. Sie besass Verstellpropeller, Landeklappen und Funk, war schnell und wendig. Mit der linken Hand bediente man den Steuerknüppel und mit der rechten sämtliche anderen

Hebel und Schalter. Auch den Bremshebel in der Mittelkonsole. Genau der bescherte mir 1977 – ich befand mich noch in der Umschulungsphase auf die Monsun – die ersten Schrecksekunden in meinem jungen Pilotenleben. Damals war der Flugplatz Buttwil nur eingeschränkt nutzbar, da die Naturpiste gerade in eine Hartbelagpiste umgewandelt werden sollte. Grosse Erdhaufen türmten sich zwischen der Piste und dem Taxiway, also der Rollbahn, die zur Piste führt. Nach Feierabend hatte ich meinen Vater gebeten, mich noch etwas bei meinen Flugübungen zu überwachen. Und so sass er am Funk, während ich Touch-and-go übte: Aufsetzen und gleich wieder Vollgas geben.

Als letzte Übung sollte ich auf einem kurzen Wiesenstück neben der Piste landen. Was zunächst kein Problem war, die Landung gelang bereits auf den ersten Metern. Doch als ich den Bremshebel betätigte – nichts! Ich raste ungebremst auf das Ende des Flugplatzes zu. Eigentlich hätte ich nur den Bremshebel kurz loslassen und erneut ziehen müssen, doch ich hielt ihn mit aller Kraft fest. Gleichzeitig drückte ich die Sprechtaste, rief: »Es bremst nicht!«, und liess auch diese nicht wieder los. Damit nahm ich meinem Vater jede Möglichkeit, mir zu antworten und Hilfestellung zu geben. Zumal er mich auch nicht sehen konnte, da ich jenseits der Erdhügel gelandet war. Ich schoss also auf das Ende des Flugplatzes zu und wusste, dass ich mich dort überschlagen würde. In einer Millisekunde entschied ich mich zu einer 180-Grad-Kurve. Mit aller Kraft trat ich dazu in das rechte Seitensteuer. Erst jetzt sah ich den Weiher. Würde der Radius meiner Kurve genügen, um an ihm vorbeizukommen und auszurollen? Die Monsun kippte gefährlich zur Seite, schaffte das gewagte Manöver jedoch, wir endeten nicht im Wasser. Mit weichen Knien stieg ich aus. Als mein Vater ankam, auch er ganz blass, versuchte er sofort, mir das

Bremssystem zu erklären. Seine Worte kamen aber nicht an, ich stand noch völlig unter Schock.

LOOPINGS IM DOPPELDECKER

In Buttwil herrschte immer ein reger Segelflugbetrieb, vor allem am Wochenende. Früher hatte ich oft Gelegenheit gehabt, mit Kollegen mitzusegeln. Ohne Antrieb voranzukommen und den Aufwind zu finden, war herrlich. Kein Wunder, wollte auch ich segelfliegen! Ich lernte es mit neunzehn Jahren bei der in Buttwil stationierten Segelfluggruppe Zürich. Da ich bereits die Privatpilotenlizenz besass, musste ich einen Teil der theoretischen Fächer nicht mehr ablegen, und auch die praktische Ausbildung war um einiges leichter. Ich lernte auf der Schleicher Ka 4 Rhönlerche. Dieses ältere Modell eignete sich bestens als Schulflugzeug, denn es war sehr gutmütig, konnte langsam fliegen und nahm einem auch eine etwas härtere Landung nicht übel.

Es faszinierte mich, lautlos durch die Luft zu gleiten und in einem »Schlauch« kreisend an Höhe zu gewinnen. Unwohl wurde mir nur, wenn andere Segelflieger in denselben Schlauch einflogen, um vom Aufwind zu profitieren – dann suchte ich das Weite. Die Segelflugprüfung legte ich im Juni 1974 ab. Noch im selben Jahr schulte ich auf die Segelflugzeuge Schleicher K 8 und Pilatus B 4 um, zwei Jahre später auf den Motorsegler Fournier RF 5. Leider kam ich danach viel zu selten zum Segelfliegen. Am Wochenende musste ich arbeiten, und unter der Woche war es ein sehr personalaufwendiges Vergnügen: Immer brauchte es einen Motorflugzeugpiloten, um den Segelflieger in die Höhe zu schleppen, ausserdem ein paar Helfer, die das Flugzeug aus dem Hangar an den Pistenanfang schoben und beim Start die

Flügel hielten. Oft stieg ich deshalb mit dem Motorsegler auf und stellte in der Höhe einfach den Motor ab. Auch so liess sich gut in der Thermik segeln.

Das Segelfliegen war ein Hobby und hatte mit meiner Ausbildung nichts zu tun. Um zur Fluglehrerprüfung zugelassen zu werden, musste ich jedoch eine Flugakrobatikprüfung ablegen und die Theorieausbildung für die Berufspilotenlizenz absolvieren. Kunstflug war gar nicht so einfach, wie ich mir das vorgestellt hatte; Ende der Siebzigerjahre fehlten noch Schulungsprogramme mit klar definierten Zielen. Mein Training absolvierte ich auf dem Flugplatz Pruntrut bei Albert »Albi« Rüesch, einer legendären Kunstflug-Koryphäe. Als Albi und ich unsere Lederkappe und die Fliegerbrille aufsetzten und in die Bücker Jungmann, einen offenen Doppeldecker mit Heckrad, einstiegen, fühlte ich mich ein wenig in die Anfänge der Fliegerei zurückversetzt. Ohne Funk verständigten wir uns nur mit Handzeichen. Auf der Übungshöhe übernahm er das Steuer und flog das ganze Akrobatikprogramm vor. Dann war ich an der Reihe. Nach der ersten Kunstflugfigur wusste ich schon nicht mehr, welche die nächste war, und Albi musste sie mir noch einmal zeigen. Am Boden meinte er nur: »Das kommt schon gut«, und verabschiedete sich. Vor- oder gar Nachbesprechungen waren damals vielerorts noch nicht üblich.

Mein grösstes Problem im Training war mein niedriger Blutdruck. Bei schnellen Richtungsänderungen – die zum Kunstflug gehören – wirken grosse Kräfte auf den menschlichen Körper ein, was zu einem Blutverlust im Kopf führt. Kampfjet-Piloten, die enormen Belastungen ausgesetzt sind, tragen deshalb einen Druckanzug. Kunstflieger tragen keinen, und so wurde mir bei vielen Figuren schwarz vor Augen. Beim Looping etwa zog sich von links und rechts ein schwarzer Vorhang zu, bis ich nichts mehr sah. Zum Glück nur für ganz kurze Zeit. Nach sechzehn Flügen bestand ich die Kunstflugprüfung.

Viele Jahre später lernte ich übrigens auch noch Helikopter fliegen – rein aus Spass an der Sache. Helifliegen ist etwas völlig anderes als das sogenannte Flächenfliegen, und ich konnte es kaum glauben, dass ausgerechnet mir ewigem Gfrörli dabei oft der Schweiss die Schläfen hinablief. An Ort und Stelle schweben und einen halben Meter über Boden ein Viereck fliegen hat mir alles abverlangt. Die Steuerung des zweiplätzigen Enstrom war extrem sensibel, was für mich gewöhnungsbedürftig war; der Steuerknüppel durfte nur ganz sanft betätigt werden. Mein Vater sagte: »Du musst nur *denken*, dass du nach rechts oder links willst, das genügt schon.« Rückwärts fliegen war ganz schlimm. Immer wollte ich in den nicht vorhandenen Rückspiegel schauen. Auch die Gebirgsausbildung war unvergesslich herausfordernd.

Am besten gefielen mir Autorotationen; dabei wird der Hauptrotor nur noch durch den Fahrtwind angetrieben. Das musste man üben, um bei einem Triebwerksausfall notlanden zu können. Auch Quickstops und Landungen auf kleinstem Raum machten mir riesigen Spass. Helikopterfliegen finde ich die schwierigste Art des Fliegens, zumal nur kleinste Unfälle genügen, damit ein Helikopter sich durch die drehenden Rotoren selber zerstört (ich habe leider sehr viele Unfall-Helis gesehen). Aber es ist auch die faszinierendste Art.

Deshalb sagte ich nicht Nein, als ein schwedischer Instruktor für Militärhelikopter mich eines Tages in Stockholm einlud, eine Runde im Helikopter-Simulator zu fliegen. Ich war damals bereits selbst Instruktorin für die Boeing 737. Ich war beeindruckt, als ich im Simulator sass. Es handelte sich um einen grossen Transporthelikopter, und ich zweifelte, ob ich dieses Ungetüm tatsächlich würde fliegen können. Die visuelle Darstellung im Simulator war modern und um Welten besser als jene für die 737. Zuerst machte ich eine paar Schwebeübungen und eine Platzvolte. Es war richtig anstrengend und schweisstreibend. Bei einer anderen Aufgabe touchierte ich dann eine Brücke und crashte. Da sagte der Instruktor: »Gut, jetzt schalte ich die automatische Stabilisation zu.« Ab jetzt ging alles viel einfacher, der Heli liess sich mühelos fliegen. Hinterher musste ich immer wieder den Kopf schütteln. Warum hatte er mir das Fliegen zuerst so schwer gemacht? Warum hatte er die automatische Stabilisation nicht gleich eingeschaltet? Sicher wollte er testen, ob ich wirklich fliegen konnte. Warum werden Frauen immer erst auf den Prüfstand gestellt? Ich hätte das niemals gemacht. Ich hätte den Kollegen zuerst mit der Automatik fliegen lassen und dann – mit einer Vorwarnung – das Stabilisationssystem ausgeschaltet. Der Riesenspass, auf den ich mich so gefreut hatte, hinterliess einen fahlen Nachgeschmack.

DIE FLUGLEHRERLIZENZ

Für die theoretische Berufspilotenausbildung, die es für den Fluglehrerkurs braucht, musste ich dann wieder die Schulbank drücken. Es waren zum einen dieselben Fächer wie bei der Privatpilotenlizenz, allerdings vertiefter; dazu kamen weitere wie die Funktion und Bedienung der unterschiedlichen Bordanlagen und des Autopiloten, das Verstehen der Pistensignalisation, der Aufbau und die Funktion von Turbinentriebwerken, die Performance, das heisst die Leistungseigenschaften der verschiedenen Flugzeugtypen, und das Analysieren von Wind- und Wetterkarten. Allein die Handhabung der Jeppesen-Rechenscheibe nahm viel Zeit in Anspruch. Aus der Schule kannte ich den Rechenschieber, aber diese Mehrfachscheibe mit dem verschiebbaren Einsatz bot so unglaublich viele Möglichkeiten, nicht nur die Umrechnung von See- in Statusmeilen, von britischen Imperial Gallons in US-amerikanische Gallons oder Celsius in Fahrenheit. Mit zunehmender Höhe stimmt im Cockpit beispielsweise die angezeigte Geschwindigkeit nicht mehr. Mit der Scheibe konnte die wirkliche Geschwindigkeit anhand der jeweiligen Höhe, der aktuellen Temperatur und des Luftdrucks abgelesen oder die vom Gewicht beeinflusste Reichweite errechnet werden. Alles Dinge, die heutzutage von Apps erledigt werden.

Als ich die Berufspiloten-Theorie absolviert hatte (die praktische Prüfung legte ich kurze Zeit später ab), meldete ich mich für die Aufnahmeprüfung zum Fluglehrer an. Dabei brachte mir meine pädagogische Ausbildung Vorteile, denn eine Theorielektion aufzubauen, wie verlangt, fiel mir leicht. Ich liess mich auch nicht vom Expertengremium durch extradumme Fragen irritieren. Der Prüfungsflug fand auf einem mir unbekannten Flugzeugtyp statt, auf der Saab Safir HB-DBL, einem einmotorigen Tiefdecker. Ich bestand und wurde 1980 zum zweiwöchigen Fluglehrerkurs zugelassen.

Die Theorie in diesem Kurs war eher langweilig, der praktische Teil dafür umso spannender. In den Schulungsflugzeugen sitzen Flugschüler und Fluglehrer in der Regel nebeneinander – der Lehrer rechts, der Schüler links. Wir mussten nun einmal den Schüler, einmal den Lehrer spielen und kritische Situationen proben. Wir flogen dabei bis nach England und landeten dort auf Flugplätzen, die ich noch nie zuvor angeflogen hatte. Im Kurs lernte ich viele tolle Kollegen kennen; leider nahm keine einzige Frau teil, obwohl es damals bereits ein paar Pilotinnen gab. Ich war danach aber – mit vierundzwanzigeinhalb Jahren – endlich Fluglehrerin.

Mit der Fluglehrerlizenz in der Tasche brachte ich bei gutem Wetter von nun an Flugschülern das Fliegen bei (die wenigen Frauen schulte leider alle mein Vater); bei schlechtem Wetter arbeitete ich in unserem C-Büro. Im Winter schulte ich zudem auf dem Flugplatz Bad Ragaz, wo wir ein Flugzeug stationiert hatten. Oft war dort schönstes Wetter, wenn über dem Unterland zäher Nebel lag. Bad Ragaz verfügt über eine kurze Hartbelagspiste und einen sehr kurzen Endanflug, was für Flugschüler schwierig ist. Jede Landung musste eine Ziellandung sein. Schon bei leichtem Föhn konnte es ziemlich ruppig werden, bei mittlerem Föhn wurde der Flugbetrieb eingestellt. Ich freute mich jeden Morgen auf meine Flugschüler. Alle waren guter Stimmung und lernbegierig. Einige wollten Berufspiloten werden, andere waren Hobbyflieger. Als Grundschulflugzeuge standen die Cessna 150 und die Piper L4 zur Verfügung. Bei der L4 musste nun auch ich – wie früher mein Vater – den Propeller aussen von Hand anwerfen. Ich habe bis heute einen Heidenrespekt vor dessen scharfen Kanten.

DIE ANGST DES PORSCHEFAHRERS

Als Fluglehrerin merkte ich schnell, ob ein Talent neben mir sass oder nicht. Diejenigen mit gutem motorischem Geschick begeisterten sich oft weniger für den theoretischen Teil, waren aber in der Praxis fit. Eine Herausforderung waren die Superhirne, die jedes theoretische Detail wussten, aber nie richtig starten und landen lernten. Ihnen empfahl ich als Erstes, vom Heckradflugzeug Piper L4 auf das Bugradflugzeug Cessna 150 umzusteigen, da ein Heckradflugzeug nur wenig verzeiht. Beim Start hatten diese Kandidaten Mühe, das Drehmoment des Propellers mit dem Seitenruder auszugleichen, sodass es das Flugzeug zur Seite zog, und sie zogen am Höhensteuer, noch bevor das Flugzeug überhaupt richtig flog. Dann hing es schräg im überzogenen Winkel in der Luft und sackte gleich wieder zu Boden. Bei der Landung haperte es noch mehr. Zu hoch, zu tief, zu langsam, zu schnell, nicht in der Achse, nur auf einem Rad ... Einige erreichten die Aufsetzgeschwindigkeit bereits drei Meter über der Landebahn und wären zu Boden geplumpst, wenn ich nicht eingegriffen hätte; wieder andere wären, weil sie das Höhensteuer nicht zogen, ungebremst in den Boden gedonnert. Ganz zu schweigen von falschen Reaktionen bei Seitenwind oder Böen.

Eine Problemanalyse war meist nicht einfach. Hatte der Schüler zu lange auf den Geschwindigkeitsmesser geschaut statt auf die näher kommende Piste? War er schlicht zu langsam? Oder konnte er nicht gleichzeitig mehrere Sachen machen? Brauchte er nur mehr Training oder gar einen anderen Fluglehrer? Gelegentlich – und sehr ungern – musste ich einem Kunden auch mal mitteilen, dass es für ihn und die Umwelt sicherer wäre, aufzuhören. Wer das nicht vertrug, hörte nicht auf, sondern wechselte die Schule.

Manchmal musste ich schmunzeln, wenn Pilotenanwärter mit ihren schnellen Sportwagen anbrausten, in der Luft aber Angst bekamen. Zum Beispiel, wenn ich vorführte, dass ein Flugzeug bei ausgefallenem Motor nicht abstürzte, sondern weiterflog. Dazu stiegen wir auf und stellten den Motor ab. Der Propeller drehte sich noch eine Weile weiter, und es brauchte etwas Geduld, das Tempo so weit zu drosseln, bis er zum Stillstand kam. Wir flogen nun im Gleitflug, langsam sinkend. Ansonsten war es still im Cockpit. Nur noch Windgeräusche. Das Flugzeug segelte weiter, der Gleitwinkel war zwar schlecht, aber man konnte noch jederzeit notlanden. Chesley B. Sullenberger, auch bekannt als »Sully«, demonstrierte das 2009 auf beeindruckende Weise, als er seinen Airbus A320 nach dem Ausfall beider Triebwerke im Hudson River, mitten im vielbefahrenen New Yorker Hafen, notwasserte. Damit unser Motor wieder lief, stellte ich das Flugzeug auf den Kopf: Bei diesem Sturzflug Richtung Erde wurde das Flugzeug sehr schnell. Kurz vor der maximal zulässigen Geschwindigkeit begann sich der Propeller dann wieder – ganz langsam – zu drehen, und der Motor sprang an, ohne dass ich den Zündschlüssel betätigen musste. Die meisten Flugschüler waren von dieser Übung begeistert. Ein paar wenigen aber trat der kalte Schweiss auf die Stirn, und sie baten mich, das nie wieder zu tun.

Allerdings brauchte auch ich bei einigen Schülern sehr starke Nerven. Im Cockpit gibt es nämlich ein paar Knöpfe und Hebel, die man nicht verwechseln darf. Jeder wichtige Schalter, Hebel und Knopf hat deshalb eine besondere Farbe und Form, man sieht und fühlt also deren Wichtigkeit. So ist etwa der Mixture-Hebel für die Benzinzufuhr rot, und der Knauf für die Vergaservorwärmung schwarz, und beide sind markant und visuell wie auch von der Form her ganz klar unterscheidbar. Die Vergaservorwärmung braucht es, um einer möglichen Vereisung des Vergasers bei niedriger Motorleistung vorzubeugen, sonst könnte im Endanflug der Motor abstellen.

Ich sass also im Buttwiler »Türmli«, dem Tower, und überwachte meinen Flugschüler am Funk, während er ein paar Volten drehte. Als er zur Landung überging, musste er den obligatorischen Check-for-Approach ausführen und dabei die Vergaservorwärmung anstellen. Plötzlich hörte ich ein aufgeregtes »Regula, der Motor läuft nicht mehr!«. Das Flugzeug war bereits kurz vor der Landung. Ich befahl ihm, sofort jenen Hebel zurückzustellen, den er zuletzt betätigt hatte. Und siehe da: Der Motor lief wieder. Der Pilot hatte anstelle des Vergaservorwärmungsknaufs den Mixture-Hebel gezogen und so die Benzinzufuhr abgestellt.

Einige haarige Situationen waren aber von mir verschuldet, und darauf bin ich gar nicht stolz. Vor kurzem hat mich Rolf, ein ehemaliger Flugschüler, auf Facebook entdeckt und Kontakt aufgenommen. Am Telefon fragte er mich: »Weisst du noch, der Flug nach Buochs?« Es fror mich innerlich. Ich hatte damals die Wetterlage falsch eingeschätzt. An jenem Tag schulte ich Rolf gerade auf die Cessna 172 um, und mein Vater hatte gefragt, ob wir ihn auf dem Flugplatz Buochs abholen könnten. Es war ein wolkenloser Tag, aber Meteo Zürich hatte nur drei Kilometer Sicht gemeldet, was miserable Verhältnisse sind: Ist die Sicht am Boden schlecht, wird sie in der Luft noch viel schlechter. Im Steigflug sieht man nichts, und im Reiseflug verliert man leicht die horizontale Referenz und die Orientierung. Es ist daher wichtig, tief zu fliegen, um wenigstens durch die Seitenfenster den Boden ausmachen zu können.

Obwohl also schlechte Sicht gemeldet war, starteten wir. Und mussten sofort wieder absinken. Ich war froh, in einer Cessna zu sitzen und nicht in einem Tiefdecker, bei dem die Flügel die Sicht nach unten behindern. Wir flogen tief Richtung Osten; als wir die Reuss erblickten, folgten wir ihr bis zum Vierwaldstättersee. Von dort wäre es nur noch ein Katzensprung zum Flugplatz Buochs gewesen, doch die Sicht wurde über dem See noch schlechter. Wir mussten noch etwas tiefer sinken. Zum Glück war Rolf ein begabter Pilot, sodass ich mich als Fluglehrerin ganz auf die Navigation konzentrieren konnte. Und dann passierte es: Wir verloren die Orientierung. In Ufernähe drehten wir einen Vollkreis, konnten aber nicht erkennen, über welcher Bucht wir uns befanden. Der Tower von Buochs erfragte unsere Position. »Standby« antworteten wir – das sagt man, wenn man grad nicht weiss, was man antworten soll. Dann erspähte Rolf das Motel Rex. Wir waren also bereits im Endanflug, ohne dass wir die Piste gesehen hätten. Kurze Zeit später landeten wir sicher, aber ziemlich ernüchtert.

Weitere Schreckminuten erlebte ich an einem Herbsttag in den Berner Alpen. Der Flugplatz Buttwil liegt mit etwas über siebenhundert Metern über Meer oft über der Nebelgrenze. Es war traumhaft schönes Wetter, als ich mit einem Flugschüler über den Konkordiaplatz bis nach Sitten fliegen wollte. Wir stiegen kontinuierlich auf, um die benötigte Mindestflughöhe beim Eiger zu erreichen. Doch unsere Cessna 150 schaffte es nicht. Ich entschied, weiter östlich am Schreckhorn und Finsteraarhorn vorbeizufliegen. Und da passierte es. Unser Motor hustete und stotterte und verlor sofort an Leistung. Ich stiess einen Fluch aus, schaute kurz zu meinem Schüler, dem der Schweiss aus allen Poren schoss. Was tun? Der nächstgelegene Flugplatz Bern lag unter einer Nebeldecke, sodass wir nicht landen konnten. Ich wies den Schüler an, die beste Gleitgeschwindigkeit einzuhalten und weiter Richtung Wallis zu segeln. An eine Notlandung wollte ich gar nicht denken. Ich überprüfte die Bordinstrumente und Schalter. Alles okay. War vielleicht der Vergaser vereist? Das konnte eigentlich nur im Leerlauf oder bei wenig Leistung geschehen, wir hatten aber Vollgas gesetzt. Ich zog trotzdem die Vergaservorwärmung, reduzierte die Leistung und mit dem Mixture-Hebel die Benzinzufuhr – und siehe da, der Motor begann langsam wieder zu laufen.

Zum Glück gab es in meiner langen Karriere nur wenige solcher Vorfälle und keinen einzigen Unfall. Leider verunglückte aber einer meiner früheren Flugschüler tödlich. Er hatte in den

Pyrenäen das Wetter unterschätzt, war in Wolken hineingeflogen und gegen einen Hügel geprallt. Ich machte mir damals Vorwürfe. Hatten wir vielleicht bei zu schlechtem Wetter trainiert, sodass er sich später zu viel zutraute? Flüge bei Seitenwind, Regen und anderen schwierigen Wetterlagen gehören zu einer soliden Ausbildung. In Wolken hineinzufliegen, ist allerdings ein absolutes No-Go und endet ohne eine Ausbildung im Instrumentenflug – früher sagte man Blindflug – meistens tragisch.

DER VERLIEBTE DOTTORE

Wenn Flugschüler sich in mich verliebten – was gelegentlich geschah –, dämmerte mir das meistens erst, wenn sie mich mit ihrem Porsche oder Ferrari abholten, um mich zum Essen auszuführen. Einmal erkannte ich es erst, als bereits von Heirat die Rede war. Das war Herr B., ein achtzigjähriger italienischer Witwer. Er wohnte im Tessin, war Arzt und hatte sein Geld mit Diamanten in Brasilien verdient. Davon kaufte er sich ein Flugzeug und wollte fliegen lernen. Die Tessiner Flugschulen hatten ihn als Flugschüler abgewiesen, da seine Cessna 182 nicht für die Grundschulung geeignet und er definitiv zu alt für den Pilotenschein war. Weil er eigentlich nur seine Verwandten und Freunde in Florenz besuchen wollte – damals gab es noch keinen Linienflug dorthin –, flog ich ihn. Einmal im Monat fuhr ich mit dem Zug nach Lugano, von wo aus wir nach Florenz flogen. Wenn wir dort im Hotel ankamen – natürlich in einer Limousine –, wurde der rote Teppich ausgelegt, und alle verneigten sich vor dem Dottore. Überhaupt schien ihn ganz Florenz zu kennen. Zum Abendessen lud er immer einige Bekannte oder Verwandte ein, und ich staunte nicht schlecht, wenn er beim

Dessert Geschenke verteilte: Goldringe, Perlenketten, Uhren. Die Heuchelei der Beschenkten ging mir schon bald gehörig auf die Nerven.

Eines Tages führte mich der Dottore in eine teure Boutique: Er wolle mir einen Pelzmantel schenken. Die Verkäuferinnen schwirrten um mich herum, dass es mir peinlich wurde: Ich war seine Pilotin und nicht seine Freundin! Und einen Pelzmantel wollte ich schon gar nicht. Herr B. insistierte. Panisch schaute ich mich um. Ich musste irgendetwas anderes finden, das er mir kaufen konnte, damit wir den Laden so schnell wie möglich wieder verlassen konnten. Ich entdeckte rote Stiefel und bedeutete den Verkäuferinnen, dass ich diese wollte. Die passende Tasche legten sie ungefragt dazu. Beides war sündhaft teuer. Zu Hause merkte ich, dass die Stiefel mindestens eine Nummer zu klein waren. Der Dottore liess nicht locker, wollte mich mit seinem Reichtum beeindrucken und zeigte mir seine Villa im Tessin. Und eines Tages sprach er dann von Heirat. Geschockt lehnte ich ab und kehrte nie mehr ins Tessin zurück.

Viele Jahre später heiratete ich dann aber doch einen Flugschüler, wenn auch einen ehemaligen. Er besass keinen Ferrari und arbeitete später auch als Pilot bei der Crossair. Die Hochzeit war eher traditionell. Wir feierten auf dem Vierwaldstättersee, und ich hatte nur mit Mühe ein schlichtes weisses Kleid gefunden (zu mir passen weder Rüschen noch Schleier, noch sonstiger Schnickschnack). Die Crossair-Crew überraschte uns mit einem Tiefflug der Saab 340 über den See. Dann folgte eine Formation unserer Flugschule, und auch die in Buttwil stationierte Fallschirmgruppe Freiamt sprang uns zu Ehren ab. Wie ich später erfuhr, hatten einige Kollegen damals gewettet, dass die Ehe nicht lange halten würde. Sie behielten recht.

CROSSAIR

1983–1989

EIN GROSSER COUP

Und dann kam der Tag, der mein ganzes Leben auf den Kopf stellte. Es war im Sommer 1981, an einem Sonntag. In meiner Agenda war auf sechzehn Uhr ein Termin mit Moritz Suter eingetragen. Das musste ein Versehen der Sekretärin sein, dachte ich, der Mann hatte drei Jahre zuvor die Fluggesellschaft Crossair gegründet und wollte sicher etwas mit meinem Vater besprechen. Da das Wetter sich bestens für eine Alpeneinweisung eignete, ignorierte ich den Termin und flog mit einem Flugschüler ins Tessin. Spät am Abend kehrten wir zurück. Moritz Suter wartete noch immer. Und zwar auf mich. Er sprach von einem grossen Coup, den er mit mir plane. Auf meinen fragenden Blick hin meinte er: »Ich mache dich zur ersten Linienpilotin der Schweiz.« Danach lud er mich für einen der nächsten Tage zum Abendessen ein und rauschte ab. Ich war völlig perplex, aber auch sehr gespannt auf das Treffen.

Beim Essen duzte auch ich ihn, fühlte mich aber nicht ganz wohl dabei. Später merkte ich, dass die meisten bei der Crossair ihn siezten. Beim Essen verkündete er dann, dass er mich unbedingt anstellen wolle. Er habe mich auf dem Flugplatz beobachtet, ich sei genau die Richtige und brauche nur noch die nötigen Weiterbildungen, damit ich zur Crossair kommen könne. Das würde ein Riesending werden, meinte er. Ich verstand nicht recht, warum eine Pilotin bei der Crossair eine derartige Sensation wäre. Es gab doch schon so lange Pilotinnen. Bereits in den Anfängen der Fliegerei hatten sie für Aufsehen gesorgt, wie etwa Amelia Earhart, die 1932, fünf Jahre nach Charles Lindbergh, allein den Atlantik überquerte, in Nordirland aber notlanden musste. Zudem wusste ich von Arlette Borradori, die in Genf eine Flugschule leitete. Ausserdem arbeiteten Pilotinnen zu jener Zeit schon in Lufttaxi- und Chartergesellschaften oder als sogenannte Ferry-Pilotinnen, die Flugzeuge aus den USA nach Europa überführten. Aber etwas stimmte schon: Anfang der 1980er-Jahre gab es weder im Linienflug noch beim Militär Pilotinnen. Die Swissair verwehrte Frauen noch eine Weile den Zugang zum Cockpit. Zwei meiner Kolleginnen – eine Elektroingenieurin und eine Privatjet-Pilotin – wurden von der Swissair trotz ihren ausgewiesenen Fähigkeiten gar nicht erst zur Selektion, zum Auswahlverfahren, eingeladen.

Nachdenklich, aber auch aufgeregt, ging ich nach Hause. Wenn ich diesen Schritt wagen würde, verlöre mein Vater sein bestes Pferd im Stall. Nicht weil ich so herausragend gut war, sondern weil ich als Familienmitglied im eigenen Betrieb viel mehr arbeitete als andere. Als ich ihn am nächsten Tag auf Moritz' Pläne ansprach, wusste er natürlich bereits Bescheid. Es war schnell klar, er würde mich vorbehaltlos unterstützen.

Und so drückte ich fünfundzwanzigjährig bald erneut die Schulbank, um die fehlenden Ausbildungen nachzuholen: das Twin Rating, die Erlaubnis also, zweimotorige Flugzeuge zu fliegen, und die »Erweiterung für Instrumentenflug« – die Steuerung eines Flugzeugs mithilfe von Bord- und Navigationsinstrumenten. Nicht nur der Pilot muss eine Bewilligung haben, ganz ohne natürlichen Horizont und terrestrische Bodenmerkmale, also nur nach Instrumenten, zu fliegen, auch das Flugzeug muss speziell dafür ausgerüstet und geprüft sein. Im Unterricht ging es wieder um Flugplanung, die sich beim Instrumentenflug nicht mehr an terrestrischen Merkmalen ausrichtet, und um vertiefte Kenntnisse etwa in Instrumentenkunde, Meteorologie, Flugfunk und andere Theoriefächer. Damals kam auch noch das Morsen dazu. Stundenlang hörte ich zu Hause die Codes ab: bib bib bib biiiib biiiib biiiib bib bib bib. Und wie schon für den Berufspiloten-Ausweis benötigte ich ein medizinisches Attest, ausgestellt von einem Vertrauensarzt des Eidgenössischen Luftamts, das unterdessen Bundesamt für Zivilluftfahrt hiess.

Das Fliegen nach Instrumenten ist eine komplexe Angelegenheit und verlangt eine gute Konzentrationsfähigkeit, eine schnelle Auffassungsgabe, räumliche Vorstellungskraft und Disziplin. Wer gut organisieren und managen kann, ist im Vorteil. Lagefliegen – Höhe und Kurs halten, steigen, sinken, Kurven fliegen – und Navigieren ohne visuelle Orientierung erlernte ich auf dem Gerlisberg bei Kloten in einem Linktrainer, dem Vorläufermodell eines Flugsimulators. Das war und ist viel billiger und effizienter, als direkt im Flugzeug zu üben. Darin lernte ich, ohne die Hilfe eines Lotsen am Boden ein Flugzeug nur mittels eines einfachen Navigationsgeräts zu navigieren und mit einem künstlichen Horizont in der Luft zu halten. Verschwindet bei schlechter Sicht der natürliche Horizont, verliert man sofort die räumliche Orientierung, und im Bruchteil von einer Sekunde weiss man nicht mehr, wo oben und wo unten ist. Der künstliche Horizont ist so zentral im Instrumentenflug, dass der Pilot immer mindestens ein Auge auf dieses Gerät gerichtet haben muss. Die kleinste Unaufmerksamkeit genügt, um in Schieflage zu geraten. Am Anfang des Trainings achtete ich wie alle anderen immer viel zu lange auf die anderen Instrumente. Es dauerte seine Zeit, bis ich das verinnerlicht hatte.

Im Linktrainer kam auch das neue Fach Radionavigation zur Anwendung. Dabei ging es um das Navigieren mithilfe von bodenseitigen Senderstationen, mit denen man die Position seines Flugzeugs bestimmen konnte – damals war das heute nicht mehr wegzudenkende GPS noch nicht erfunden. Grundsätzlich gab es zwei Arten von Senderstationen: NDB (Non-Directional Beacon) und VOR (VHF Omnidirectional Radio Range). Das NDB ist eines der ältesten Radionavigationsverfahren überhaupt. Die Nadel des Anzeigegeräts ADF (Automatic Direction Finder) im Cockpit zeigte an, in welcher Richtung sich das NDB am Boden befand. Und dann kam das Kopfrechnen hinzu. Um bei einem Anflug in eine NDB-definierte Warteschleife zu fliegen, hiess es, den gewünschten neuen Kurs für die Schleife auszurechnen, also je nach erreichter Position schrittweise zum Beispiel 30, 45 oder 90 Grad dazuzuzählen oder abzuziehen.

Es ist nur schwer vorstellbar, wie viel Konzentration es braucht, die gewünschte Lage ohne optische Anhaltspunkte nur nach dem künstlichen Horizont auszurichten, die Flughöhe zu halten, nach Instrumenten zu navigieren und dabei noch solche Kopfrechnungen auszuführen. Wer das beherrschte, musste das Ganze dann mit Wind üben, also noch eine entsprechende Windkorrektur berücksichtigen. Das war richtig, richtig anstrengend. Später habe ich oft miterlebt, dass diese Aufgabe selbst für erfahrene Linienpiloten ein Problem werden konnte und es zum Tunnelblick kam, dem bereits erwähnten, in der Aviatik bekannten Stressphänomen. In solchen Situationen kann man alles um sich herum vergessen, sogar den eigenen Namen. Und wenn just in dem Moment noch ein Motor ausfiel, gerieten viele Piloten definitiv an ihre Belastungsgrenze oder sogar darüber hinaus.

Speziell NDB-Anflugverfahren waren anspruchsvoll, besonders als der ADF noch über keinen integrierten Magnetkompass verfügte. Dann musste der Pilot die ADF-Nadel im Kopf auf die Kompassrose übertragen. Befand man sich im Anflug ein paar Grad daneben, musste man überlegen, ob man nach rechts oder nach links korrigieren musste, denn das war nicht offensichtlich. Mit dem VOR wurde dann die Navigation viel einfacher. Das Problem der Windkomponente entfiel fast gänzlich, und die Genauigkeit von Positionsbestimmungen stieg erheblich. Später wurde an vielen Flughäfen ein Instrumentenlandesystem (ILS) eingerichtet, das den Piloten beim Endanflug auf eine Piste unterstützt; das war und ist sehr viel präziser und entlastet den Piloten enorm. Ich möchte hier aber nicht näher auf all diese Verfahren eingehen, denn in Wirklichkeit ist es noch komplizierter, als es ohnehin schon klingt; die älteren Piloten wissen, wovon ich rede.

Nach jeder Linktrainersession stieg ich völlig erschöpft aus und ärgerte mich über die Fehler, die ich gemacht hatte. Zu Hause übte ich »trocken« weiter und liess Schritt für Schritt alles noch einmal vor meinem geistigen Auge ablaufen: Einflüge in Holdings – das sind die Warteräume in der Luft –, verschiedene Procedure-Turns und verschiedene Arten von Anflügen (NDB, VOR oder mit ILS) auf unterschiedlichen Flughäfen. TTTT wurde zu meinem neuen Begleiter: Time –Turn – Twist – Talk. Das heisst: über dem Fixpunkt die Stoppuhr starten, das Flugzeug auf den errechneten Kurs drehen, den gewünschten neuen Kurs einstellen und schliesslich dem Controller die Position melden.

Im Simulator konnte der Lehrer das Gerät anhalten, falls man durcheinanderkam, im Flugzeug war das nicht möglich. Später schulte ich einmal einen Akademiker darin, nach Instrumenten zu fliegen. Er sah nicht ein, warum er die navigatorischen Grundkenntnisse besser erst in einem Simulator üben sollte. Und da ich ihn nicht überzeugen konnte, begannen wir die Ausbildung eben, wie von ihm gewünscht, direkt in seinem Flugzeug. Es ging aber nicht lange, da konnte er zwei und zwei nicht mehr zusammenzählen. Er schaute mich ungläubig an, lächelte zaghaft und brach dann in schallendes Gelächter aus. Die nächste Lektion fand im Simulator statt.

HERAUSFORDERUNG INSTRUMENTENFLUG

Nach zwanzig Stunden Linktrainerausbildung durfte ich ins Flugzeug, wo mir Paul Wuhrmann, ein Kollege meines Vaters, das Fliegen auf zweimotorigen Flugzeugen nach Instrumentenregeln beibrachte. Nebenbei erzählte er mir einmal eine nette Geschichte, die sich bei der 1968 in Konkurs gegangenen Schweizer Globe Air während eines Frachtflugs ereignet hatte. Sie transportierten damals Zirkustiere, und zwar in der Kabine. Dabei brach ein Tigerbaby aus dem Käfig aus. Paul setzte erschreckt eine Funkmeldung ab: »Pan-Pan, tiger in the cockpit«. »Pan-Pan« ist die Vorstufe zum bekannten Notruf »Mayday«. Der Controller im Tower vermutete einen Scherz und antwortete: »Put him in the tank!« Die Esso-Werbung »Pack den Tiger in den Tank« war damals allgegenwärtig.

Im Normalbetrieb sind zweimotorige Flugzeuge ähnlich zu handhaben wie einmotorige. Für Notfälle gilt es aber, sehr viel zu trainieren. Fällt einer der beiden Motoren aus, verliert das Flugzeug nicht fünfzig, sondern bis zu achtzig Prozent seiner Leistung. Deshalb muss man sofort die einseitig ziehende Kraft mit dem Seitenruder ausgleichen, gleichzeitig mehr Leistung (Power) setzen und das Flugzeug in die richtige Lage (Pitch and Bank) bringen, damit die korrekte Geschwindigkeit eingehalten werden kann; ausserdem muss man überprüfen, ob Klappen und Fahrwerk einzufahren sind (zum Beispiel bei einem Triebwerksausfall kurz nach dem Start). Das alles ist in den

Wolken oder im Nebel um einiges schwieriger als bei guter Sicht. Oft können bei einem Motorenausfall nach dem Start die erforderlichen Leistungswerte nicht erreicht und das kleine zweimotorige Flugzeug nur knapp in der Luft gehalten werden. Der Start- und Steigflug ist deshalb, wie bei allen ein- und mehrmotorigen Flugzeugen, die kritischste Phase.

Die Emergency- oder Non-Normal-Checkliste (oder wie sie der jeweilige Flugzeughersteller, der sie erstellt, auch immer nennen mag) ist eminent wichtig. Sie beschreibt im Detail die Handhabung sämtlicher Notfälle, zum Beispiel, was bei einem Triebwerksausfall, beim Ausbruch eines Feuers, bei einem Druckabfall in der Kabine, einem Hydraulikausfall oder bei Stromproblemen zu tun ist – bis hin zur Evakuierung des Flugzeugs. Dabei gibt es sogenannte By-Heart- oder Recall-Items, Checklistenpunkte, die der Pilot auswendig kennen und im Notfall sofort ausführen muss; danach werden die weniger dringenden Punkte Schritt für Schritt abgearbeitet. Das Wichtigste bleibt aber selbstverständlich auch in Notsituationen wie zum Beispiel einem Motorenausfall das Fliegen und Navigieren, sonst fällt man vom Himmel; erst danach folgen die By-Heart-Items, und nach sorgfältiger Analyse wird dann auch der defekte Motor abgestellt und der dazugehörende Propeller in Segelstellung gebracht, damit dessen Propellerblätter möglichst wenig Widerstand bieten.

Die Instrumentenausbildung auf einem kleinen zweimotorigen Flugzeug als Single Pilot, also im Einmanncockpit, gehört mit zum Schwierigsten in der Flugausbildung. Früher verfügten die Flugzeuge ja über keinen oder einen nur wenig hilfreichen Autopiloten. Eine gute Organisation im Cockpit war deshalb unabdingbar: Der ausgefüllte Flugplan lag vorbereitet auf dem Kniebrett; An- und Abflugkarten für die verschiedenen Flugplätze, Streckenkarten, die Checklisten für den Normalbetrieb und für Notfälle waren griffbereit, ebenso die Notizen für den aktuellen Flug: zum Beispiel die Clearance (Flugfreigabe) vom Fluglotsen, Abflug- und Anflugverfahren, Höhenfreigaben, der Transpondercode, das aktuellste Ab- und Anflugwetter. Nebenbei in den Papieren wühlen ging ohne Autopiloten gar nicht. Liess man sich zu lange ablenken und vernachlässigte den Blick auf den künstlichen Horizont, war das Flugzeug schnell nicht mehr auf der gewünschten Höhe und auf dem beabsichtigten Kurs. Der Pilot muss dem Flugzeug immer voraussein, heisst es in der Aviatiksprache. Ist das Flugzeug dem Piloten voraus, hat er die Übersicht verloren, und das kommt selten gut.

Heute verfügen die Flugzeuge über ein sogenanntes Glascockpit, also über hochmoderne elektronische Fluginstrumentensysteme mit LCD-Multifunktionsdisplays, mit denen viele der Informationen digital abgerufen werden können; sie haben GPS, gute Autopiloten und vieles mehr; auch Karten sind elektronisch vorhanden und geben dem Piloten jederzeit die aktuelle Position an. Der Fortschritt der Technik ist phänomenal und hat vieles vereinfacht. Trotzdem müssen Piloten die Instrumente und Geräte mit ihren unzähligen Möglichkeiten im Detail kennen, sonst verlieren sie auch heute noch sehr schnell den Überblick. Nach der Jahrtausendwende schalteten die US-Amerikaner die künstliche Signalverschlechterung ihrer GPS-Satelliten netterweise ab, was zu einer rasanten weltweiten Entwicklung von Ortungs- und Navigationsmöglichkeiten führte. Viele Flugzeuge wurden umgerüstet, und seit 2013 müssen die Schweizer Piloten eine theoretische und praktische GPS-Ausbildung vorweisen.

»DU FLIEGST WIE EIN WALROSS!«

Als ich das nötige Training auf der zweimotorigen Seneca und genügend Training im Instrumentenflug vorweisen konnte, wurde ich zur Prüfung zugelassen, die mir Kelly Arber vom Bundesamt für Zivilluftfahrt am 5. Mai 1982 abnahm. Wie üblich war ich sehr nervös. Der Check schien mir aber einiges leichter zu sein als das vorangegangene Training. Ich bestand. Jetzt war ich stolze Berufspilotin mit dem Eintrag »Twin Rating und Instrumentenflug« und hatte somit alle Bedingungen für die Selektion bei der Crossair erfüllt.

Kelly Arber begegnete ich später übrigens noch öfter bei Prüfungen und in Kursen. Ich schätzte seine ruhige, kompetente und faire Art sehr. Unter anderem hatte er früher im Auftrag des Lufttransportdiensts des Bundes in einer zweimotorigen Twin Bonanza Bundesräte geflogen. Dieses Flugzeug war so klein, dass man ihn, wie er einmal erzählte, bei einem Staatsbesuch in Deutschland längere Zeit Warterunden drehen liess, obwohl er beteuerte, dass es sich um einen Staatsflug handle und er ein Mitglied der Schweizer Regierung an Bord habe. »Stop joking!«, sei die Antwort des Fluglotsen gewesen, »Mach keine Witze!«.

Nach meiner bestandenen Prüfung musste ich mich nun aber noch ein Jahr gedulden. Da ich ohne Copilotenausbildung nicht für die Crossair arbeiten konnte und ein solcher Kurs gerade nicht vorgesehen war, würde ich auch noch nicht zur Selektion eingeladen werden. Und so schulte ich während dieser Zeit eifrig unsere eigenen Flugschüler in Buttwil, und zwar so eifrig, dass mir wenig Zeit für anderes blieb. Ab und zu flog ich mit der Seneca, um etwas in Übung zu bleiben. Eigentlich hätte ich mich aber vor der Selektion nochmals intensiv mit dem Instrumentenflugtraining beschäftigen sollen. Vermutlich hätten schon ein paar Lektionen im Linktrainer gegen meine unglaubliche Nervosität geholfen.

Dann war er endlich da, der Tag der Selektion im Februar 1983. An die Details vermag ich mich nicht mehr zu erinnern. Sie begann mit einem Gespräch mit dem Chefpiloten Franz Meier und dem Cheftrainer der Crossair, Matthias Schmid. Danach folgte ein Flug auf dem Simulator, wo ich schwitzend versuchte, die Übersicht zu behalten. Es war bestimmt keine Glanzleistung, die ich da zeigte. Heute glaube ich, dass die Selektion ohnehin nur eine Alibiübung war. Die beiden Prüfer, Franz und Matthias, konnten sicher nicht allzu viel gegen mich einwenden. Moritz war der Chef, und er wollte mich unbedingt an Bord haben.

Nun hiess mein neuer Arbeitgeber Crossair Limited Company for Regional European Air Transport, Zürich. Ich war eine von damals siebenundfünfzig Crossair-Piloten und die einzige Frau im Cockpit. Die Büroräumlichkeiten befanden sich im General Aviation Center am Flughafen Zürich. Die Firma betrieb Fairchild Swearingen Metroliner II und III, sogenannte Turboprops, Flugzeuge mit Propellerturbinenantrieb, die sich besonders gut für den Regionalverkehr eigneten. Die beiden Maschinen boten je achtzehn Fluggästen Platz, die eine gute Sicht auf die Piloten hatten, da es keine Cockpittür gab. Gepäckablagen besassen die Maschinen auch nicht, die Kabinenhöhe betrug gerade mal knapp eineinhalb Meter. Weil es im Innern so niedrig und eng war, wurden die Metro II und III gelegentlich auch Angströhren genannt. Flugbegleiter gab es nicht, in erster Linie war der Copilot für den Service verantwortlich. Man stelle sich das heute mal vor!

Mit mir besuchten fünf nette Kollegen den Copiloten-Theoriegrundkurs, der auf die Selektion folgte. Wir lernten zusammen sämtliche neuen Flugzeugsysteme kennen und bedienen: die Druckkabine, die das Cockpit, die Passagierkabine und den Frachtraum umfasst, die Flügel, die Klappen und das Fahrwerk mit seiner komplizierten Bugradsteuerung, die Gasturbine, die den Propeller antreibt, die Propeller selbst, die elektrischen Systeme und vieles, vieles mehr. Wir mussten aus den Performance-Tabellen in den Flugzeughandbüchern Informationen herauslesen (zum Beispiel, bei welchem Gewicht und mit welcher Geschwindigkeit man wie lange zum Take-off benötigt), mussten Beladungspläne erstellen und Schwerpunkte berechnen. Wir beugten uns zusammen über den »Paper Tiger«, ein Poster, das die Bedienungsfelder der Cockpitarmaturen abbildete, versuchten die diversen Schalter, Lichter und Anzeigen zu identifizieren und gingen die verschiedenen Normal- und Notfall-Checklisten durch, um die Manöver zu üben.

Dann flogen wir sechs gemeinsam nach San Antonio in Texas, wo der Flugsimulator stand. Der Schritt von der zweimotorigen Seneca auf die Metro III war für mich gross. Die Schnelligkeit des Flugzeugs war eine Herausforderung. Aber auch zu zweit im Cockpit sitzen und sich bei den Einschätzungen und Manövern abstimmen war gewöhnungsbedürftig. Heute besuchen Crews zuerst einen Multi-Crew-Cooperation-Kurs, bevor sie in ein Zweimanncockpit gesetzt werden. Dort lernen sie viel über Kommunikation, Entscheidungsfindung und Teamwork innerhalb der Cockpitbesatzung.

Meine Umschulung auf die Metro III wäre um einiges einfacher gewesen, wenn im Simulator auf dem linken Sitz, dem Sitz des Captains also, ein bereits ausgebildeter Pilot gesessen wäre, der uns Neulingen hätte helfen können. Dies war leider nicht der Fall, alle sechs waren wir Neulinge, und so mussten wir uns in der Rolle des Captains abwechseln. Mir wurde Joe zugeteilt, er war wie ich Fluglehrer, im Instrumentenflug besass aber auch er keine grosse Erfahrung. Zusätzlich Mühe bereitete, dass wir permanent von Presseleuten umlagert waren. Bereits vor meiner Ausbildung in San Antonio hatte der »Blick« einen Artikel veröffentlicht mit der Schlagzeile: »Regula, die erste Linienpilotin der Schweiz«. Moritz Suter wollte den ersten Flug mit einer Frau im Cockpit vermarkten, und natürlich waren die Journalisten neugierig, wie sich diese angehende Linienpilotin so machte.

Zwei Wochen später, wieder in Zürich, trainierten wir sechs in der Metro III Anflüge und Landungen, das war das sogenannte Flight-Training – nun selbstverständlich nicht mehr im Simulator, sondern auf dem Flugzeug. Wir benutzten dafür wenig frequentierte Flugplätze. Und strapazierten die Nerven unseres Fluglehrers, des Crossair-Captains Franz Meier. Die einen hatten mit den Landungen Mühe, ich damit, die Höhe zu halten. Einmal herrschte Franz mich an: »Du fliegst wie ein Walross!« Er wünschte sich wohl eine etwas feinere Steuerführung. Ein paar Tage später aber schlossen wir das Training mit dem Check durch einen Experten des Bundesamts für Zivilluftfahrt ab. Jetzt waren wir bereit für das Linientraining, das während regulärer Linienflüge mit Passagieren unter Aufsicht eines Fluglehrers oder eines Liniencaptains stattfindet.

Meinen ersten Linienflug verband Moritz Suter mit einer weiteren Premiere: der Eröffnung der Fluglinie Bern–Lugano. Mit an Bord würde Bundesrat Leon Schlumpf sein, der damalige Vorsteher des Eidgenössischen Verkehrs- und Energiewirtschaftsdepartements, und viele Presseleute. Zwei Tage vor dem Flug gab es allerdings Ärger.

AUF KEINEN FALL EINEN ROCK!

Eigentlich sollte ich als Crossair-Uniform einen Zweireiher plus Hosen und Blusen bekommen, dazu ein Foulard und einen Hut mit breiter Krempe. Ich war glücklich, keine Krawatte und keine Pilotenmütze tragen zu müssen. Als ich jedoch die neue Uniform in Empfang nahm, lagen in dem Paket statt der Hosen zwei Jupes. Hatten meine Copiloten-Kollegen also doch recht, als sie witzelten, ich würde ganz sicher Rock tragen müssen! Der Jupe passte perfekt, er lag eng an und endete fünf Zentimeter über dem Knie. Ideal für den Laufsteg. Nicht fürs Cockpit. Schon bei meinem Versuch, auf den Sitz zu gelangen, würde er weit nach oben rutschen. Spätestens wenn ich mit der Steuersäule zwischen den Beinen dasass, wäre der Saum bei der Hüfte oben angelangt. Ich beschwerte mich sofort, erhielt aber nur die Antwort: »Wunsch vom Chef!«

Ich rief Moritz Suter an und erklärte ihm, dass ich auf gar keinen Fall und nie im Leben mit einem Jupe in ein Cockpit treten würde. Er entgegnete nur: »Ich befehle es dir!«, und hängte auf. Ich war verärgert und frustriert, fühlte mich alleingelassen. Es gab ja weit und breit keine Person mit einem ähnlichen Problem, die sich mit mir hätte solidarisieren können. Also rief ich meinen Vater an und schüttete ihm mein Herz aus, sagte, dass ich unter keinen Umständen nachgeben würde, eher nähme ich meine Entlassung in Kauf. Umgehend griff mein Vater zum Telefonhörer und erklärte dem Crossair-Chef: »Moritz, Regula fliegt nicht mit einem Jupe! Niemals! Du kennst meine Tochter nicht!« Am Abend vor dem Eröffnungsflug wurden mir per Express Hosen geliefert. Es war nicht der letzte Kampf mit Moritz.

Ansonsten aber gelang sein Coup mit der ersten Linienpilotin der Schweiz, sein Gespür für Sensationen wurde belohnt. Der Eröffnungsflug Bern–Lugano am 25. März 1983 war ein voller Erfolg für die Crossair. Captain Franz Meier meisterte den Eröffnungsflug trotz schlechtem Wetter – die Sonne lachte erst im Tessin – hervorragend. Und Bundesrat Schlumpf schrieb mir eine Widmung ins Flugbuch: »Frl. Regula, meiner ersten ausgezeichneten Pilotin, herzliche Wünsche«. Die Medien berichteten umfassend. Ich konnte mich der vielen Interviewanfragen – sie kamen auch aus dem Ausland – kaum erwehren. Ich verstand den ganzen Rummel allerdings nicht, denn als ich Fluglehrerin war, hatte das Geschlecht kaum eine Rolle gespielt. Ich erinnere mich nur an einen Schüler, der nicht mit mir fliegen wollte und einen Mann verlangte. Ich liess ihm damals unseren bissigsten Fluglehrer zuweisen, sodass er recht schnell lieber doch mit mir flog. Aber nun baten mich plötzlich sogar Vereine und Schulen um Vorträge, was ich gern annahm. Anfragen für Erst-August-Reden lehnte ich jedoch dankend ab. Ich bekam unglaublich viel Post (ich hoffe, ich habe allen gedankt!), ausserdem wurden mir kleine und grössere Werbeaufträge angeboten, darunter ein Fernsehspot für eine Kreditkarte. Ich liess es aber bald bleiben, ich taugte nicht zur Schauspielerin.

Die erste Zeit als einzige Copilotin war hart. Der Piloten-Briefingraum, in dem vor jedem Flug die Vorbesprechung der aktuellen Route stattfand, befand sich damals im Zürcher Terminal A. Auf dem Weg dorthin musste ich mich durch die herumstehenden Koffer und die vielen Swissair-Crews arbeiten, die mich meist nur stumm anstarrten. Es war ein richtiger Spiessrutenlauf. Hie und da gab es zwar auch sehr nette Swissair-Piloten, die mir gratulierten. Bei der älteren Generation spürte ich aber eher Ablehnung. Die meisten grüssten mich erst, als ich bei der Swissair-Tochter Balair arbeitete. Da war ich ja dann eine von ihnen.

Die Akzeptanz bei den Crossair-Kollegen war zu Beginn auch eher gemischt. Einige waren äusserst charmant und zuvorkommend, andere wollten erst einmal sehen, ob eine Frau das Metier überhaupt beherrschte, und ein paar wenige bekundeten offen ihre Ablehnung. Ein als Frauenheld bekannter Captain erklärte mir unverblümt: »Ihr Frauen braucht uns nicht die Jobs wegzunehmen!« Da wir mehrere Frauenhelden hatten, übrigens auch sehr sympathische, beschreibe ich den Kollegen für Insider etwas genauer: Er hatte keinen Schnauz und keine blonden Löckli, dafür immer eine dunkle Sonnenbrille auf, damit man nicht sah, dass er auf der Reiseflughöhe ab und zu einnickte, und er sprach mit leichtem Akzent. Aber auch er akzeptierte mich innerhalb kurzer Zeit als Kollegin, und die anfängliche Skepsis war bald vergessen. Noch heute habe ich viele tolle Freundinnen und Freunde aus der Crossair-Zeit. Für mich war die Crossair die beste Schulung für meine spätere Karriere. Auch wenn ich mit Moritz Suter nicht immer einig war, verdanke ich ihm sehr vieles. Er war ein Visionär und wusste seine Ideen gut zum Wohle der Crossair einzusetzen.

DER HERRGOTT IM COCKPIT

Bei der Crossair arbeiteten damals alle Piloten sehr viel, bis zu tausend Stunden pro Jahr. Wobei nur die reine Flugzeit berechnet wurde, die zum Teil aufwendige Vorbereitung am Boden blieb unberücksichtigt. Unser Einsatzplan sah sehr oft so aus: acht Arbeitstage, gefolgt von zwei freien Tagen. Bei täglich bis zu sechs Starts und Landungen absolvierten wir nicht selten einen Zwölfstundentag. Mit so viel Flugtraining lernte ich die Metro III schnell sehr gut kennen. Sie war ein schnittiges Flugzeug, wenn auch nicht ganz einfach zu landen. Passagiere bewerten den Flug oft nach der Sanftheit der Landung. Eine gute, sprich: sichere, Landung hat aber nichts damit zu tun, wie sanft das Flugzeug aufsetzt. Vielmehr muss sie in der Landezone sogar ausreichend »firm«, also hart sein, damit die Bremsklappen ausfahren, die Bremsen greifen und, wenn es sein muss, zur Bremsverstärkung die Schubumkehr eingesetzt werden kann. Überhaupt sollte man nicht zu früh klatschen, so man denn klatschen will, denn erst wenn das Flugzeug Schritttempo erreicht hat, ist die Landung beendet – schon so manche Maschine kam erst hinter der Piste zum Stillstand. Heikler als die Landung ist aber ohnehin der Start. Falls es ein technisches Problem gibt, bleibt dem Piloten oft nur ein Wimpernschlag, um den Start abzubrechen. Reagiert er zu spät, schiesst er über die Piste hinaus. Was zu fatalen Unfällen führen kann.

Bereits im Sommer erlebte ich den ersten technischen Zwischenfall. Auf dem Flug nach Lugano knallte es plötzlich so heftig, dass ich zusammenzuckte. Ein Triebwerk war explodiert. Ich hatte keine Zeit, dem Schrecken Raum zu geben, denn Captain Jean-Jacques verlangte schon die Emergency-Checkliste. Punkt für Punkt arbeiteten wir die Checkliste ab, und am Ende wies er mich an, dem Fluglotsen mitzuteilen, dass wir aufgrund eines Notfalls nicht nach Lugano, sondern nach Mailand Malpensa fliegen würden – im Unterschied zu Lugano liegt Malpensa in einer weiten Ebene und verfügt über lange Pisten. Ich bewunderte Captain Jean-Jacques, wie perfekt er die Notsituation meisterte und wie gut er auch unsere Passagiere informierte und beruhigte.

Anfang der 1980er-Jahre war das Streckennetz der Crossair noch begrenzt: Klagenfurt, Innsbruck, Luxemburg, Strassburg, Genf, Lugano, Venedig, Bern und Paris. Auch die Crossair-Familie war noch klein, und alle setzten sich für die Firma ein. Wir zogen an einem Strang, auch wenn die Piloten zwischendurch mithilfe einer eigenen Crossair-Pilotenvereinigung bessere Arbeitsbedingungen und Löhne einforderten und dabei stets auf später vertröstet wurden. Die Firma sei im Aufbau, hiess es regelmässig, und könne bei so wenigen Sitzplätzen pro Flugzeug keine höheren Löhne anbieten. Wer sich etwas lauter beschwerte, für den konnte es schnell ungemütlich werden. Dazu muss man wissen, dass die meisten Crossair-Piloten ihre Ausbildung selber finanzieren mussten (wie auch ich), einige mussten deswegen Schulden machen und diese dann abstottern. Die angehenden Swissair-Piloten bezahlten nichts für die kostspielige Ausbildung, denn die SLS, die Schweizerische Luftverkehrsschule, wurde zum grossen Teil vom Bund finanziert. Zudem erhielten sie während der etwa zwei Jahre dauernden Ausbildung von der Swissair sogar noch einen Lohn. Das weckte Neid, und oft hörte man, dass die Löhne der Swissair-Piloten doch übertrieben hoch seien.

Mich interessierte allerdings nicht, was andere verdienten, sondern eher, was mir am Ende des Monats im Portemonnaie verblieb. Es war genug; schöne Kleider, Make-up oder teure Autos interessierten mich ohnehin nicht. Wegen meiner Kollegen, viele von ihnen Familienväter, hoffte aber auch ich immer, dass die Löhne bald einmal angehoben würden. Vergeblich. Leider sind die Bedingungen im Airline-Business heute zum Teil noch schlimmer. Viele Firmen bezahlen ihre Piloten schlecht, einige bieten neuen Copiloten sogar einen sogenannten »Pay to fly«-Vertrag an. Das heisst, sie müssen für ihre Flüge bezahlen, bis sie eine gewisse Flugerfahrung gesammelt haben. Das finde ich unerhört.

Mit welchem Captain ich jeweils flog, legte die Crewplanungsabteilung fest; einmal im Monat bekamen wir unsere Einsatzpläne. Ein Zweimanncockpit birgt gewisse Risiken, denn hier sitzen, wie überall, Menschen mit unterschiedlichen Charakteren zusammen. Da heisst es tolerant und flexibel sein. Es gibt Personen, die man mag, und solche, die man nicht ausstehen kann. Letzteres kann sich sehr negativ auf das Arbeitsklima auswirken. Heute sind deshalb sogenannte Crew-Resource-Management-Kurse vorgeschrieben, die Unfälle wegen menschlichen Versagens verhindern helfen. Das ist gut so. Früher war der Captain nämlich der absolute Herrgott in der Crew. Einmal beobachtete ich in Bangkok, wie eine asiatische Crew ins Hotel einlief, im perfekten Gänsemarsch: zuvorderst der Captain, gefolgt vom Copiloten, dem Flight-Ingenieur, dem Kabinenchef bis zum dienstjüngsten Flight-Attendant. Sie blieben auch alle artig und still hintereinander stehen, bis sie das Hotelzimmer zugewiesen bekamen.

Früher kuschten Besatzungen manchmal derart, dass niemand den Captain zu kritisieren wagte, selbst dann nicht, wenn Gefahr in Verzug war. Wegen Überheblichkeit endete beispielsweise am 14. November 1990 ein Alitalia-Flug Mailand–Zürich für alle sechsundvierzig Insassen tödlich. Die Anzeige des Instrumentenlandesystems des Captains war defekt und zeigte beim Endanflug auf Zürich eine falsche Höhe an. Beim Copiloten funktionierte die Anzeige korrekt, zeigte ihm also an, dass sie viel zu tief flogen, und als er den Fehler bemerkte, versuchte er noch, das Unheil abzuwenden, indem er den Durchstart einleitete. Doch der Captain beharrte fatalerweise auf seiner Befehlsgewalt, unterbrach das Durchstartmanöver ohne ausreichende Fehleranalyse, und das Flugzeug prallte gegen den Stadlerberg. Das zeigt, wie wichtig die Teamkompetenz-Schulungen sind.

AUFREGUNG UM MITTERNACHT

Wie bei jeder anderen Airline gab es auch bei der Crossair hervorragende und weniger gute Piloten, sanfte und grobe Naturen, Witzbolde, Übervorsichtige, Machos und Frauenhelden und solche, die sich überschätzten (auf diese musste man ein besonderes Auge haben). Auch das Sich-riechen-Können spielt im Cockpit eine wichtige Rolle. Knoblauchgeruch, Zigarettenrauch (bei einigen Airlines durfte im Cockpit damals noch geraucht werden, bei der Crossair nicht) und andere Körperausdünstungen sind manchmal nur sehr schwer zu ertragen. Auch mir machte es mit dem einen Captain viel, mit dem anderen gar keinen Spass.

Wenn ich ehemalige Crossair-Kollegen treffe, haben wir immer viel zu lachen. Jeder und jede erinnert sich beispielsweise an Captain »Ziit iiträge und übernäh!«*. Starts durften nur von Kapitänen ausgeführt werden. Die meisten übergaben uns Copiloten das Flugzeug aber bereits, wenn kurz nach dem Abheben das Fahrwerk eingefahren war. Dieser eine behielt das Steuer jedoch fest in der Hand, bis wir weit oben im Reiseflug waren und der Copilot mit dem Eintrag der Startzeit im Flugplan auch noch die »Büroarbeit« erledigt hatte. Mit ihm hatte ich einmal eine Situation erlebt, die so peinlich nicht hätte ablaufen müssen, wäre er zu etwas Mitgefühl fähig gewesen. Es

---

* »Zeit eintragen und übernehmen!«

war zur Zeit der Schmuckmesse in Basel. Unser Flugzeug war voll besetzt, sodass jeder Passagier das Handgepäck abgeben musste. Ein Japaner wollte jedoch partout nicht, dass sein Aktenkoffer im Gepäckraum untergebracht wurde. Es kam zum Streit, und obwohl der Verbleib dieses kleinen Gepäckstücks in der Kabine wirklich nicht schlimm gewesen wäre, beharrte der Captain so lange auf der Herausgabe, bis der Passagier – unter den Blicken der anderen Fluggäste – hektisch Uhren, Ketten und sonstige Schmuckstücke aus dem Koffer kramte, seine Hosen- und Jackentaschen damit vollstopfte und das nun leere Köfferchen abgab.

Dann gab es noch den Captain mit dem kleinsten Pilotenkoffer der Welt: seinem Handtäschli. Während andere Kapitäne sämtliche aktuellen Karten und Flugunterlagen in ihrem Koffer zur Arbeit mitbrachten, verliess dieser sich voll und ganz darauf, dass die Copiloten alles mitbrachten. Was wir natürlich taten, denn wir kannten ihn. Und da war Captain »Chan ich drucke?«*. Der erwartete von uns Copiloten, dass wir für den Flug alles so weit vorbereiteten, dass er selbst nur noch hinsitzen und den Startknopf drücken musste. Er hielt es noch nicht einmal für nötig, gemeinsam die Engine-Start-Checkliste durchzugehen, was normalerweise vor dem Anlassen des Motors geschieht. Auch bei der Kommunikation mit den Passagieren – dafür waren bei der Crossair die Captains zuständig – zeigten sich einige nicht arg professionell, was bei einem Flug zu einer panischen Reaktion führte. In den Wolken setzte sich bei den Turboprops an den Flügeln und Propellerblättern gern Eis an. Die Enteisungsanlage der Propeller war zwar eingeschaltet, aber es löste sich nicht nur Wasser, sondern ganze Eisstücke prallten gegen den

* »Kann ich drücken?«

96

Rumpf. Das klang beängstigend, so, als würde jemand von aussen Steine gegen das Flugzeug schleudern. In so einem Fall muss der Captain umgehend die Passagiere informieren und beruhigen. Was bei diesem Flug nicht geschah. Ein Passagier geriet derart in Panik, dass er wild rüttelnd versuchte, die Flugzeugtür zu öffnen. Er wollte in der Luft aussteigen.

Bei den Ehemaligentreffen erzählen wir uns solche Geschichten jedes Mal wieder und holen andere aus der Erinnerung hervor. Zum Beispiel diese: Es war bei einem Nightstop im Hotel La Perla in Lugano. Ich war müde und ging früh zu Bett. Als ich erwachte und sah, dass die Uhr kurz vor sechs zeigte – in ein paar Minuten war also bereits Arbeitsbeginn! –, zog ich mich in aller Hektik an und raste die Treppe hinunter. Aber seltsam, aus der Bar nebenan erklang Musik. Ich schaute verwundert nochmals auf die Uhr: Es war nicht sechs Uhr morgens, sondern halb zwölf nachts. Ich hatte die Armbanduhr falsch herum angezogen. Beschämt schlich ich zurück ins Zimmer. »Das passiert mir nie wieder!«, schwor ich mir damals. Ein paar Jahre später, im Crewhotel in Genf, ging ich jedoch wieder einmal früh zu Bett. Und erwachte wieder am vermeintlich nächsten Morgen. Und, ja klar, abermals trug ich die Uhr verkehrt herum. In Windeseile packte ich meinen Koffer und rannte mit Sack und Pack aus dem Lift ins Foyer, um auszuchecken. In der Bar nebenan sassen meine Crew und diverse Swissair-Besatzungen gemütlich am Tresen, und jemand fragte mich verdutzt, wo ich denn um diese Uhrzeit noch hinwolle, der Flughafen Genf sei doch bereits geschlossen. Es war so peinlich! Wenn ich heute nachts auf meine Armbanduhr schaue, versichere ich mich stets, dass sich die Krone rechts vom Zifferblatt befindet.

Flüge nach Lugano waren oft mit Nightstops verbunden. In den Anfängen hatte die Crossair dort zwei, wie ich fand, schmuddelige Wohnungen gemietet, eine für den Captain, eine für den Copiloten (später durften dankenswerterweise auch wir im Hotel übernachten). Damals trafen wir uns immer mit anderen Crews im Luganer Flugplatzbeizli, wo wir gemütlich zusammenhockten und uns darüber austauschten, was es Neues gab. Oder wir amüsierten uns über den Kollegen, der ein ziemlich anstrengendes Liebesleben führte: Er war verheiratet, nahm auf die Nightstops aber gern seine Freundin aus Zürich mit, die am nächsten Tag dann der Freundin aus Genf oder der aus dem Tessin weichen musste. Da keine von den anderen wissen durfte, verlangte ihm das einiges an Organisationstalent ab.

Natürlich schwärmen wir bei diesen Begegnungen gelegentlich auch von den alten Zeiten, als im Luftverkehr noch mehr erlaubt war, und schütteln ungläubig den Kopf darüber, was wir alles angestellt hatten. Der Endanflug auf den Flughafen Zürich beispielsweise konnte damals mit grösseren Flugzeugen noch nach Sicht angeflogen werden. Doch statt den heute vorgeschriebenen Zehn-Meilen-Anflug auszuführen, verkürzten wir ihn manchmal auf wenige Meilen. Das machte nicht nur fliegerisch grossen Spass, es sparte auch Zeit und Kosten. Fluglärmvorgaben, die erhöhten Sicherheitsanforderungen und das dichte Verkehrsaufkommen lassen heute keine solchen Short Approaches mehr zu. In modernen Flugzeugen sind zudem Aufzeichnungssysteme eingebaut, die Flugdaten speichern. Diese werden von den Safety-Managern – auch ich arbeitete später bei der Belair in einer solchen Abteilung – analysiert und ausgewertet. Fliegt ein Pilot beispielsweise unter 10 000 Fuss schneller als die vorgeschriebenen 250 Knoten, muss er sich erklären. Ein Abweichen von derartigen Limiten oder grobe Verstösse gegen Vorschriften kann die Firma ahnden. Das schränkt zwar die Freiheit über den Wolken ein, dient aber der Sicherheit. Diese

Sicherheitskultur in der Fliegerei wurde nicht über Nacht aufgebaut, sondern in einem jahrelangen Prozess. Sie ist toll und in der Industrie beispielhaft.

KALTE FÜSSE, HEISSER KOPF

1984 führte die Crossair die Saab 340 ein, ebenfalls ein Turboprop. Wir hatten uns sehr auf das neue Linienflugzeug gefreut, denn es war mit einem modernen Glascockpit ausgerüstet, verfügte über vierunddreissig Passagiersitze, und endlich gab es auch eine Hostess, wie eine Flight-Attendant damals noch hiess. In der Metro III waren ja die Copiloten für den Fluggäste-Service verantwortlich gewesen, also auch ich. Sobald das Flugzeug sicher in der Luft war, hatte ich mit einer Schublade voller Sandwiches durch die Reihen gehen müssen, danach folgten in einem zweiten Durchlauf Getränke und Schoggi-Taler. Es gab während des Flugs zwar nur Kleinigkeiten zu essen und zu trinken, der Service hatte aber seine Tücken, denn in der letzten Reihe angekommen, konnte ich nicht umkehren, ohne mit der Sandwichschublade den Kopf eines der achtzehn Passagiere zu streifen. Die Lösung? Gebückt und mit dem Po voraus zurückkrebsen – was nicht nur ziemlich doof aussah, sondern auch nicht immer gelang, ohne jemanden anzurempeln. Wie gut, dass diesen Dienst in der Saab nun eine Hostess versah, und wie praktisch für sie, dass das Flugzeug etwas grösser und der Gang breiter war.

Die Saab 340 hatte allerdings technische Kinderkrankheiten, was nicht selten vorkommt bei der Einführung eines neuen Typs, und die Crossair betrieb die Maschine als eine der ersten Airlines überhaupt. So leuchtete einmal kurz nach dem Start die rote Öldruckanzeige auf. Wir mussten sofort umdrehen und wieder landen, was wir mit erhöhtem Puls, aber ohne Probleme schafften. Danach stellte sich heraus, dass es sich um eine Fehlanzeige handelte und mit dem Öldruck alles in Ordnung war.

Ich durfte nun neben der Metro III auch die Saab fliegen. Da bei deren Zertifizierung einige Teile für zu schwer befunden worden waren, hatte man im Cockpit kurzerhand die Bodenheizung ausgebaut. Von da an litt nicht nur ich an kalten Füssen; die Temperatur am Cockpitboden konnte bis auf fünf Grad Celsius absinken. Captain Hans-Jörg Lienhard, ein handwerklich ungemein geschickter und findiger Geist, besorgte mir ein paar Schläuche, die ich an der oberen Warmluftdüse befestigen konnte, um die Luft nach unten zu leiten. Das half, aber nur wenig. Das Problem mit den kalten Füssen hatte ich übrigens auch, als ich später den Airbus 320 flog. Bei dessen Kauf konnte optional eine Bodenheizung für das Cockpit mitbestellt werden; in meinem gab es zwar eine, aber sie funktionierte mehr schlecht als recht. Viele Airlines sehen im völligen Verzicht auf eine Cockpitbodenheizung eine gute Sparmöglichkeit. Dabei vergessen die Manager leider, dass Piloten stundenlang sitzen und sich nicht bewegen können. Bei den Boeing-Flugzeugen, die ich ab 1989 flog, gab es dieses Problem zu keiner Zeit. Die Füsse waren warm, ohne dass der Kopf an Überhitzung litt.

Ein anderes Problem war der Minderwertigkeitskomplex einiger Kollegen. In Swissair-Kreisen hiess es, Crossair-Piloten seien gestrandete Existenzen. Tatsächlich hatten sich etliche zuvor vergeblich bei grossen Fluggesellschaften beworben. Bei der Umschulung auf die Saab in Stockholm war spürbar, dass einige lieber einen grösseren Jet geflogen wären. Einer möbelte sein Selbstbewusstsein auf, indem er bei der Einführung in die Saab-Systeme immer wieder sagte: »The same system as in a big aircraft!« – »Das gleiche System wie in einem grossen Flugzeug!« Von diesem Zeitpunkt an wurde dieser Pilot nur noch »Big Bird« genannt. Ein anderer erbat sich vom Fluglotsen anlässlich eines Leerflugs die Erlaubnis, mit dem Turboprop im Reiseflug einen Vollkreis zu fliegen – er wollte überprüfen, ob er, wie in einem richtigen Jet, Kondensstreifen am Himmel hinterlassen würde, was aber nicht geschah. Kein Wunder, denn Turboprops fliegen zu tief, um am Himmel sichtbare Spuren zu hinterlassen.

Ja, ich lebte in einer Männerwelt, und da war es – Mitte der Achtzigerjahre – grossartig, während der Arbeit endlich die Stimme einer Frau zu hören. Sie gehörte Valerie Jost, die für die Schweizer Flugsicherung Radio Schweiz AG, die heutige Skyguide, arbeitete. Sie war die erste Frau, die es in den Zürcher Tower geschafft hatte. Ich lernte sie auch persönlich kennen und schätzen, da ihr Mann Martin wie ich Pilot und Fluglehrer war. Mit den beiden verbindet mich noch immer eine schöne Freundschaft. Als sie sich 1981 bei der Flugsicherung um einen Ausbildungsplatz bewarb, hatte Martin ihr geraten, ihre Heiratspläne zu verschweigen, weil das ungünstig für sie herauskäme. Sie habe das zwar nicht verstanden, wie sie einmal erzählte, sich dank ihrer Schlagfertigkeit aber um eine klare Aussage über die Familienplanung herummogeln können. Und tatsächlich wäre sie, wie sie später erfuhr, nicht eingestellt worden, hätte man von der geplanten Hochzeit gewusst. Verheiratete Frauen gehörten an den Herd. Als sie ihre Flugsicherungslizenz schliesslich in der Tasche hatte, schenkte ein Kollege ihr eine Ausgabe des »Playgirl«. Das war nicht böse gemeint, sondern hiess, dass sie nun dazugehörte, denn die Männer unterhielten im Radarraum eine sogenannte Kulturschublade, in der neben anderen Pornoheften auch der »Playboy« lag.

Die Crossair wuchs rasant und machte sich europaweit einen Namen. Am Flughafen Basel baute die Firma ein grosses Hangar-Gebäude, wo auch die Trainingsräume und die Verwaltung unterkamen. Normalerweise legte bei der Crossair die Senioritätsliste die Reihenfolge für ein Upgrading zum Captain fest. Neben dem Eintrittsdatum in die Firma gehören dazu unter anderem das Alter und die Flugerfahrung. Da in dieser Zeit viele Stellen geschaffen wurden und es dringend mehr Kapitäne brauchte, wurde ich bereits nach zweieinhalb Jahren für den Lehrgang zum Captain aufgeboten. Dazu musste ich erneut die Schulbank drücken, denn Bedingungen für ein solches Upgrading sind die Linienpiloten-Theorieprüfung – das ist heute die Prüfung für die Airline Transport Pilot Licence, ATPL – sowie der Captainskurs, bei dem der Schwerpunkt auf zwischenmenschlicher Kooperation liegt.

Die Linienpiloten-Theorie besuchte ich in der Schweizerischen Luftverkehrsschule, SLS. Die meisten Kursteilnehmer kamen von der Swissair, und leider war ich einmal mehr die einzige Frau. Am Tag sass ich nun über mehrere Wochen in der Schule und flog danach abends noch eine Kurzstrecke. Das war zwar anstrengend, aber so musste ich für den Kurs keine Ferientage opfern. Nach den strengeren Duty-Regulations – den Arbeitsvorschriften für die maximal erlaubte Flugzeit, die Ruhezeiten und so weiter – wäre das heute nicht mehr erlaubt.

Natürlich gab es viel zu büffeln, unter anderem Flugplanung, den Umgang mit Jetstreams, High-Speed-Aerodynamik und Astro-Navigation, die Positionsbestimmung anhand der Gestirne (das mussten wir natürlich nicht beherrschen, wir erhielten nur einen Überblick). Astro-Navigation unterrichtete der legendäre Harry Hofmann. Der Flugpionier war früher als Navigator für die Swissair tätig, ein Beruf, den es seit der Einführung von Flight-Management-Systemen nicht mehr gibt. Er fesselte uns mit seinen spannenden Geschichten aus der aktiven Zeit, zum Beispiel, wie er einst mit der DC-4 über den Atlantik flog. Nur mit Sextant und Sternenalmanach navigierte er das Flugzeug nach New York und zurück. Faszinierend waren aber auch die Kreise, die er in seinem Unterricht an die Wandtafel malte, sie waren so exakt wie mit dem Zirkel gezogen.

Im Oktober 1985 flog ich mit ein paar Kollegen wieder nach San Antonio. Das Upgrading zum Captain fand auf dem Saab-340-Simulator statt. Diesmal bildeten uns keine US-amerikanischen, sondern Crossair-eigene Instruktoren aus. Das machte es einfacher, da diese die Crossair-Abläufe genau kannten. Jetzt sass ich also links im Cockpit auf dem Platz des Captains und musste beweisen, dass ich diese Position verantwortungsvoll einnahm. Das hiess Informationen einholen, Optionen überlegen, Risiken beurteilen, Entscheidungen treffen, Pläne ausführen und diese währenddessen immer wieder überprüfen, ausserdem die Crew einbeziehen und mit dem Bodenpersonal wie auch mit den Passagieren kommunizieren. Neben dem Fliegen musste ein Captain also immer auch sehr viel managen. Zu Hause sagte mir mein späterer (zweiter) Ehemann Geni gelegentlich: »Schätzli, du bist zu Hause, du kannst den Captain wieder ablegen.«

Charly Kistler, der spätere CEO der Schweizer Fluggesellschaft Edelweiss, nahm mir die letzte Prüfung, den Final Check, im Simulator ab. Meine Nerven flatterten wie gewohnt, aber ich bestand. Wie auch alle meine Kollegen. Einer von ihnen, Max, freute sich so über sein gelungenes Upgrading, dass er uns alle spontan auf sein Segelboot in Nizza einlud. Und so flogen wir kurzerhand von Texas nach Südfrankreich und feierten. Kleine Geschichte am Rande: Einer unserer Truppe freute sich so sehr über sein bestandenes Upgrading zum Captain, dass er sich auf dem Flug nach Nizza seines Toupets entledigte und es nie mehr aufsetzte. Wie viel besser er jetzt aussah!

»MEIN GOTT, EINE FRAU!«

In der Schweiz ging es danach mit dem Linientraining weiter, sodass ich im Dezember 1985 den Route-Check bestand: Ich war nun PIC oder Pilot in Command auf der Saab 340 und bekam vier Streifen an den Zweireiher und an die Schulterpatten genäht. Am Firmenweihnachtsfest überreichte mir Moritz Suter einen grossen Blumenstrauss. Und die Presse hatte wieder etwas zu schreiben. Auch das Bundesamt für Zivilluftfahrt beglückwünschte mich mit einem überaus netten Brief, in dem es zudem darum ging, wie ich denn nun anzureden sei. »Die Bezeichnung Flugkapitän hat, sowohl als Titel wie als Funktion, (…) mit dem Geschlecht des Trägers eigentlich nichts zu tun«, heisst es, und weiter: »Unserer Meinung nach klingt Frau Flugkapitän besser im Ohr als Flugkapitänin. Schliesslich wollen wir mit unserer Anrede nicht dem Titel die Ehre erweisen, sondern Ihnen als erster Frau in der Schweiz, die Sie sich diesen auf einem Linienflugzeug im Linienverkehr erworben haben.« Und dann zollte die Behörde mir in einem bemerkenswerten Passus noch zusätzlich Anerkennung, da es in der Realität doch so sei, »dass eine Frau zur Erreichung desselben Zieles bessere Leistungen, mehr Durchhaltewille und Selbstvertrauen erbringen muss als ein Mann. Dazu gratulieren wir herzlich.«

Den Schritt vom Copiloten zum Captain empfand ich als einen grossen. Ich hatte nun viele Rechte, aber auch viele Pflichten. Ein Captain ist nicht nur für den sicheren Flug verantwortlich, er oder sie hat auch die Bordgewalt gegenüber den Passagieren und dem Personal inne. Die Flight-Attendants wollten von mir wissen, wie sie mich den Passagieren bei der Bordansage vorstellen sollten. Kapitänin Eichenberger? Auch in meinen Ohren klang das nicht gut. Mir war lieber, wenn sie Kommandantin oder einfach Frau Eichenberger sagten. Am allerliebsten wäre mir natürlich Captain Eichenberger gewesen, aber den Flight-Attendants war es wichtig, mitzuteilen, dass eine Frau am Steuer sass.

Wann immer möglich liessen wir während des Flugs die Tür zum Cockpit offen, sodass uns Passagiere besuchen konnten. Dass eine Frau das Flugzeug steuerte, führte mehrheitlich zu positiven Reaktionen, vor allem die weiblichen Gäste freuten sich. Mit einer Ausnahme. Diese Passagierin kam ins Cockpit und schwatzte eine Weile vergnügt mit dem Copiloten. Hätte sie dann nur nicht nach links geschaut! Sie sah mich, schrie entsetzt: »Da sitzt ja eine Frau!«, und bekam einen Nervenzusammenbruch. Einmal kam ein Vater mit seinem kleinen Sohn ins Cockpit. Er klopfte seinem Sohn auf die Schulter und sagte stolz: »Gell, du wirst auch einmal Pilot!« Danach besuchten uns aus derselben Familie Mutter und Tochter, und ich hörte, wie die Mutter flüsterte: »Ui, so viele Schalter und Knöpfe. Das könnte ich nie!« Damals war ich überzeugt, dass das geringe Interesse der Frauen am Pilotenberuf von genau dieser Einstellung herrührt, vielleicht spielen aber auch ein bisschen die Gene eine Rolle.

Wie auch immer, 1986 stiess Doris Wilson zur Crossair, als Copilotin. Und was tat Moritz Suter? Nun, er nutzte uns als PR-Attraktion und organisierte den nächsten Coup. Am 5. Mai 1986 war es so weit, der »All-Girl-Flight« startete in Basel und endete in München. Ein Linienflug ganz ohne Männer im Cockpit!

Und damals auch keine in der Kabine, die Firma beschäftigte zu dieser Zeit noch ausschliesslich weibliche Flight-Attendants. Die Crossair-Werbeabteilung vermarktete uns beide sehr professionell. Eine dicke Pressemappe wurde an die mitfliegenden Journalisten ausgeteilt, und in München erwarteten uns diverse Politiker und ein weiterer Tross Presseleute. Mein Briefkasten füllte sich danach wieder mit Telegrammen, Glückwunschkarten und Anfragen. Sogar Onkel Willi, der Bruder meiner Mutter, gratulierte mir herzlich, obwohl er gar nicht viel von Emanzipation hielt. Etwas später produzierte der österreichische Sender ORF eine Sendung über Doris Wilson und mich, ich machte mit, obwohl ich den Rummel allmählich satthatte und nur ungern in die Aufnahmen eingewilligt hatte. Als ich das Endprodukt sah, war es jedoch der beste und charmanteste Bericht, den ich bis dahin über mich gesehen hatte.

Ein halbes Jahr nach meinem Captains-Upgrading auf der Saab 340 erhielt ich auf der Metro III ebenfalls ein kurzes Flugtraining mit anschliessender Prüfung. Damit war ich auch auf diesem Flugzeug als Captain zugelassen. Von nun an musste ich meistens die Metro III fliegen. Manchmal schaute ich schon etwas neidisch auf die Piloten, die im Saab-Cockpit sassen, während die Flight-Attendant die Passagiere in der Kabine begrüsste. In der Metro III musste ich das, notabene draussen und auch bei Wind und Wetter, wieder selbst machen und im Winter auch noch mit einem kleinen Besen den Schnee von der Flugzeugtreppe wischen. Oftmals hielten die Passagiere mich für eine Bodenhostess, wenn ich sie beim Einsteigen unten an der Treppe begrüsste, und staunten nicht schlecht, wenn ich als Letzte einstieg, die schwere Treppe hochzog und ins Cockpit kletterte. Und wenn es mir einmal nicht auf Anhieb gelang, die Treppe so fest an den Rumpf zu ziehen, dass sie schloss, sprang mir sogleich ein Passagier zu Hilfe, meist mit einem Lächeln und einem Spruch über das schwache Geschlecht auf den Lippen. Den Satz, ob das denn wohl gut käme mit mir im Cockpit, hörte ich einige Male.

Gar nicht lustig fand ich eine Begebenheit, nach der ich lange Zeit nicht mehr nach Italien in die Ferien gefahren bin. Der Flughafen Florenz war damals noch ein Provinzflughafen mit wenig Flugverkehr. Nachdem unsere Gäste ausgestiegen waren, sollten wir sofort wieder leer nach Hause zurückfliegen, mussten zuvor aber noch tanken. Der italienische Tankwart weigerte sich jedoch, ein Flugzeug aufzutanken, das von einer Frau kommandiert wurde. Es kostete die Crossair-Einsatzleitstelle mehrere Stunden und viele Telefonate, den Tankwart umzustimmen.

Als die Crossair bald schon weitere Pilotinnen einstellte, wurde das Geschlecht dann definitiv ein Thema, auch unter den Kollegen. Ich hörte einige darüber diskutieren, ob es denn wirklich noch mehr Frauen brauche. »Wir haben doch einen weiblichen Captain und eine Copilotin, das sollte reichen!«, meinten sie. Richtig ärgerlich wurde es, wenn wir im Briefingraum sassen und eine neue Kollegin zu uns stiess. Einer der harmloseren Macho-Sprüche hinter vorgehaltener Hand war: »Schau dir die an! Hat die einen dicken Hintern!« Pilotinnen sollten also nicht nur fachlich supergut sein, sondern auch noch supertoll aussehen. Wir Frauen hätten auch öfters etwas zu lästern gehabt. Speziell am Strand, wenn die Herren der Schöpfung die Uniform abstreiften und ihre Bauchansätze zeigten. Ohne Rangabzeichen waren sie von anderen Männern nicht mehr zu unterscheiden.

Mit meinen Copiloten hatte ich jedoch keine Probleme. Wer zur Crossair kam, wusste bereits vor Eintritt, dass die Zeit des ausschliesslich Männern vorbehaltenen Linienpiloten-Privilegs vorbei war und sie auch mit einem weiblichen Captain würden fliegen müssen. Keiner von ihnen gab mir je zu erkennen, dass er einen männlichen bevorzugt hätte. Viele Jahre später, bei einem gemütlichen Treffen, antwortete ein junger Captain einmal auf die Frage, mit welchem Captain er am liebsten geflogen sei: »Mit Regula.« Das erstaunte alle, denn er hatte unter den Kapitänen viele gute Copains, mit denen er auf den Rotationen – so heissen die Tages- oder Wocheneinsätze in der Fliegersprache – surfen oder kiten ging. Noch verblüffender war aber seine Begründung: »Bei Regula stand ich nie unter Stress, ich musste mich nie mit ihr messen.« Beachtlich! Da fanden also tatsächlich kleine Hahnenkämpfe im Cockpit statt. Naturgemäss hatte aber auch ich meine Copiloten-Favoriten. Ich mochte aktive, kompetente, konstruktive und unkomplizierte Kollegen; geltungssüchtige und Nörgler dagegen gar nicht, und auch mit Trödlern hatte ich meine liebe Mühe.

Und dann öffneten endlich auch die Swissair und viele andere Airlines in Europa ihre Türen für Frauen. Am 15. Juli 1985 hatte Gabrielle Ritter (damals Lüthi) ihre Ausbildung bei der Schweizerischen Luftverkehrsschule begonnen, und am 17. März 1987 absolvierte sie ihren ersten Flug als Copilotin auf der MD-81. Ich freute mich für Gabrielle, die erste Pilotin in einem Swissair-Cockpit. Damals überlegte ich mir ganz kurz, zur Swissair zu wechseln, liess es aber bleiben, weil ich dort wieder als Copilotin hätte beginnen müssen.

SCHLAFLOS IN BRÜSSEL

Eine schöne Abwechslung in unserem Streckennetz-Alltag war, wenn wir für Spezialflüge gebucht wurden. Etwa für eine Geburtstagsgesellschaft nach Nizza oder für die Firma BMW ins südfranzösische Le Castellet auf die Rennstrecke Circuit Paul Ricard. Norbert Gmachel von der Swissair hatte diese BMW-Flüge organisiert und mich als Captain in der Metro III gewünscht. Die Anerkennung durch einen Boeing-747-Kapitän freute mich besonders. Auf der Rennstrecke durfte dann auch unsere Crew in einem der Rennwagen ein paar Runden drehen. Mir war es aber schon damals im Flugzeug wohler als in einem schnellen Auto. Bei einem anderen Firmenausflug – er ging nach Samedan – schaffte es ein Gast, mich richtig zu verärgern. Als ich unten an der Treppe stand und die achtzehn Männer begrüsste, sagte einer: »Na, hast du deine Flügeli montiert?« So eine blöde Bemerkung, dachte ich, und überhaupt: Was fiel dem ein, mich zu duzen? Der Organisator des Flugs lud den Copiloten und mich anschliessend zum Mittagessen ein. Da sprach mich der freche Passagier doch tatsächlich noch einmal an: »Erkennst du mich denn nicht mehr? Wir haben vor zwei Wochen in Rümlang an der Fasnacht miteinander getanzt. Du kamst als Engel verkleidet mit riesigen Flügeln.«

Es gab wenige Einsätze, die mir nicht so recht gefallen wollten. Zum Beispiel, wenn wir mit der Metro III Frachtgut von Basel nach Brüssel flogen, einer Drehscheibe des europäischen und internationalen Frachtguttransports. Diese Rotation bedeutete eine Woche Nachtdienst. Wir flogen um zweiundzwanzig Uhr in Basel ab und waren gegen sechs Uhr morgens wieder zurück. In Brüssel stellte die Frachtfirma allen anfliegenden Piloten einen Aufenthaltsraum und eine Etage höher ein Massenlager zum Schlafen zur Verfügung. Doch die ganze Nacht über liefen im Aufenthaltsraum Pornos in höchster Lautstärke. Das Schnarchen der Piloten konnte das Dauergestöhne leider nicht übertönen. Für mich als einzige Frau war das wahrlich keine Entspannungsoase. Nach ein paar Tagen war ich völlig übermüdet, da ich auch tagsüber nur schlecht schlief. Als wir am fünften Morgen in Basel landeten, hätte ich fast einen Unfall gebaut. Glücklicherweise war mein Copilot Jürg hellwach und sah, dass ich vom Taxiway abdriftete. Er schrie laut auf und konnte gerade noch verhindern, dass wir eine der seitlichen Markierungslampen überrollten.

Im Juli 1986 wurde ich mit der Metro III in den schwierigen Flugplatz Lugano eingewiesen. Er liegt inmitten von Bergen, was einen Anflugwinkel von sechs statt von drei Grad erfordert. Die meisten Flugzeuge können derart steile Anflüge nicht bewältigen, da sie dabei zu viel Geschwindigkeit aufnehmen. Zudem herrschen oft schlechte Sichtverhältnisse, was den Flugplatz in den Zeiten, als es noch keinen Instrumentenanflug gab, zu einer noch grösseren Herausforderung machte. Lagen Gewitter über dem Tessin, wurde er zum Hexenkessel. Dort erlebte ich dann also meinen ersten Blitzeinschlag ins Flugzeug. Es war Nacht, und unser Wetterradar zeigte überall riesige Gewitterzellen an. Plötzlich knallte es ohrenbetäubend, gleichzeitig blendete uns ein grelles Licht. Im Cockpit blinkten sofort die Anzeigen auf. Beide Generatoren hatten sich verabschiedet und erzeugten keinen Strom mehr. Ich wurde schon etwas nervös, nein, ich gebe es zu: Ich bekam Angst. Die Batterie würde laut Handbuch noch dreissig Minuten Strom liefern. Was sie zuverlässig tat, wir landeten sicher.

Überhaupt habe ich in meiner Pilotenzeit nie den Respekt vor Gewittern verloren. Ein Flugzeug ist – wie das Auto – ein faradayscher Käfig, trotzdem können Blitze es beschädigen. Deshalb ist jeder Pilot verpflichtet, grosse Gewitterwolken möglichst zu umfliegen. Nach jedem Einschlag kontrolliert der zuständige lizenzierte Wartungsbetrieb (Maintenance) das Flugzeug auf Defekte. Einmal erlebte ich es, dass ein Querruder ersetzt werden musste, weil der Blitz Brandlöcher hinterlassen hatte. Aus der Distanz sind die riesigen Cumulonimben, wie die Schauer- und Gewitterwolken in der Fachsprache heissen, ganz wunderbar anzuschauen, fliegt man aber zu nahe an sie heran, besteht die Gefahr, von Hagel erfasst zu werden, was immense Schäden an der Flugzeughülle verursachen kann. Trotzdem konnte ich nicht vermeiden, dass unser Flugzeug ein paarmal vom Blitz getroffen wurde, meistens beim An- oder Abflug, zweimal sogar ausserhalb der Wolken. Der gewaltige Knall liess meinen Puls jedes Mal in die Höhe schnellen. Am Tag wirken die schneeweissen Wolkentürme recht harmlos, ihre dunkle Unterseite ist nicht zu sehen; man sieht auch keine Blitze, spürt aber die elektrische Entladung: Sobald ich meinen Arm aufs Instrumentenpanel legte, richteten sich die Härchen auf. Ich hasste das. In der Nacht kündigen sich Gewitter dagegen mit blauvioletten Elmsfeuern an den Cockpitscheiben an, und dann entladen sich auch schon Hunderte von Blitzen in den Wolken. Auf diese Naturphänomene konnte ich gut verzichten.

Wenn ich bis vor kurzem noch mit kleinen Flugzeugen unterwegs war, konnte ich auch gut auf zu hoch fliegende Modellflieger und in der jüngsten Vergangenheit auf Drohnen verzichten. Ebenso auf Militärjets, Helikopter und Hängegleiter – wie leicht kann es zu Zusammenstössen kommen. Verkehrsflugzeuge haben ein gutes Antikollisionsgerät an Bord, die meisten kleinen Flugzeuge jedoch nicht. Darum ist es eminent wichtig, den Luftraum zu beobachten und nicht nur auf die GPS-Hilfen oder Karten zu starren. Grossen Respekt hatte ich zudem vor Vögeln. Oft sassen ganze Schwärme auf der Piste, und wenn sie kurz vor der Landung abhoben, wurden einzelne vom Flugzeug erfasst. Wie viele Vögel dabei jährlich umkommen, weiss ich nicht. Leider wurde noch kein Gerät erfunden, das solche Kollisionen verhindert.

DER TOBENDE MORITZ

Ich arbeitete viel für die Crossair und war nebenbei immer auch privat als Fluglehrerin eingespannt. Und da ich damals – notabene in erster Ehe – verheiratet war, führte das zu Hause zunehmend zu Unstimmigkeiten. Der Druck, weniger zu arbeiten, wuchs, und so stellte ich bei der Crossair schliesslich das Gesuch, mein Pensum auf fünfzig Prozent zu reduzieren. Der Pilotenberuf eignet sich bestens fürs Jobsharing. Heute bieten die meisten Airlines ihren Crews reduzierte Arbeitszeiten an. Damals wurde mein Gesuch jedoch abgelehnt. Schweren Herzens kündigte ich bei der Crossair. Dabei wollte ich so gern weiterfliegen, nur eben nicht mehr so viel.

Noch in meiner Kündigungszeit rief mich Jürg Bachmann an, der früher mein Lieblingscaptain gewesen war. Seit kurzem arbeitete er bei den Trans European Airways, kurz TEA. Diese belgische Chartergesellschaft hatte in der Schweiz gerade ein Tochterunternehmen mit zwei Boeings 737 gegründet. Begeistert erzählte er mir von der TEA. Es sei alles anders und viel besser, und man müsse auch nicht so viel arbeiten wie bei der Crossair. Ich solle mich unbedingt bewerben, denn es wurden noch Copiloten gesucht. Ich hatte die rot beschrifteten TEA-Maschinen in Zürich bereits an mir vorbeirollen sehen. Es arbeitete in meinem Kopf. Wegen meiner Kündigung würde ich schon bald nur noch als Fluglehrerin arbeiten. Wollte ich das wirklich? Und eine Boeing zu fliegen, würde mich schon reizen. Zumal die Firma im Aufbau war, wie Jürg erzählt hatte, und ich vermutlich schon nach kurzer Zeit wieder als Captain eingesetzt würde. Ich konnte mich ja mal bewerben, vielleicht wollten sie mich gar nicht, dann wäre ohnehin alles entschieden.

Also bewarb ich mich bei der TEA und wurde zur Selektion nach Basel eingeladen. Kaum war ich abends wieder zu Hause, klingelte das Telefon. Moritz Suter hatte von meiner Bewerbung Wind bekommen. »Was fällt dir ein?«, rief er entrüstet. Er wusste offensichtlich noch nicht, dass ich gekündigt hatte. Am Telefon versprach er mir sofort, dass ich selbstverständlich mein Pensum auf fünfzig Prozent reduzieren könne und auch als eine der Ersten auf den geplanten Jumbolino BAe 146 umgeschult würde. Er wollte mich unbedingt treffen und lud mich zu einem Vortrag ein, den er in den nächsten Tagen in einem Rotary Club halten würde. Die Rotarier merkten an jenem Abend nicht, dass Moritz seinen Vortrag kurzfristig wegen mir erweitert hatte. Ich schon. Nachdem er lange über die Crossair gesprochen hatte, flocht er noch einige Bemerkungen über die schlechten Zukunftsaussichten der Charter-Airline TEA ein. Sie habe keinerlei Chance auf dem Schweizer Markt.

Dann traf die schriftliche Zusage von der TEA ein. Nun hatte ich zwei Offerten, was mich in ein Dilemma stürzte. Einerseits war da die Crossair, bei der ich sehr gern arbeitete. Hier hatte ich viele nette Kollegen und Freunde, zudem war es ein sicherer Arbeitsplatz. Aber würde der Jumbolino wirklich kommen? Und wenn ja, wann? Als eine der Ersten auf das neue Flugzeug umgeschult zu werden, darauf hatte ich eigentlich gar keine grosse Lust, denn mir war sehr bewusst, dass meine Kollegen, die auf der Senioritätsliste Vorrang hatten, mich ihren Unmut würden spüren lassen. Auf der anderen Seite war da die TEA, eine grosse Unbekannte mit vielen Ungewissheiten. Zunächst als Copilot zu fungieren, würde mir nichts ausmachen, da ich auf einem Jet sowieso nicht sofort als Captain arbeiten wollte. Ich rief den Chefpiloten der Crossair an und fragte, ob er wisse, dass Moritz mir ein Fünfzig-Prozent-Arbeitspensum gewähre und ich als eine der Ersten auf dem Jumbolino zum Einsatz kommen solle. Am anderen Ende des Hörers vernahm ich erst ein Seufzen, dann ein Fluchen. Da war mir klar, dass Moritz wieder einmal über alle Köpfe hinweg allein entschieden hatte.

Ich war nun dreiunddreissig und arbeitete seit sechs Jahren für die Crossair. Ich liess die Zeit Revue passieren. Durch Moritz Suter hatte ich die Chance erhalten, ins Airline-Business einzusteigen. Dafür würde ich ihm ewig dankbar sein. Aber musste ich mich deswegen ein Leben lang verpflichtet fühlen? Plötzlich erinnerte ich mich an einen Vorfall in seinem Büro. Der Hintergrund war, dass damals alle Copiloten mindestens ein Drittel der Kosten für ihre Uniform selbst bezahlen mussten. Das waren für mich immerhin 1200 Franken – mein Anfangslohn bei der Crossair betrug 2700 Franken. Als dann eine zweite Copilotin eingestellt wurde, erhielt ich wieder eine neue Uniform, da wir die gleiche tragen mussten, dem Fabrikanten inzwischen aber der Stoff ausgegangen war. Ich musste erneut bezahlen. Bei der dritten Uniform, die ich kurz darauf bekam, reklamierte ich beim Chefpiloten und im Sekretariat, erhielt aber nur die Antwort, dass man dagegen leider nichts machen könne. Also beschwerte ich mich bei Moritz. Worauf ich mir, während er durchs Büro tobte, eine lange Standpauke anhören musste. Seine Wutanfälle waren legendär! Als ich mich einmal geweigert hatte, bei einem Gruppenfoto den Hut aufzusetzen – er gehörte eigentlich zu meiner Uniform, war aber äusserst unpraktisch –, hatten sie mich fast auf Knien gebeten, endlich nachzugeben, da Moritz Suter sonst noch eine Herzattacke erleiden könnte. Und nun stand ich also wegen der immensen Uniformkosten in seinem Büro und kam kaum zu Wort. Er beschied mir, dass ich entweder bezahle oder aus der Firma flöge. Damals bezahlte ich. Diese Erinnerung half mir jetzt bei meiner Entscheidung. Ich sagte der TEA zu. Was meine erste Ehe, wie von meinen ehemaligen Fliegerkollegen vorausgesagt, dann definitiv scheitern liess.

Und so lebte ich auch bald wieder bei meinen Eltern in Urdorf. Damals war es nicht einfach für mich, eine Wohnung zu finden. Eine Frau in Scheidung wollte man nicht. Eines Tages sah ich dann aber ein Inserat für einen Neubaublock in Oberglatt, ganz nah am Pistenkopf 16. Der Fluglärmpegel war hoch und die Wohnung nicht gerade billig. Deshalb rechnete ich mir gute Chancen aus. Weit gefehlt. Als ich sagte, ich lebe in Trennung, hörte ich wieder dieselbe Leier von der endlos langen Interessentenliste. Ich erinnerte mich aber sogleich an meine Mutter, die mir geraten hatte, meinen Beruf ins Spiel zu bringen. Ich tat es, wenn auch ungern. Aber es klappte: Ich solle mir eine Wohnung aussuchen, es sei noch keine vergeben. Ich blieb lang in diesem Haus, in dem eine freundschaftliche Atmosphäre herrschte. Und den Fluglärm nahm ich bald nur noch wahr, wenn ich eine Einladung machte und meine Gäste bei einem startenden Flugzeug aufschreckten.

TRANS EUROPEAN AIRWAYS - TEA

1989-1999

NEBENJOB: FLUGLEHRERIN

Während ich für Airlines arbeitete, gab ich meine Schulungstätigkeit für die Flugschule meines Vaters nie auf. Bereits im September 1984 hatte ich den Instrumenten-Fluglehrerkurs absolviert und durfte von da an selbst Piloten auf zweimotorigen Flugzeugen und im Instrumentenflug ausbilden; die meisten wollten Berufspiloten werden. Ich liebte es, zu unterrichten, und lernte viele interessante Menschen kennen, zu einigen habe ich heute noch Kontakt. Meistens hielt ich die Schulungen an meinen freien Tagen ab, und zwar am Flughafen Zürich auf einer zweimotorigen Seneca oder einer Cessna 303. Wer einmotorig nach Instrumenten fliegen lernen wollte, dem stand eine Cessna 182 zur Verfügung.

Zugegeben, es war eine anstrengende Zeit, ich arbeitete viel zu viel. Heute sind die Airlines verpflichtet, sämtliche Nebenbeschäftigungen ihrer Angestellten zu dokumentieren und zu überwachen, damit keine gesetzlichen Dienst- und Ruhezeiten überschritten werden. Früher galt eine Tätigkeit als Fluglehrer aber nicht als kommerziell; es war eine Grauzone, die niemand kontrollierte.

Ab und zu bildete ich auch Frauen aus. Zum Beispiel Käthi, die ich als Flight-Attendant bei der Crossair kennen lernte. Sie machte einen Teil ihrer Berufspilotenausbildung bei mir und wurde dann Copilotin bei der Crossair. Um das für die Ausbildung notwendige Nachtflugtraining absolvieren zu können, mussten wir damals ins Ausland ausweichen, wo im Gegensatz zur Schweiz Landungen mitten in der Nacht noch erlaubt waren. Käthi und ich flogen dafür zusammen mit Patrick, einem weiteren späteren Crossair-Piloten, nachts mit der einmotorigen Cessna 182 bis nach Cannes. Am Morgen landeten wir wieder in Zürich, mit allen geforderten Stunden und Landungen für die Nachtflug-Erweiterung. Nachts oder bei schlechtestem Wetter in einmotorigen Flugzeugen unterwegs zu sein, ist risikoreicher als mit einem Twin, einer zweimotorigen Maschine, und je älter ich wurde, desto lieber verzichtete ich darauf.

Nachdem ich 1986 an einem Examiner-Kurs des Bundesamts für Zivilluftfahrt teilgenommen hatte, durfte ich auch Prüfungen abnehmen. Was gar nicht so leicht ist. Bereits nach ein, zwei Flügen muss ein Examiner darüber entscheiden, ob der Kandidat die geforderten Fähigkeiten mitbringt. Bei klaren Regelverstössen ist das einfach. Sind es aber Kleinigkeiten, die sich am Ende aufsummieren, wird es schon schwerer, den Daumen hochzuhalten. Wenn ich mich dann aber fragte, ob ich diesem Piloten einen mir nahestehenden Menschen anvertrauen würde, fiel mir der Entscheid meist leicht.

Am liebsten schulte ich zwei Kandidaten gleichzeitig. Während der eine flog, konnte der andere vom Rücksitz aus zusehen und dabei viel lernen. Einmal flog ich mit zwei befreundeten Flugschülern, Philipp und Ruedi, ich muss noch heute lachen, wenn ich an sie denke. Die beiden trieben sich gegenseitig an, in einem sportlich-freundschaftlichen Sinn. Jeder wollte der Bessere sein. Beim Debriefing musste ich die Herren dann aber doch etwas zügeln, da sie kein gutes Haar an der Leistung des anderen lassen wollten.

Während meiner Zeit als Fluglehrerin erlebte ich mit der zweimotorigen Seneca einmal innerhalb von zwei Jahren gleich drei Motorenpannen. Statistisch gesehen lag das weit über dem Durchschnitt. Danach blieb ich zum Glück von weiterem Motorenpech verschont. An eine der Pannen erinnere ich mich besonders gut. Ich hatte mit einer Flugschülerin gerade von der Piste 28 in Zürich abgehoben, als es knallte und der rechte Motor ausfiel. Wir waren glücklicherweise schon hoch genug, um notlanden zu können, und erhielten vom Tower recht schnell eine Kursanweisung für Piste 10. Als ich mich danach beim Lotsen für den guten Service bedankte, erfuhr ich, dass kurz vor uns ein Pilot hatte landen wollen, dabei aber das Fahrwerk auszufahren vergass. Hätte dies ein am Pistenkopf wartender Pilot nicht in letzter Sekunde gesehen und eine Warnung ausgesprochen, wäre es zu einer Bauchlandung gekommen, was zur Folge gehabt hätte, dass die Piste gesperrt gewesen wäre. Was für ein Glück, dass der vergessliche Pilot sein Flugzeug gerade noch einmal hatte hochziehen können und wir den Anflug nicht abbrechen mussten. Das wäre sehr anspruchsvoll gewesen, denn wenn nur noch ein Motor zieht, ist die Steigleistung äusserst schwach. Apropos Bauchlandung – glücklicherweise enden diese meist ohne Verletzte.

An die zweite Motorenpanne erinnerte mich Copilot Marcello, als wir bei der Balair das erste Mal gemeinsam flogen. »Weisst du noch, der Engine-Failure in Basel beim Durchstarten?«, fragte er. Damals war eine Benzinleitung gebrochen. Auch das war gerade noch mal gut gegangen. Der dritte Motorenschaden, eine Turboladerpanne, war der glimpflichste von allen und endete ebenfalls glücklich.

Ein anderer Vorfall war einfach nur Pech. Schon länger machte bei der Cessna 303 ein Motor Probleme, die Techniker in Zürich fanden einfach nicht heraus, woran es lag. Darum wollte ich das Flugzeug zu einer Untersuchung in unsere Werkstatt nach Buttwil überfliegen. Nach dem Start bäumte sich die Cessna plötzlich gefährlich auf, sodass ich in einem völlig überzogenen Zustand am Himmel hing. Das Flugzeug war nicht ausgetrimmt, etwas stimmte mit dem Höhenruder nicht. Bei einem gut ausgetrimmten Flugzeug kann das Flugzeug ohne Kraftaufwand gesteuert werden. Ich aber musste mit aller Kraft und beiden Händen das Höhensteuer drücken. Ich schaute kurz auf die Höhentrimmanzeige. Sie zeigte korrekt an. Während ich mit einem Knie und der linken Hand das Steuer nach vorn drückte, drehte ich mit der freien rechten Hand das Trimmrad bis an den vorderen Anschlag. Es half nur wenig. Ich landete das Flugzeug mit voll gestossenem Höhensteuer. Am Boden kam dann heraus, dass die Maintenance nach dem Service eine Verschalung an der Höhenflosse nicht richtig festgemacht hatte und diese beim Fliegen wie eine Bremsklappe wirkte. Beim Aussencheck vor dem Flug hatte ich das nicht feststellen können, da das Höhenleitwerk der Cessna 303, ein T-Leitwerk, in drei Metern Höhe angebracht ist. Das hätte definitiv ins Auge gehen können.

Und da wir gerade bei Beinahe-Unfällen sind: Einmal hatte ich als Fluglehrerin so richtig versagt. Ich flog mit einem Flugschüler nach Friedrichshafen, das unter dichtem Nebel lag. Wir wollten bewusst bei diesem Wetter ein paar NDB-Anflüge üben. Mir war klar, dass wir aufgrund des dichten Nebels die Piste nicht sehen würden am Minimum, also an dem Punkt, an dem wir sie zwingend sehen mussten, um landen zu können; aber das machte nichts, wir wollten ja einfach nur die Anflüge üben und gar nicht landen, sondern immer gleich wieder durchstarten. Wir näherten uns also dem Friedrichshafener Flugplatz, und da NDB-Anflüge sogenannte Stepdown-Anflüge sind, sanken wir bei vorgegebenen Distanzen stufenweise auf die nächstfolgende Höhe ab. Ein Beispiel in Meilen und Fuss: Bei 9 Meilen Entfernung sollte man auf einer Höhe von 4000 Fuss sein, bei 7 Meilen auf 3370 Fuss, bei 5 Meilen auf 2730 Fuss und so fort, bis man das Minimum erreicht, an dem die Piste zu sehen sein sollte. Befindet man sich dann noch in den Wolken oder – wie in unserem Fall – im Nebel, heisst es durchstarten. Während unseres Endanflugs sah ich aber plötzlich Gebäude auftauchen. Wir waren viel zu tief unterwegs! Ich gab sofort Vollgas und riss das Flugzeug in die Höhe.

Wie das passieren konnte? Dazu muss ich etwas ausholen. Damit Flugzeuge weltweit einen sicheren vertikalen Abstand voneinander haben, fliegen sie auf den ihnen zugewiesenen Flugflächen mit derselben Höhenmessereinstellung, und zwar 1013 Hektopascal (hPa). Eine Flugfläche zeigt die Höhe in Fuss bei definierten Standardbedingungen an. Diese Umstellung auf 1013 hPa wird ab einer bestimmten Höhe im Steigflug vorgenommen. Der Höhenmesser zeigt dann zwar nicht mehr die genaue Höhe über Grund an – diese müsste um den örtlichen Druck korrigiert werden –, doch das spielt im Reiseflug keine Rolle, da alle Flugzeuge dieselbe Höheneinstellung haben. Beim Anflug müssen die Höhenmesser jedoch zwingend wieder auf den aktuell exakten Luftdruck umgestellt werden. 1 hPa bedeutet nämlich einen Höhenunterschied von ungefähr 27 Fuss beziehungsweise 8 Metern. Beim Anflug auf Friedrichshafen herrschte ein Luftdruck von 1002 hPa. Ich hatte zur Kenntnis genommen, dass mein Schüler, wie gefordert, die beiden Höhenmesser vom Standarddruck auf den aktuellen Luftdruck umgestellt hatte. Ich vernahm seine Meldung: »1002 reading 5640 feet, 1002 reading 5640 feet«. Alles korrekt also? Nichts war korrekt! Ich hatte seine Einstellungen nicht überprüft. Ein grosser Fehler! Statt 1002 hPa hatte er bei beiden Höhenmessern 1022 hPa eingestellt. Bei gutem Wetter wäre mir das sofort aufgefallen, aber wir hatten keine Sicht. Und da Friedrichshafen zu dieser Zeit noch nicht mit einem Radar ausgerüstet war, hatte uns auch niemand darauf aufmerksam gemacht.

In der Fliegerei kann man unglaublich viele Fehler machen. Gravierende und weniger schlimme. Einige Situationen sind aber einfach nur lustig. Ich trainierte einen Freund auf seinem neu mit GPS und Glascockpit ausgerüsteten Flugzeug. Er war sich sicher, dass er die neuen Geräte alle im Griff hätte. Allerdings überschätzte er sich ein wenig. Bereits kurz nach dem Start war er völlig im Stress. Beim Anflug auf La Chaux-de-Fonds verlor er gänzlich den Überblick. Ich half ihm, damit der Anflug doch noch gelang, und nach der Landung legten wir am Boden eine Pause ein. Die offensichtlich zu kurz war. Denn als wir wieder im Flugzeug sassen und er die Taxi-Clearance verlangte – das ist die Erlaubnis, den Taxiway zur Startpiste zu befahren –, konnte ich mir kaum das Lachen verkneifen: Er hatte, was zum Losrollen wichtig wäre, den Motor noch gar nicht angestellt. Der Tower merkte das ebenfalls, spielte aber mit und erteilte ihm die Freigabe. Der Pilot meldete »left and right clear« – das bedeutet, dass nichts im Weg lag oder die Rollbahn kreuzte –, löste die Bremsen und betätigte den Gashebel. Nichts passierte. Ich prustete los, was sich für einen Fluglehrer eigentlich nicht gehört, denn es war offensichtlich, dass sein Stresslevel noch immer zu hoch war: Er hatte nicht bemerkt, dass der Propeller sich nicht drehte und absolut kein Motorengeräusch zu hören war. Ich entschuldigte mich umgehend. Er selbst schüttelte erst ungläubig den Kopf, dann lachte auch er, lange und herzhaft. Als er schliesslich den Motor startete, kam vom Tower prompt der Kommentar: »Mit laufendem Motor geht es halt schon besser.«

Viele Jahre später sollte ich eine Piper Tomahawk von Zürich nach Buttwil überfliegen. Ich sass zwar noch nie in einer Tomahawk, aber ein so kleines Ding war für mich doch kein Problem! Als ich vom Tower die Take-off-Bewilligung erhielt und Vollgas gab, blies mir ein starker Westwind entgegen. Das Flugzeug hob ab, war aber viel zu langsam, um in der Luft zu bleiben. Ich stiess den Steuerknüppel nach vorn, die Flugzeugnase senkte sich und die Maschine nahm an Fahrt auf. Allerdings hatte ich das so heftig getan, dass sich die Nase zu weit nach unten neigte und das Bugrad auf der Piste aufschlug. Ich korrigierte umgehend, aber wieder zu stark. Die Nase richtete sich steil himmelwärts, das Flugzeug wurde zu langsam. Erneut drückte ich die Nase nach unten. Kurzum: Dreimal setzte das Bugrad auf der Piste auf, und dreimal riss ich das Flugzeug wieder nach oben. Ich hoppelte also in weiten Sprüngen über die Piste, bis ich das Flugzeug endlich in der Luft stabilisieren konnte. Der Tower kommentierte meine zirkusreife Vorführung lakonisch mit den Worten: »Your airborne time is 16:10:41 – 42 – 43« – »Ihre Startzeit ist 16:10:41 – 42 – 43.« Ja, die Menschen, die im Tower sitzen, haben definitiv Humor.

HAND WEG VOM STEUER!

1989 trat ich meine neue Arbeitsstelle bei der TEA an, und bald ging es für mich und meinen Kollegen Christer – er kam aus dem Welschland – zur Boeing-737-Umschulung nach Brüssel. Unsere Vorfreude war etwas getrübt, da es leider keinen passenden Schulungskurs für die moderne Boeing 737-300 gab. Wir mussten den theoretischen Teil der Ausbildung bei der belgischen Fluggesellschaft Sabena auf einer uralten Boeing 737-200 absolvieren. Deren Schulungsräume befanden sich im alten Hauptgebäude des Brüsseler Flughafens, das für die Weltausstellung 1958 gebaut und seither offensichtlich nicht renoviert worden war. Vieles wirkte marode und verschlissen. Die Kantine war unbeschreiblich, sodass ich mir morgens lieber ein Sandwich aus dem Hotel mitnahm. Unsere Mitschüler kamen aus Zentralafrika. Am Morgen fand der Unterricht im Klassenzimmer statt, und nachmittags lernten wir mittels einer einfachen, Diashow-ähnlichen Lernplattform die Systeme des Flugzeugs kennen. Wir sassen zu dritt in einem kleinen Zimmer ohne Frischluft, die Sonne erhitzte durch die Glasfassade hindurch unseren Raum ins Unerträgliche. Neben Christer und mir sass der Chefpilot der afrikanischen Truppe. Er hatte den Kurs bereits ein- oder zweimal besucht und verwies immer wieder stolz auf sein dickes Notizheft. Er war äusserst charmant, aber offensichtlich wenig an Theorie interessiert.

Nach zwei Wochen stand die theoretische Prüfung an. Zeitrahmen: vier Stunden. Christer und ich gaben etwa nach der Hälfte der Zeit ab. Da die meisten am Ende der vorgegebenen Zeit mit dem Test noch nicht fertig waren, bekamen sie weitere vier Stunden. Während wir auf die Prüfungsresultate warteten, plauderten wir mit ein paar afrikanischen Copiloten. Sie erzählten uns, dass sie sich nicht getraut hätten, ihre bereits fertigen Tests vor ihrem Chefpiloten abzugeben, und wie sehr sie sich nun auf das Simulatortraining freuten. Leider wurde nichts daraus. Der Chefpilot hatte die Prüfung erneut nicht geschafft, und sämtliche Crewmitglieder mussten die Heimreise antreten. Auch die, welche die Prüfung mit Bravour bestanden hatten. Die Jungs taten mir wirklich leid. »This is Africa!«, sagten sie achselzuckend, ein Satz, den ich später, als ich in Afrika stationiert war, noch öfter hören würde.

Laut Ausbildungsplan stand für Christer und mich als Nächstes das Differential-Training auf dem Programm, bei dem wir die Unterschiede zwischen der Boeing 737-200 und der 737-300 kennen lernen sollten. Danach würden wir zurück in die Schweiz fliegen und dort eine Woche lang das Gelernte verdauen und uns auf Amsterdam vorbereiten. Dort sollten wir dann im Procedure-Trainer diverse Abläufe einüben und anschliessend zehn Tage im Flugsimulator trainieren. Es kam alles anders. Am Abend erreichte uns ein Anruf aus der TEA-Zentrale in der Schweiz. Wir müssten direkt nach dem Differential-Training nach Amsterdam in den Simulator. Dann könnte, so die Begründung, das praktische Flugtraining auf der 737-300 mit zwei weiteren Kollegen stattfinden, die ihre Umschulung bereits vierzehn Tage früher und direkt auf der 737-300 begonnen hatten. Das hiess für uns also: nur eine abgekürzte Einweisung in die Unterschiede zwischen 737-200 und 737-300 und gar keine Vorbereitung auf das entsprechende Simulatortraining, sondern möglichst schnell auf den Schulungsstand der zwei Kollegen kommen.

Christer und ich ahnten noch nicht, was für eine Katastrophe uns erwartete, erhielten aber bereits beim Differential-Training einen Vorgeschmack. Die Unterschiede zwischen den beiden Flugzeugen wurden uns nur so an den Kopf geschleudert. Die beiden Maschinen wiesen völlig unterschiedliche Systeme auf, hatten beispielsweise andere Motoren und andere Anzeigen im Cockpit, und statt dem für die 737-200 gerade frisch erlernten Navigationssystem verfügte die 737-300 über ein modernes Flight-Management-System für die Flugsteuerung und die Navigation. Allein dieses hätte mindestens einen Tag Schulung gebraucht. Wir hatten für all diese Informationen nur wenige Stunden Zeit.

Nach dem kurzen Differential-Training mussten wir also von Brüssel nach Amsterdam fliegen, wo anderntags das Simulatortraining begann. Die Übungen im Procedure-Trainer, für den eigentlich mehrere Lektionen angesetzt waren, wurden ersatzlos gestrichen. Dort hätten wir unter vielem anderem die Cockpitabläufe der Boeing 737-300 trainieren und die verschiedenen Checklisten einstudieren sollen, samt den dazugehörenden Call-outs, die beim Verlesen der Checklistenpunkte notwendig sind, wie etwa »Set flaps 5« – »Flaps 5 set« (»Setze Klappen 5« – »Klappen 5 gesetzt«). Wir hätten An- und Abflüge trainiert, mit verschiedenen Konfigurationen bezüglich der Klappen und des Fahrwerks, mit den ungefähren Pitch- und Power-Werten und den daraus resultierenden Geschwindigkeiten. Einfach umschrieben: wie hoch oder tief die Flugzeugnase in verschiedenen Fluglagen im künstlichen Horizont gesetzt werden und welche Triebwerksleistung – Power oder Thrust genannt – für die benötigte Geschwindigkeit gewählt werden muss. Am Procedure-Trainer hätten wir auch das hochkomplexe Flight-Management-System zu bedienen gelernt. Alles Grundlagen, die man kennen sollte, bevor man in einen Simulator steigt. Ausgerechnet wir, die wir auf die veraltete Boeing 737-200 umgeschult worden waren, durften diesen so wichtigen Teil der Ausbildung nicht absolvieren. In was für eine Firma war ich da nur geraten?

Früh am nächsten Morgen begann das Briefing für die erste Simulatorlektion, es war sehr detailliert und sehr lang. Zu unserer Überraschung stand nicht nur eine Lektion auf dem Programm, sondern, wiederum um Zeit einzusparen, auch gleich noch die vom nächsten Tag. Nun ja, im Simulator hatten wir dann glücklicherweise wenigstens Jean-Claude, der gerade das Upgrading zum Captain durchlief, neben uns auf dem Sitz des Captains. Er half, wo er konnte, aber es wurde ein Desaster. Nichts funktionierte. Ich kannte die notwendigen Geschwindigkeiten nicht – während des Anflugs dürfen beispielsweise die Klappen nicht bei irgendeiner beliebigen Geschwindigkeit gesetzt werden, sonst gehen sie kaputt –, ich kannte keine Limitationen, keine Standardabläufe. Nichts.

Den 25. März 1983 werde ich nie vergessen, es war der Tag meines ersten Linienflugs als Copilotin. Moritz Suter, der die Crossair 1978 gegründet hatte, verband den ersten Flug einer Linienpilotin mit der Eröffnung der Crossair-Fluglinie Bern–Lugano.

In der Kabine sassen viele Presseleute und Bundesrat Leon Schlumpf, der damalige Vorsteher des Eidgenössischen Verkehrs- und Energiewirtschaftsdepartementes. Er schrieb in mein Flugbuch: »Frl. Regula, meiner ersten ausgezeichneten Pilotin, herzliche Wünsche«.

(Foto: RDB)

Die Crossair betrieb den Metroliner, der achtzehn Fluggästen Platz bot und sich besonders gut für den Regionalverkehr eignete. Die Passagiere hatten eine gute Sicht auf die Piloten, da es keine Cockpittür gab. Die Kabinenhöhe betrug gerade mal knapp eineinhalb Meter.

(Foto: Barbara Davatz)

Pilotin Regula: Zur Lufttaufe ein

BERN — Mit einem herzhaften Kuss auf die Wange von Regula Eichenberger (28) zeigte Bundesrat Leon Schlumpf seine Freude über die erste Linienpilotin der Schweiz. Der Vorsteher des eidgenössischen Verkehrs- und Energiewirtschaftsdepartementes erlebte am Freitag gleich zwei Premieren: Die Regional-Fluggesellschaft Crossair eröffnete die Linie Bern-Lugano, und erstmals sass eine Schweizer Linienpilotin im Cockpit!

«Ich glaube, eine Frau kann viel feinfühliger mit einem Flugzeug umgehen als ein Mann», überlegte Bundesrat Schlumpf. Im übrigen findet er es ganz natürlich, dass Frauen in diese bestgehütete Männer-Domäne vorstossen. Er kann sich auch eine SBB-Lokführerin vorstellen: «Aber da besteht vielleicht das Problem, dass

Crossair in Zahlen

Die Crossair betreibt Regional-Luftverkehr. Sie beschäftigt 57 Piloten. Ihre Flotte besteht aus neun «Metroliner III», einer «Cessna 421 Golden Eagle» und einer «Cessna 310». Sie hat zehn Kleinverkehrsflugzeuge «Saab-Fairchild 340 Cityliner» bestellt, die ab 1984 eingesetzt wird. Das Netz der Crossair: von Zürich nach Lugano, Basel, Klagenfurt, Innsbruck, Strassburg, Luxemburg; von Lugano nach Venedig; von Basel nach Frankfurt, München, Brüssel, Amsterdam; von Bern nach Paris und Lugano; von Genf nach Basel, Lugano und Strassburg. 1982 wurden 143 902 Passagiere befördert und 16 375 Flüge absolviert. Das Aktienkapital beträgt 25 Millionen Franken.

eine handwerkliche Berufslehre vorausgesetzt wird.»

Auch Regula Eichenberger hat eine harte Ausbildung hinter sich. SonntagsBlick war dabei, als die junge Frau als künftige Linien-Pilotin ihren letzten «Schliff» bekam.

Regula sitzt mit ihrem Kollegen Joe Schlumpf (30) im Cockpit eines «Metroliner III». Deutlich ist der Flughafen Zürich-Kloten in der Abenddämmerung zu erkennen. Plötzlich fällt ein Motor aus, und das Flugzeug wird von starkem Seitenwind zusätzlich abgedrängt. Die beiden Flugschüler lassen sich nicht beirren. Mit geübten Handgriffen bringen sie den «Metroliner» wieder auf den richtigen Kurs. Plötzlich versagt der Geschwindigkeits-

messer, das Flugzeug wird zu langsam und setzt hart auf. «Das haben wir gerade noch geschafft!»

Hinter ihnen schmunzelt Airforce-Pilot und Vietnam-Veteran Wally Leland: «Das habt ihr gut gemacht!» Der Amerikaner ist mit seinen Schülern zufrieden. «Sie sind so gut, dass ich ihnen besonders schwierige Aufgaben stellen konnte.» Denn die Probleme in diesem Cockpit stammen nicht vom Flugzeug oder vom Wetter, sondern von Wally: Der Landeanflug geschah auf festem Boden in einem Flug-Simulator in San Antonio (US-Staat Texas) — und die Lichter des Flughafens Kloten stammten von einem Computer.

Der Simulator ist ein genaues Abbild des Cockpits eines «Metroliner III». Alle Instrumente reagieren wie bei einem richtigen Flugzeug. Und der Computer macht's auch möglich, dass Wally seinen Schülern über 150 verschiedene Probleme stellen kann.

«Wir unterrichten selbstverständlich auch Flugschülerinnen», betont Wally. Die Amerikaner sind da den Europäern um eine Nasenlänge voraus. «Frauen haben das bessere Gefühl für ein Flugzeug. Sie gehen im Beruf voll auf. Das einzige Handicap: Für gewisse Sachen braucht es viel Kraft», meint Wally.

Inzwischen scheint übrigens auch bei der Swissair ein Gesinnungswandel eingetreten zu sein. Hiess es früher, auf Frauen könne man nicht immer zählen, da sie schwanger und somit während Monaten als Piloten ausfallen würden, kann man sich heute auch eine Frau am Steuerknüppel vorstellen. «Wir werden bei nächsten Selektionen, die aber erst in einiger Zeit stattfinden werden, gerne geeignete Frauen in Betracht ziehen», erklärte ein Swissair-Sprecher.

«Ich brauche schon etwas Muskeln, wenn die Trimmung (eine Steuerhilfe) ausfällt», gesteht Regula. Sie schafft es aber spielend. Selbst bei einem Trainingsflug in Zürich schmeisst sie im zweiten Anlauf mit Bravour die klemmende Flugzeugtüre zu. «Das ist eigentlich nicht meine Aufgabe, das machen bei uns die Piloten!»

Regula wird einige Jahre warten müssen, bis sie von der Co-Pilotin zur Pilotin aufsteigt und mit dem «Tür-Problem» konfrontiert wird. Denn Co-Piloten haben bei der Crossair lediglich eine Chance, aufzurücken, wenn die Gesellschaft expandiert oder Piloten austreten.

Der Ausbau des Flugplanes hatte die Crossair dazu bewogen, sechs weitere Pilo-

ten anzustellen. Ermuntert durch Crossair-Chef Moritz Suter, bewarb sich Regula Eichenberger. «Einfach von mir aus hätte ich mich nicht gemeldet, ich wusste ja, dass weibliche Piloten-Anwärter bei der Swissair keinerlei Chancen haben, selbst wenn sie alle Bedingungen erfül-

len.» Suter stellt sich auf den Standpunkt: «Was ein Mann kann, kann eine Frau auch.»

Und nun ist Regula Eichenberger — wenn auch ungern — der «Star» der Crossair. Sie lernte bereits mit 17 Jahren fliegen; kein Wunder, betreibt doch ihr Vater in Buttwil bei Muri (AG) eine

Flugschule. «Die ganze Familie fliegt: Meine Mutter war eine Segelfliegerin, und meine Schwester ist Hobby-Pilotin.»

Bei Regula blieb es nicht beim Hobby. Nach dem Lehrerseminar verbrachte sie ein Jahr in Kanada und half anschliessend ihrem Vater in

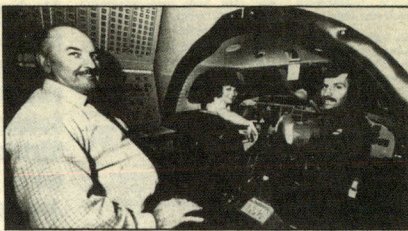

Im Simulator in San Antonio: Fluglehrer Wally (links) ist mit seinen Schweizer Schülern sehr zufrieden.

Regula ist inzwischen mit dem Metroliner bestens vertraut. Sie hängt vor dem Start den Generator ab.

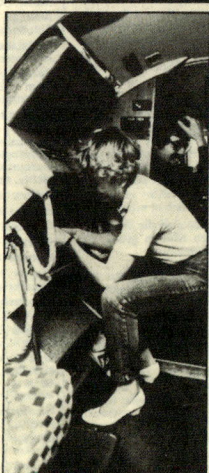

Noch hemdsärmelig wirft die angehende Linien-Pilotin kraftvoll die Türe zu. Einige Tage später hat sie's geschafft. In topmodischer Uniform präsentiert sich Regula Eichenberger den Passagieren.

Kuss von Bundesrat Schlumpf

der Flugschule. Was lag da näher, als eine Instrumenten-flug-Lizenz, eine Berufspiloten-Lizenz und eine Fluglehrer-Lizenz zu erwerben!

Die letzten drei Jahre brachte Regula anderen das Fliegen bei. Nachdem sie aber von der Crossair zusammen mit fünf Männern aus

40 Anwärtern als zukünftige Linien-Pilotin ausgewählt wurde, musste auch sie zurück auf die Schulbank – in Zürich und San Antonio.

Crossair-Chefpilot und Fluglehrer Franz Meyer (37) erteilte der jungen Pilotin nach der zweiwöchigen Ausbildung in Texas den letzten

Schliff in der Luft und bereitete sie auf die Prüfung durch das Eidgenössische Luftamt vor. «Ich glaube, Regula ist der richtige (Mann), um Pilot zu werden.» Er täuschte sich nicht, denn Regula und die übrigen fünf Piloten-Anwärter bestanden letzte Woche auf Anhieb die Prüfung des

Luftamtes.

Wer sich von der traditionellen Rolle der Frau in der Luft nicht lösen kann, dem sei zum Trost gesagt, dass Regula Eichenberger ihm im Flugzeug eine kleine Mahlzeit servieren wird. Denn bei der Crossair ist es Sache des Co-Piloten, die Passagiere zu ver-

pflegen. Ganz dem Bild einer Stewardess wird Regula jedoch nicht entsprechen: Ihr Uniform-Rock bleibt im Kasten hängen. Die erste Linien-Pilotin der Schweiz konnte ihren Wunsch nach langen Hosen im Cockpit durchsetzen.

Dagmar Steinemann

Mit einem Kuss und der Widmung im Logbuch «Meiner ersten Linienpilotin» gratulierte Bundesrat Schlumpf Regula Eichenberger zu ihrem beruflichen Erfolg.

Fotos: Daniel Boschung

Österreich will Crossair ausbooten

T.H. KLAGENFURT (A) – Die Crossair soll wieder einmal für die Fehler anderer Fluggesellschaften büssen: Die staatlichen «Austrian Airlines» (AUA) wollen der kleinen Schweizer Gesellschaft das Geschäft mit der Strecke Zürich-Klagenfurt vermiesen und verlangen eine Reduktion der Crossair-Flüge nach Klagenfurt.

Als die Crossair 1979 diese Flugverbindung einrichtete, machten sich AUA-Leute darüber lustig: «Wer fliegt schon von Klagenfurt nach Zürich?» Es flogen jedenfalls so viele Leute, dass die Crossair schon bald zwei Verbindungen pro Tag einrichten musste.

AUA-Pressechef Rupert Reischl klagt: «Jeder zweite Passagier der Crossair fliegt international von Zürich aus weiter. Dadurch gehen uns rund 25 Prozent der Kunden von der Strecke Klagenfurt-Frankfurt verloren.» Crossair-Chef Moritz Suter sieht das anders: «Lediglich 14 Prozent unserer Passagiere fliegen von Zürich aus weiter.»

Die österreichischen Behörden lassen sich mit dem Entscheid Zeit. Ab morgen beginnt der Sommerflugplan, und die umstrittenen Crossair-Flüge sind bereits gut gebucht.

Ich konnte mich der vielen Interviewanfragen – sie kamen auch aus dem Ausland – kaum erwehren. Ich verstand den Rummel nicht, denn als Fluglehrerin hatte das Geschlecht kaum eine Rolle gespielt. Nun wurden mir sogar Werbeaufträge angeboten.

(Artikel im »SonntagsBlick« vom 27. März 1983)

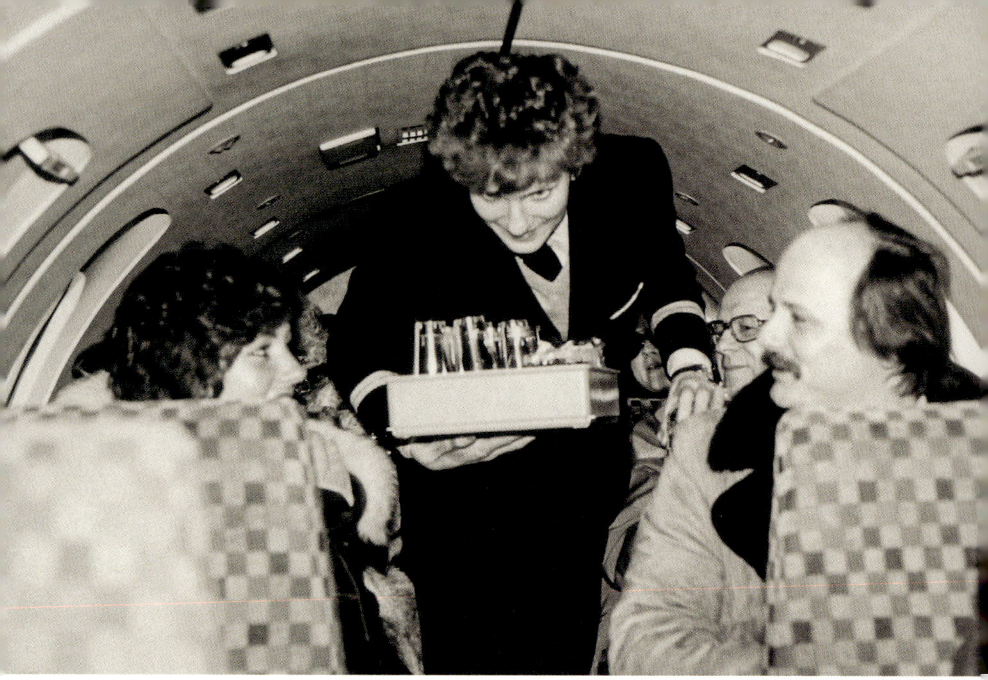

Im Metroliner war es so eng, dass die Maschine auch Angströhre genannt wurde; für den Service war der Copilot verantwortlich. // Meine Akzeptanz bei den Crossair-Kollegen war zu Beginn eher gemischt. Einige von ihnen aber waren äusserst charmant.

(Foto unte0n: RDB)

Meine Kollegin Doris Wilson *(rechts)* stiess 1986 zur Crossair, da war ich schon Captain. Moritz Suter nutzte uns als PR-Attraktion und organisierte den nächsten Coup: einen Linienflug ohne Männer im Cockpit! Der »All-Girl-Flight« startete in Basel und endete in München.

Im Dezember 1985 hatte ich den Route-Check auf der Saab 340 bestanden. Ich war nun PIC (Pilot in Command) und bekam vier Streifen an den Zweireiher und an die Schulterpatten genäht. Kurze Zeit später erfolgte dann zusätzlich das Captains-Training auf dem Metroliner.

Im Flugtraining bei der TEA bediente ich zum ersten Mal eine Boeing-Tür. Kaum hatte ich sie aufgestossen, erklang ein lautes Zischen. Die Notrutsche blies sich auf und hing voll entfaltet zur Tür hinaus. Ich hätte vorher die automatische Rutsche deaktivieren müssen!

1998 lieh sich die Air Afrique von der TEA zwei Boeings, einige Piloten und Mechaniker aus. Eine meiner Copilotinnen war die Afrikanerin Irène. // Ein Jahr später war klar, dass die TEA am Abgrund stand; zehn Jahre lang hatten wir für eine grossartige Firma gearbeitet.

Mit der Boeing 767-300 begann meine
Zeit bei der Balair, die vorerst zwei dieser
Langstreckenflugzeuge betrieb. Sie waren
fabrikneu und bestens ausgestattet. Ich
verliebte mich gleich beim ersten Start in
dieses Flugzeug

(Foto· Willy Spiller)

Im Oktober 1999 erfolgte mein erster Einsatz für die Balair ab Zürich. Bis zum Linien-Check würde immer ein Instruktor auf dem Jumpseat im Cockpit sitzen. Das war beruhigend, denn ich verfügte über keinerlei Erfahrung mit Nordatlantikflügen.

Ein Abweichen von Limiten oder grobe Verstösse gegen Vorschriften werden in der Fliegerei geahndet. Das schränkt zwar die Freiheit über den Wolken ein, dient aber der Sicherheit. Diese Sicherheitskultur ist toll und in der Industrie beispielhaft.

Bei der Belair war ich einmal als Captain auf dem begehrten dreiwöchigen All-inclusive-
»Asia Cruise Flight« dabei: Myanmar–Vietnam–Shanghai–Borneo–Bangkok. Die Passagiere
mussten sich um nichts kümmern. Und für den Fall der Fälle waren wir Piloten zu dritt.

Am Flughafen Zürich stehen im Winter für die Räumung der Pisten neben anderem schweren Gerät auch Jetbrooms zur Verfügung. Sie fahren im Konvoi versetzt hintereinander
her, gefolgt von den Pflügen, der Schneefräse und dem Enteiser. Ein gewaltiges Spektakel.

(Foto: Flughafen Zürich AG)

Eidgenössisches Verkehrs- und Energiewirtschaftsdepartement
Département fédéral des transports, des communications et de l'énergie
Dipartimento federale dei trasporti, delle comunicazioni e dell'energia

Bundesamt für Zivilluftfahrt (BZL)
Office fédéral de l'aviation civile (OFA)
Ufficio federale dell'aviazione civile (UFA)
Federal Office for Civil Aviation (FOA)

CH - 8058 Zürich, 11.12.85
Flughafen
℡ 01-816   2671
                    Telegr.: Civilair Bern
                    Telex: 54226 KOSF CH
                    ┌─────────────────┐
                    │ 00010 FOAM ch   │
                    └─────────────────┘

Ihr Zeichen
Votre signe
Vostro segno

Ihre Nachricht vom
Votre communication du
Vostra comunicazione del

Flugkapitän
Regula Eichenberger
c/o Crossair AG
8058 Zürich-Flughafen

Unser Zeichen
Notre signe   32-Sae/Wo
Nostro segno

Gegenstand
Objet   Ihre Ernennung zum PIC
Oggetto

Sehr geehrte Frau Flugkapitän Eichenberger

Dass wir uns wegen Ihrer fliegerischen oder menschlichen Qualitäten
je würden den Kopf zerbrechen müssen, stand eigentlich ausserhalb
jeden Zweifels. Dafür aber geschieht dies jetzt bezüglich der zu
wählenden Anrede.

Die Bezeichnung Flugkapitän hat, sowohl als Titel wie als Funktion,
- auch wenn Gewohnheit und Ueberlieferung eher das Gegenteil vermuten
lassen - mit dem Geschlecht des Trägers eigentlich nichts zu tun.So
lassen auch wir den Kapitän Mann oder Frau sein. Unserer Meinung nach
klingt Frau Flugkapitän besser im Ohr als Flugkapitänin. Schliesslich
wollen wir mit unserer Anrede nicht dem Titel die Ehre erweisen,
sondern Ihnen als erster Frau in der Schweiz, die Sie sich diesen
auf einem Linienflugzeug im Linienverkehr erworben haben. Der Emanzipation der Frau gebührende Anerkennung gezollt, ist aber die Realität
doch noch so, dass eine Frau zur Erreichung desselben Zieles bessere
Leistungen, mehr Durchhaltewille und Selbstvertrauen erbringen muss
als ein Mann. Dazu gratulieren wir herzlich und wünschen Ihnen für die
nun auf Sie zukommende, sicher nicht gänzlich problemlose Zeit, Durch-
setzungsvermögen, Erfolg und Befriedigung sowie many happy landings!

                              BUNDESAMT FUER ZIVILLUFTFAHRT
                              Abteilung Flugbetrieb
                              i.A

                              W. Saegesser

BZL 20.03 4.79 57163/3+4

Als ich Captain geworden war und fortan links sass, beglückwünschte mich sogar die
Abteilung Flugbetrieb des Bundesamts für Zivilluftfahrt, und zwar mit einem überaus
netten Brief, in dem es zudem darum ging, wie ich denn nun anzureden sei.

Belair Airlines AG
Postfach
8048 Zürich-Flughafen

29. Oktober 2003

Sehr geehrte Damen und Herren

Ich beziehe mich auf unsere Reise nach Mallorca vom Samstag, 18. Oktober bis Samstag, 25. Oktober 2003 mit Belair Flug Nr. BHP 601 / BHP 602.

Bei unserer Hinreise war sehr schlechtes, nasses und windiges Wetter. Ja, wir mussten in Palma sogar durchstarten. Die Pilotin, Frau Eichenberger meisterte diese unangenehme Situation mit Bravour.

Bei der Rückkehr am 25. Oktober 2003 regnete es in Palma. Frau Eichenberger beruhigte mich und sagte mir schon bei der Einstiegstreppe, dass es heute einen schönen und ruhigen Flug gibt. Es erstaunte mich, dass Sie sich auf der Treppe um die Fluggäste bemühte und zugleich die Flugbillette kontrollierte. Nach dem Abflug teilte uns Frau Eichenberger die Flugroute mit.

Später meldete sich unsere Pilotin wieder und teilte uns mit, dass wir im Moment wegen Überlastung des Flughafens Kloten noch nicht landen können und wir deshalb einen Alpenrundflug machen, bis wir die Landeerlaubnis erhalten.

Es war etwas vom Schönsten und Interessantesten was ich je auf einem Flug erlebt habe. Sie zeigte uns Ortschaften wie Gstaad, Grindelwald, Brienz, Interlaken, Berge wie Eiger, Mönch, Jungfrau und Niesen, Seen wie Thuner-, Brienzer-, Vierwaldstätter-, Zuger- und Halwilersee. So etwas habe ich noch nie erlebt und ich fliege schon 26 Jahre lang mindestens 3x pro Jahr nach Palma de Mallorca.

Nun möchte ich Frau Eichenberger ein grosses Kompliment machen, für Ihre spontane Idee zu diesem einmaligen Alpenrundflug, der alle Passagiere begeistert hat.

Ich wünsche der Belair alles Gute und gratuliere zu so einer grossartigen Pilotin, die grosses Vertrauen erweckt.

Mit freundlichen Grüssen

[Unterschrift]

Von einigen meiner Passagiere bekam ich Briefe, den schönsten bewahrte ich auf. Zugeschickt hatte ihn mir ein Herr, der bei der stürmischen Reise nach Palma de Mallorca und sieben Tage später auch auf dem Rückflug mit an Bord war.

(Die Geschichte findet sich ab Seite 206)

Meine zwei Jahre ältere Schwester Eva und ich hatten gute, einfühlsame Eltern, allerdings waren sie völlig verschiedene Charaktere. Meine Mutter war pessimistisch veranlagt, während mein Vater ein unermüdlicher Optimist und sehr lebensbejahend war.

Als Eva *(links)* mit achtzehn den Theorieunterricht für Privatpiloten besuchen durfte, wollte ich das natürlich auch. Mein Vater meinte jedoch, ich müsse noch etwas warten. Das hielt mich nicht davon ab, mit ihr zu lernen, und so büffelten Eva und ich zusammen.

Das Fliegen war von klein auf Vaters grosse Leidenschaft, die sich auf unsere ganze Familie übertrug.

Meine Mutter lernte schon 1959 segelfliegen und später auch schwere Motorräder fahren. Das Flugplatzbeizli Buttwil führte sie *(rechts, mit meinem Vater im Bild)* mit viel Herzblut.

Ich fand den Flugplatzbetrieb schon früh sehr spannend und half, wo ich konnte.

Mein Training für den Kunstflug absolvierte ich auf der Bücker Jungmann.

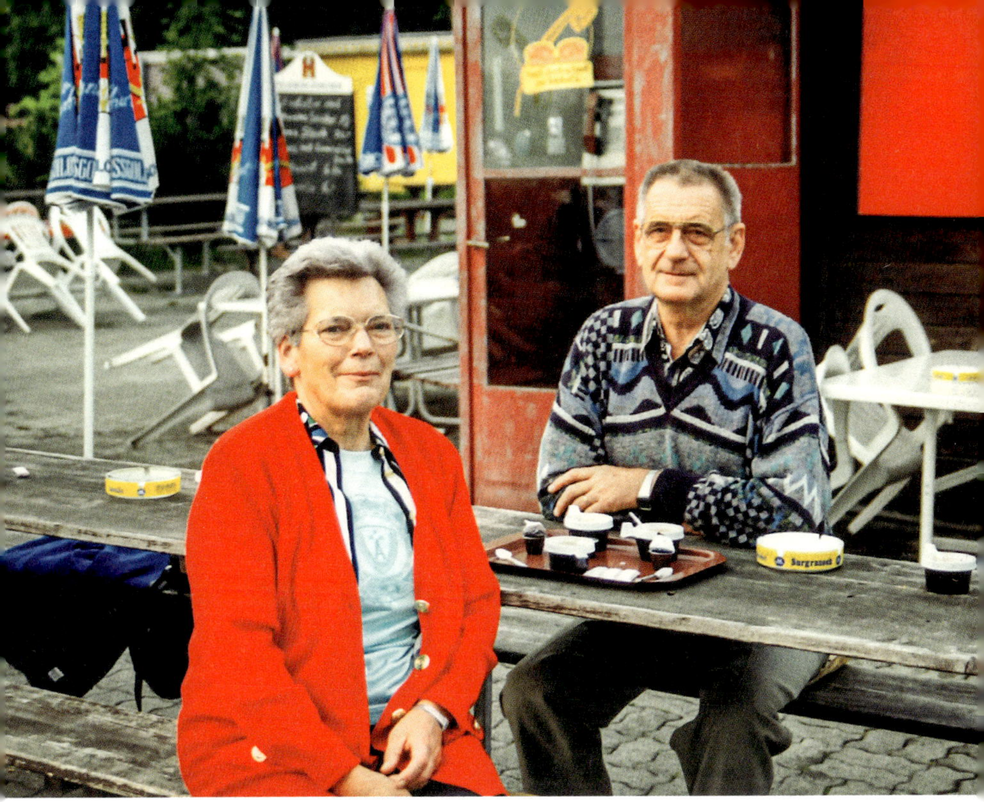

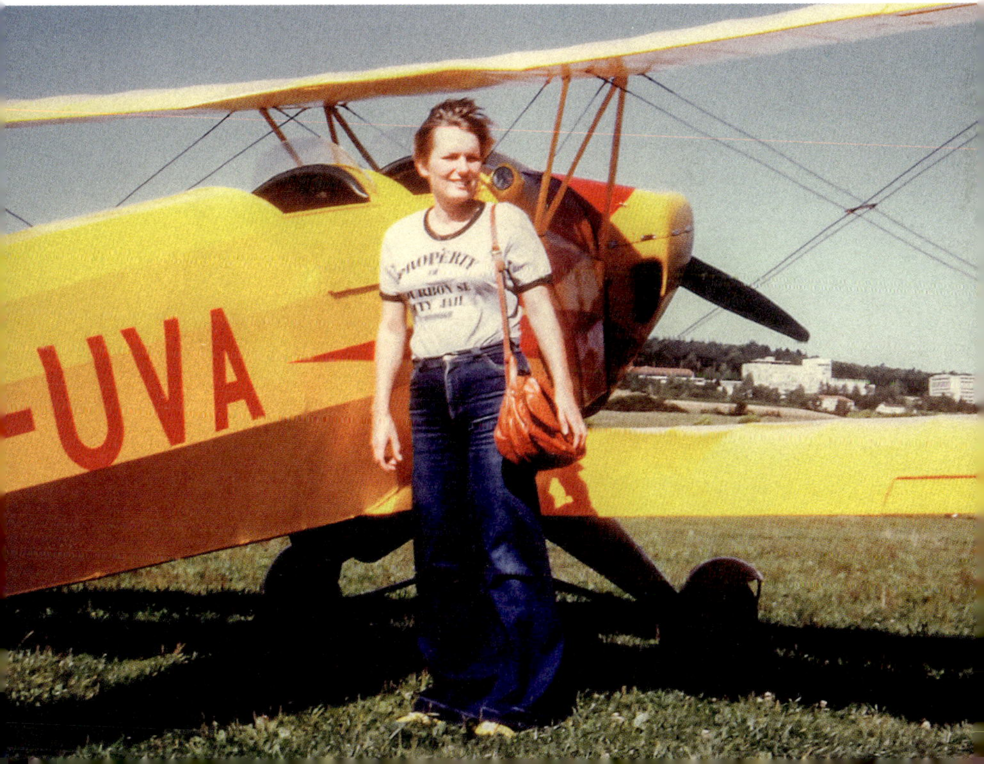
-UVA

Geni forderte mich zu einer Runde Golf in Otelfingen auf, verlor das Spiel und küsste mich am achtzehnten Loch doch glatt auf den Mund. »Gahts noh!?«, rief ich erschreckt aus. Kurze Zeit später nahm ich seinen Heiratsantrag an. Er war die Liebe meines Lebens.

Mein Mann Geni genoss die Welt der Fliegerei, die sich für ihn durch mich auftat. Er hatte sogar ein passendes Hobby: die Modellfliegerei. Dabei begleitete ich ihn oft. Für die wunderbaren sechzehn Jahre, die wir gemeinsam verbrachten, bin ich unendlich dankbar.

Am 20. Oktober 2015, zwei Tage nach meinem sechzigsten Geburtstag, trat ich meinen letzten Linienflug an. Im Briefingraum hatte meine Crew einen roten Teppich für mich ausgerollt, empfing mich kniend und stellte mit ausgestreckten Armen ein Flugzeug dar.

Ich durfte mir die Rotation und die Crew auswählen. Zudem konnte mein inzwischen achtundachtzigjähriger Vater auf dem Jumpseat im Cockpit mitfliegen. Er hatte sich am Vortag extra eine Videokamera gekauft, um meinen letzten Flug als Linienpilotin festzuhalten.

Im Flugzeug fand ich meinen Sitz blumengeschmückt vor. Urs, der Kabinenchef – ehemals Florist –, ist ein wahrer Künstler. // Michèle, meine Copilotin, brachte nicht nur die ganze Crew, sondern auch meinen Vater und mich mit ihren Spässen zum Lachen.

Zurück in Zürich, erwarteten mich im Operation-Center einige meiner einstigen Chefs, ehemalige Arbeitskolleginnen und -kollegen, Freundinnen und Freunde, der Direktor des Bundesamts für Zivilluftfahrt und natürlich Geni, der absolut dichtgehalten hatte.

Was meine Pilotenzeit betrifft, empfinde ich Dankbarkeit. Dafür, dass ich so viel Schönes und Spannendes kennen lernen durfte. Es war ein gute, nein, eine fantastische Zeit, und mit ganz wenigen Ausnahmen bin ich jeden Tag gern zur Arbeit gegangen.

Und es gab nicht einmal eine Pause, in der ich etwas hätte nachlesen können, da der Instruktor meine Anwesenheit auch dann verlangte, wenn Christer trainierte. Zuschauen und lernen, meinte er, würde uns weiterhelfen, genau wie ich es bei meinen Flugschülern ja auch gehandhabt hatte. Aber das hier war eine völlig andere Situation. Auch Christer war überfordert. Nichts klappte, und so gab es einfach nichts zu lernen, auch nicht, wenn er bei mir zuschaute. Bei der Simulatorlektion, die eigentlich erst für den nächsten Tag vorgesehen war, wiederholte sich das Trauerspiel. Wir verbrachten fast ununterbrochen den ganzen Tag im Simulator. Und als ob das nicht anstrengend genug gewesen wäre, folgten noch zwei lange Stunden Debriefing.

Nach sechzehn Stunden fuhren wir zurück ins Hotel. Völlig ausgelaugt und unfähig, uns für den nächsten Tag vorzubereiten. Und so ging es drei Tage lang weiter. Ein kompletter Irrsinn. Ich war verzweifelt und kurz davor, abzubrechen. Doch dann entschied ich anders. Ich nahm all meinen Mut zusammen und teilte unserem Instruktor Daniel mit, dass ich am nächsten Morgen nicht an seinem Briefing teilnehmen würde. Stattdessen wolle ich endlich die grundlegendsten Elemente der 737-300 lernen: Pitch- und Power-Werte, Call-outs, wann und wo das Fahrwerk und die Klappen zu setzen sind und so weiter. Daniel hatte das offenbar noch nie erlebt. Eine Schülerin verweigerte seine vierstündigen Briefings! Er war sprachlos. Jean-Claude, unser Upgrading-Captain auch. Aber ich erklärte beiden, dass ohne Grundlagenkenntnisse jedes weitere Simulatortraining völlig sinnlos sei. Daniel gab widerwillig nach. Und so konnte ich zumindest einen halben Tag dazu nutzen, mich auf den Simulator vorzubereiten. Und siehe da: Es ging um einiges besser.

Aber auch im Simulator waren Daniel und ich nicht unbedingt einer Meinung. Die Steuerung der 737 braucht Kraft. Hielt ich, wie von Daniel gewünscht, nur eine Hand am Steuerhorn, wurde der Flug unruhig und instabil. Immer wieder griff ich deshalb mit beiden Händen ans Horn, woraufhin Daniel mich jedes Mal anwies, eine Hand am Gas zu halten. Einzig beim Abheben dürfe ich beide Hände benutzen, sobald wir aber abgehoben hätten, müsse eine Hand wieder auf den Thrust-Lever (so heisst der Gashebel bei einem Flugzeug mit Turbinenantrieb). Beim Start und bei der Landung ist es ja sinnvoll, eine Hand am Gashebel zu halten, weil der Pilot dann sofort reagieren kann, wenn ein Start abgebrochen oder durchgestartet werden muss. Aber ich sah nicht ein, dass ich mit nur einer Hand eine Kurve fliegen sollte. Wofür hatte die Boeing denn einen Doppelgriff mit zwei Einbuchtungen am Steuerhorn für die Daumen? Ein einseitiger Griff hätte dann doch völlig genügt, und beim Hinsitzen würde man sich erst noch seltener die Knie anschlagen! Also gab es wieder Zoff. Ich ignorierte Daniels Anweisungen und behielt, obwohl er mich ständig korrigierte, beide Hände am Steuer, denn so flog ich stabil. Ja, ich konnte ziemlich stur sein. Er gab zähneknirschend nach.

Für die letzten Simulatorlektionen erhielten wir einen anderen Instruktor: Alex, einen sehr netten Fluglehrer von TEA Belgien. Allerdings war er Kettenraucher. Schon nach kurzer Zeit stand der Simulator voller Rauch. Ich drehte mich manchmal nach ihm um, weil ich sehen wollte, ob er rauchte oder ob es sich um Smoke handelte, also um simulierten Rauch, den wir hätten bekämpfen sollen. Später, auf den Streckenflügen, lernte ich übrigens einen Captain kennen, der ununterbrochen rauchte. Erst dreissig Sekunden vor der Landung drückte er seine Zigarette aus, um sich beim Ausrollen auf dem Taxiway bereits wieder die nächste anzuzünden. Am Ende bestanden Christer und ich den Check und feierten dies ausgiebig im Nachtleben von Amsterdam, zogen durch die Bars und Dancingklubs, bis es hell wurde. Dann packten wir im Hotel unsere Siebensachen und kehrten nach Hause zurück, um ein paar wohlverdiente freie Tage zu geniessen.

Nun ging es, wie geplant, ins französische Dole zum praktischen Flugtraining. Auch hier war Daniel unser Instruktor. Und wieder verärgerte ich ihn. Unabsichtlich. Wir hatten mit der 737-300 gerade ein paar Landungen geübt, als er mich in die Kabine schickte, um den nachfolgenden Piloten die Tür zu öffnen. Ich hatte davor noch nie selbständig eine Boeing-Tür bedient, und kaum hatte ich sie aufgestossen, erklang ein lautes Zischen. Die Notrutsche blies sich auf und hing nach kürzester Zeit voll entfaltet zur Tür hinaus. Ich hätte vor dem Öffnen die automatische Rutsche deaktivieren müssen! Das war ein Fehler, klar, aber irgendwie fühlte ich mich nicht so recht schuldig. Weder bei der Metro III noch bei der Saab hatte es Notrutschen gegeben, und in der Schulung hatte uns niemand gezeigt, wie das funktioniert (ich holte diesen Kurs später nach). Die Wiederherstellung eines Notrutschensystems kostet sehr viel Geld. Es tat mir leid für Daniel, der für solche Schäden verantwortlich zeichnete. Er war ein netter Kerl, wenngleich ich seine didaktischen und pädagogischen Fähigkeiten hin und wieder anzweifelte und ihn sicher auf härteste Proben stellte.

Endlich war dann auch dieses praktische Training beendet. Ein Experte vom Bundesamt für Zivilluftfahrt nahm uns den Type-Rating-Check ab, und das mehrwöchige Linienflug-Training begann. Glücklicherweise konnte ich meine schlechte Meinung über die Ausbildungsqualität schon bald korrigieren: Die TEA Schweiz verfügte über gute Fluglehrer und hohe Ausbildungsstandards.

AUSTRALISCHE BESONDERHEITEN

Nach bestandener Prüfung flog ich wegen Pilotenmangels im Mutterhaus noch sechs Wochen als Copilot für die TEA Belgien. An die langen Flüge musste ich mich erst gewöhnen. Viereinhalb Stunden bis zu den Kanaren. Bei der Crossair hatte der längste Flug nicht einmal zwei Stunden gedauert. In dieser Zeit – es war Sommer – lernte ich viele für mich neue Destinationen kennen: Spanien, Portugal, Tunesien, Griechenland, Israel, Rumänien, Bulgarien … Im griechischen Luftraum gab es kaum Radarsysteme, mit denen die Flugverkehrsleiter die Position der Flugzeuge hätten überwachen können. So musste ich bei allen vordefinierten Fixpunkten, die ich überflog, Position, Höhe, Überflugzeit und die voraussichtliche Zeit für den nächsten Fixpunkt durchgeben. Auf den Frequenzen herrschte ein grosses Gedränge, oft war es schwierig, überhaupt einen Funkspruch zu übermitteln. Im Hochsommer wurde bei den Lotsen auch gern gestreikt oder Dienst nach Vorschrift geschoben, was uns einen langen Arbeitstag bescherte, denn wir mussten lange Wartezeiten am Boden in Kauf nehmen, was wiederum die Nerven der Passagiere und der Besatzung strapazierte.

Eines Tages standen wir in Larnaka auf Zypern neben einer Swissair DC-9. Der Captain der Maschine kam auf einen kurzen Besuch. Er gratulierte mir, weil ich nun endlich auf einem »richtigen« Flugzeug fliegen dürfe. Ob ich denn mit den viel schwierigeren Operationen in einem Boeing-Jet zurechtkäme? Da musste ich wirklich lachen. Einen Turboprop wie die Metro III oder die Saab zu fliegen, kann äusserst anspruchsvoll sein. Durch die tieferen Flughöhen – ein Turboprop schafft keine 10 000, sondern höchstens 7600 Meter – fliegt man oft direkt im schlechten Wetter. Eis, Turbulenzen und Gewitter gehören zum Alltag. Mit dem Jet ist man, abgesehen natürlich vom An- und Abflug, meist »on top«, also über der Wetterzone. Kommt noch die Lärmbelastung dazu. Im Turboprop ist es, obwohl man den ganzen Tag grosse schwere Kopfhörer trägt, sehr laut, was ermüdet. Im Jet ist der Lärmpegel viel geringer, sodass ein leichtes Headset genügt. Im Regionalverkehr sind zudem die Flugzeiten viel kürzer, man landet und startet also viel öfter pro Tag; das ist sehr anstrengend und verlangt viel Konzentration. Es ist mir deshalb bis heute unverständlich, warum einige Airlines bei der Selektion die Erfahrungen mit einem Turboprop nicht gleich bewerten wie die mit einem Jet.

Nach den sechs Wochen bei der TEA Belgien flog ich wieder in der Schweiz, und schon bald ging es nach Brüssel zum ersten Refresher und zum ersten Check im Simulator. Diesmal sass ein französischer Captain neben mir, der bei der TEA Schweiz arbeitete. Auch er wurde geprüft. Diese Auffrischungskurse und Prüfungen, die zweimal im Jahr stattfinden, sind obligatorisch im Flugwesen. Innerhalb von vier Jahren wird so die Beherrschung sämtlicher Systeme durchgeprüft, und jedes Mal werden auch Notlagen durchgespielt. Der Chefpilot der TEA Belgien begleitete uns als Instruktor und Prüfungsexperte. Am ersten Tag übten wir unter anderem mehrere Engine-Failures (Motorenausfälle), Pannen in der Hydraulik, in der elektrischen Anlage und Anflüge im dichten Nebel, CAT-II- und CAT-III-Anflüge genannt. Am nächsten Tag galt es ernst. Leider bestand »mein« Captain den Check nicht. Das war ein trauriger Tag. Obwohl ein Pilot normalerweise die Prüfung nach einem zusätzlichen Training wiederholen durfte, war das diesmal – aus mir unbekannten Gründen – nicht der Fall. Er musste die Firma verlassen.

Im Winter 1989 standen dann Charterflüge auf die Kanaren, ans Tote Meer in Israel und nach Ägypten auf dem Programm. Und noch etwas ganz Aufregendes: Australien! Markus Seiler, unser CEO, trat mit einem Anliegen an uns Piloten heran. Die Australian Airlines suche weltweit Piloten und Flugzeuge, um den Betrieb aufrechterhalten zu können. Die dortigen Piloten lagen im Streit mit der Unternehmensführung. Worum es genau ging, weiss ich nicht mehr. Offensichtlich aber waren die Verhandlungen zwischen der Gewerkschaft und der Firma gescheitert. Die Piloten machten, um Druck aufzusetzen, zunächst Dienst nach Vorschrift. Als das nichts nützte, kündigten alle. Doch auch damit erreichten sie ihr Ziel nicht. Die Australian Airlines gab nicht klein bei und bat andere Fluggesellschaften – in Australien nahte mit dem Sommer die Hochsaison –, die Flüge zu übernehmen.

In Europa waren wegen des anstehenden Winters viele Charter-Airlines nicht voll ausgelastet. Die junge TEA Schweiz sah darin eine willkommene Gelegenheit, die mangelnde Nachfrage zu kompensieren. Zumal die grossen europäischen Airlines, wie Swissair, Air France und Lufthansa, Probleme bekommen hätten: Die mächtigen Piloten-Gewerkschaften hatten angekündigt, dass jeder Pilot, der sich von Australian Airlines verpflichten liesse, auf eine Streikbrecherliste gesetzt werde. Natürlich diskutierten wir darüber, ob es gegenüber den australischen Piloten nicht unfair wäre, wenn wir die Flüge übernahmen. Die meisten von uns aber wollten unbedingt nach Down Under. Das Angebot, für die Australian Airlines fliegen zu können, war eigentlich unwiderstehlich, nein, einzigartig! Vor allem, weil die meisten TEA-Piloten zuvor schon einmal die Selektion bei einer der grossen Airlines nicht bestanden hatten. Und so entschied Markus Seiler, zwei TEA-Flugzeuge für ein halbes Jahr nach

Australien zu schicken. Das Engagement sollte auf Freiwilligkeit beruhen. Jeder Pilot, der sich meldete, musste sich allerdings für mindestens sechs Wochen verpflichten. Ich meldete mich für die Monate Januar und Februar 1990. Melbourne – später dann Sydney – wurde meine neue Homebase. Und so lernte ich als Copilotin einen Teil dieses riesigen Kontinents von oben kennen; und die Flughäfen von Adelaide, Canberra, Brisbane und Hobart in Tasmanien.

Bevor wir eingesetzt werden konnten, mussten wir allerdings in Melbourne wieder einmal die Schulbank drücken. Wir wurden in die australischen Besonderheiten und die dortigen Flugverkehrsgesetze eingeführt und dann geprüft. So mussten wir etwa die Flug- und die Kraftstoffplanung anpassen, weil die Distanzen zwischen den wenigen Flughäfen viel grösser sind als in Europa. Es stand deshalb nicht immer gleich ein Ausweichflughafen zur Verfügung, und so musste mehr Kerosin getankt werden. Es hiess auch, mit anderen Wetterphänomenen umzugehen. Eines Tages überraschte uns beispielsweise kalte Luft aus der Antarktis. Wie eine grosse Walze rollte sie von Süden auf den Flughafen Melbourne zu und verschlechterte in Sekundenschnelle die Sicht- und Windverhältnisse derart, dass der Flughafen für eine halbe Stunde geschlossen wurde und nicht angeflogen werden konnte.

Da es teilweise zu gewalttätigen Auseinandersetzungen zwischen den australischen und den europäischen Piloten kam, eskortierte uns ein privater Sicherheitsdienst vom Hotel bis zum Flugzeug und nach der Rotation wieder zurück. Die Aggression richtete sich auch gegen jene australischen Piloten, die ihre Kündigung rückgängig gemacht hatten. Die meisten australischen Piloten blieben jedoch bei ihrer Kündigung und mussten sich einen neuen Job suchen. Viel später lernte ich in der Schweiz ehemalige Australian-Airlines-Piloten kennen, beispielsweise Andrew, der bei der Belair als Flight-Operations-Chef mein direkter Vorgesetzter war; er ist mir noch heute ein guter Kollege. Andere Piloten fanden ironischerweise ausgerechnet bei uns in der TEA einen neuen Arbeitsplatz.

DER UNERTRÄGLICHE CAPTAIN

Für mich war es eine unvergesslich tolle Zeit. In unserem Home-base-Hotel waren immer mehrere Crews stationiert. Abends assen wir zusammen und besprachen, was wir in unserer Freizeit unternehmen könnten: Vielleicht einen Ausflug zu den Pinguinen auf Phillip Island oder eine Fahrt auf der spektakulären Great Ocean Road? Oder der Besuch eines Weinguts oder des Opernhauses in Sydney? Meist hatten wir nach fünf, sechs Arbeitstagen zwei oder drei Tage frei. Wann immer möglich nutzte ich diese Tage, um das schöne Land zu erkunden. Ich schloss mich Ruedi, dem Captain einer anderen TEA-Crew an, da ich keine unnötige Minute mit dem Captain meiner Crew verbringen wollte. Der kam aus England. Nennen wir ihn Mr. Miser. Er war ein schwieriger Kerl, im Umgangston barsch und völlig auf sich bezogen. Kein Copilot flog gern mit ihm. Er bestimmte alles, ohne den Rest der Crew einzubeziehen. Bei den Flügen mit mehreren Zwischenlandungen war es keine Frage, dass er sagte, welchen Teil der Gesamtstrecke er flog und welchen der Copilot (also ich); er entschied sogar, was es wann zu essen gab. Kurzum: Mr. Miser spielte sich als der grosse Boss auf.

Aus Sicherheitsgründen darf die Cockpitbesatzung während eines Flugs nie zusammen essen, sondern immer nur nacheinander. Oft waren die Sektoren – die Strecken zwischen den Landungen – nicht lang genug, damit auch noch die zweite Person im Cockpit hätte essen können. Mr. Miser ass immer als Erster, er orderte sein Essen bereits kurz nach dem Start. Flogen wir fünf Sektoren, ass er fünfmal. Er fragte mich, seine Copilotin direkt neben ihm, nie, ob ich hungrig sei. Manchmal sorgten sich die Flight-Attendants um mich, weil ich den ganzen Tag nicht essen konnte. Mr. Miser kümmerte das nicht, er nahm während seines Australienaufenthalts so viel zu, dass irgendwann die Nähte seines Uniformhemds zu platzen drohten.

Ich hatte danach noch einige unschöne Erlebnisse mit ihm. Eines davon in Paris. Wir flogen damals für ein paar Tage im Auftrag der französischen Fluggesellschaft Air Inter. Leider war nicht geregelt, wer für die Übernachtungskosten aufkam, TEA oder Air Inter. Als wir spätnachts im Hotel ankamen und die Rezeptionistin eine Kreditkarte verlangte, weigerte sich Captain Miser, seine eigene zu hinterlegen. Die TEA – sein Arbeitgeber! – sei nicht vertrauenswürdig, verkündete er. Nach langem Hin und Her – die Crew war müde und frustriert – bezahlte schliesslich ich für uns alle. Eine andere Begebenheit, die mich sprachlos machte und unglaublich erboste, ereignete sich etwas später, auf einem Flug nach Teneriffa. Mr. Miser bestellte sich einen Kaffee. Als die Flight-Attendant damit ins Cockpit kam, war er aber gerade mit dem Flugfunk beschäftigt und konnte den Kaffee nicht entgegennehmen. Ich nahm ihr den Plastikbecher ab, und als er die Hände frei hatte, reichte ich ihn ihm. Umgehend klingelte er die Flight-Attendant erneut herbei und bestellte mit den Worten »I order a new cup of coffee without fingerprints!« einen neuen Kaffee – und zwar ohne Fingerabdrücke.

Ein andermal waren wir wieder für die Air Inter unterwegs. Von Ajaccio nach Marseille, ein Katzensprung, sodass die Zeit eigentlich nicht für eine Mahlzeit reichte. Auf unserer Flughöhe angekommen, verlangte Miser trotzdem etwas zu essen. Die Flight-Attendant brachte ihm ein reichlich gefülltes Tablett. Normalerweise würde der fliegende Pilot nun die Steuerung des Flugzeugs dem nicht fliegenden Piloten übergeben. Nicht so Miser. Also bediente ich weiter nur den Funk. Als die Meldung »top of descent« auf dem Bordcomputer erschien, hiess dies, die Reiseflughöhe von 6100 Metern zu verlassen, um gemäss dem errechneten Sinkflugprofil den Flugplatz anfliegen zu können. Miser schlang gierig weiter. Und ich blieb still, denn im Lauf der Zeit hatte sich ziemlich viel Groll in mir angesammelt. Sollte er als fliegender Pilot doch entscheiden, wann er absinken wollte. Es war eine wunderbare Nacht, und ich beobachtete die näher kommende Küste Marseilles mit den tausenden Lichtern. Wann er mich wohl auffordern würde, tiefer zu sinken? Miser stopfte weiter alles in sich hinein und warf keinen einzigen Blick auf seine Instrumente. Wir überflogen unseren Zielflughafen Marseille auf einer Höhe von 6100 Metern. Erst als der Controller im Tower fragte: »Air Inter, what is your destination?« – »Air Inter, was ist euer Zielflughafen?«, schaute Miser auf und warf hektisch das Tablett zur Seite. Ihm war klar, dass ich ihm eins auswischen wollte. Er sprach mich aber nie darauf an.

Wir mussten damals etliche Runden drehen, bis wir tief genug waren, um endlich landen zu können. Die Passagiere und das Kabinenpersonal informierte er nicht darüber, warum der Flug eine Viertelstunde länger als geplant dauerte. Ich weiss, dass ich meine Emotionen hätte zurückstellen müssen. Das Beispiel zeigt aber auch, dass im Flugzeug meist die Menschen und nicht die Maschinen versagen. Es dauerte über zwei Jahre, bis sich die TEA von ihm trennte.

VON KEFLAVÍK BIS ZUM SAIGON

Nach meinem zweimonatigen Australien-Abstecher kamen für mich bei der TEA neue Flüge dazu. Im Hochsommer ging es regelmässig nach Akureyri und Keflavík auf Island. Das war sensationell, denn obwohl wir in Zürich kurz vor zehn Uhr abends starteten und anderntags um sechs Uhr früh ankamen, ging die Sonne nie ganz unter. Mit etwas Glück konnte man in Island die Mitternachtssonne erleben, allerdings war es dort oft trüb und kalt wie bei uns im November.

Im darauffolgenden Winter flogen wir einmal wöchentlich nach Gambia in Westafrika. Ein TEA-Mechaniker begleitete uns, der auf dem Flughafen Banjul sicherstellte, dass die nach einer Landung notwendigen Checks ausgeführt werden konnten. Am gleichen Tag zurückfliegen war wegen der Duty-Limite, der Arbeitszeitregelungen, nicht möglich, und so verbrachte die Crew eine ganze Woche in Gambia, bis die nächste TEA-Maschine kam.

Das war ein völlig neues Gefühl für mich. Eine Woche am selben Ort! Bis jetzt hatte ich nur Nightstops erlebt, wo ich am nächsten Tag schon wieder weiterfliegen musste. Captain Ruedi, mit dem ich schon in Australien viel unterwegs gewesen war, und ich mieteten ein Taxi mit Fahrer, der uns das kleine Land zeigte. Ich bewunderte die gross gewachsenen schönen Menschen, die Frauen mit ihren kunstvollen Frisuren und bunten Kleidern. Touristisch war Gambia Anfang der Neunziger noch kaum erschlossen. Unser Fahrer brachte uns zu lokalen Märkten, in kleine Ortschaften und an einen Teich, in dem Unmengen Krokodile herumschwammen – und nirgendwo ein schützender Zaun oder eine Mauer drum herum. Wie gut, dass keines der Tiere hungrig war!

Dann ging es auf Expedition in den Dschungel. Völlig unbedarft streiften wir durch das Dickicht. Bis Ruedi am Rand unseres Pfads plötzlich eine schwarze Mamba entdeckte. Mit einem Satz suchte ich Schutz hinter ihm. Unser Guide erschrak aber noch mehr als ich und brach unseren Ausflug sofort ab. Die Lodge, die wir danach aufsuchten, war sehr bescheiden eingerichtet, die Betten waren nur schmale Pritschen mit dünnen Matratzen. Nachts wachte ich auf, weil mir etwas über die Brust lief. Ich erstarrte. Hoffentlich war das kein Skorpion oder eine Giftspinne! Jetzt spazierte das undefinierbare Etwas gemütlich eine Handbreit unter meinem Kinn von rechts nach links. Ich rührte mich erst, als nichts mehr krabbelte. Das dauerte eine gefühlte Ewigkeit. Dann sprang ich mit einem Satz aus dem Bett und machte Licht. Weit und breit nichts zu sehen. Ich konnte kein Auge mehr zutun.

Und dann, im September 1991, meldete die TEA-Muttergesellschaft in Belgien Insolvenz an. Der Besitzer der zwanzig Jahre alten Gesellschaft hatte sich übernommen. Die in der Türkei, in England, Italien, Frankreich und der Schweiz gegründeten Tochtergesellschaften und der Einstieg ins Liniengeschäft 1990 hatten nicht den gewünschten Gewinn abgeworfen. Einzig die Schweizer Niederlassung, die TEA Basel, überlebte. Dies dank unserem CEO Markus Seiler. Er gründete eine Finanzgesellschaft, welche die Schweizer Beteiligungen der Muttergesellschaft übernahm; die TEA Basel wurde 1994 in TEA Switzerland umgetauft. Markus Seiler genoss bei allen Mitarbeitenden hohes Ansehen. Er war der beste Chef, den ich in all meinen Jahren erleben durfte. Ruhig, besonnen, zuversichtlich. Er kannte alle mit Namen. Er vertraute uns, und wir vertrauten ihm. Klar, musste er uns nicht motivieren, wir waren alle Feuer und Flamme für die TEA. Und er dankte uns das mit kleinen Gesten. Zum Beispiel drückte er allen Kapitänen für die Crews, die über Weihnachten fern der Heimat weilten, zweihundert Dollar in die Hand – das ist viel in einem Land wie Indien.

Nach dem Fall des Eisernen Vorhangs und der Berliner Mauer eroberte sich die TEA ein neues Geschäftsfeld. Die Vietnam Airlines betrieb Flugzeuge des Typs Tupolew Tu-134, wollte diese alten, unwirtschaftlichen Maschinen jedoch durch moderne Boeing-Flugzeuge ersetzen. Was wegen eines US-Handelsembargos allerdings nicht möglich war. Ende 1991 gelang es Markus Seiler jedoch, einen Vertrag mit Vietnam Airlines abzuschliessen. Fortan standen zwei Boeing-737-Maschinen in deren Dienst. Aussen erhielten sie die Farben der vietnamesischen Airline, innen wurde eine Business-Class eingebaut. Nur das Schweizer Wappen am Rumpfende deutete noch auf das Herkunftsland hin. Vier Flight-Attendants waren Einheimische, die TEA stellte die Cockpitbesatzung, den Kabinenchef (heute heisst das Senior Flight-Attendant) und die Mechaniker. Unsere weiblichen Kabinenchefs trugen die vietnamesische Uniform, den Ao Dai, und sahen fantastisch aus!

Wieder konnten sich Piloten und diesmal auch das Kabinenpersonal freiwillig für diesen Einsatz melden. Und so wurde für einige Wochen das Hotel Rama Gardens in Bangkok unsere Homebase, wo wir allerdings nur an unseren freien Tagen logierten. Ein paar Piloten richteten sich für längere Zeit in Ho-Chi-Minh-Stadt ein, dem ehemaligen Saigon. Wir arbeiteten jeweils acht Tage am Stück und hatten danach in der Regel acht Tage frei, was uns erlaubte, Land und Leute kennen zu lernen. Am ersten Tag unseres Einsatzes nahmen wir das Flugzeug in Bangkok in Empfang und flogen nach Ho-Chi-Minh-Stadt, der eigentlichen Basis der Vietnam Airlines. Von dort aus flogen wir in- und ausländische Flughäfen an, Hanoi, Kuala Lumpur, Singapur... Als ich das erste Mal in Hanoi landete, verlangte mich der Flugverkehrsleiter zu sehen. Ich ging etwas verunsichert zu ihm auf den Tower. Hatte ich etwas falsch gemacht? Doch er wollte mich nur herzlich begrüssen, denn er hatte noch nie eine Pilotin gesehen.

Der bürokratische Aufwand, um nach Vietnam einreisen zu können, war damals enorm. Wir mussten jedes Mal Berge von Papier ausfüllen. Selbst wenn man in der Freizeit Ho-Chi-Minh-Stadt verlassen wollte, um zum Beispiel das beeindruckende Tunnelsystem von Cu Chi zu besichtigen, in dem sich während des Vietnamkriegs die Partisanen bewegt hatten, brauchte dies eine Bewilligung der Polizei. Abends trafen wir uns gern in Ho-Chi-Minh-Stadt zu einem Drink auf der Terrasse des altehrwürdigen Hotel Rex, in dem die US-Armee einst ihre Pressekonferenzen abhielt. Da gefiel es mir eindeutig besser als im Kriegsmuseum, die grauenhaften Fotos dort liessen mich lange nicht los.

Unser Crewhotel, in dem wir während der Arbeitstage vor Ort untergebracht waren, lag etwas ausserhalb des Zentrums von Ho-Chi-Minh-Stadt. Da es keine Busse oder Autotaxis gab, mieteten wir einen Ciclo-Driver, eines der vielen Dreirad-Velo-Taxis. Überhaupt fuhren damals fast alle Vietnamesinnen und Vietnamesen mit dem Fahrrad – es gab Millionen von Velos. Die Fahrradtaxis warteten vor unserem Hotel. Mit den Fahrern konnten wir Französisch reden, da Vietnam einmal zum französischen Kolonialreich gehört hatte. Die »Chauffeure« waren alles ältere Männer, die nach dem Vietnamkrieg 1975 in Umerziehungslager gesteckt worden waren, weil sie aufseiten der US-Amerikaner gekämpft hatten. Sie gehörten zu der ärmsten

Bevölkerungsschicht. Einige übernachteten im Ciclo vor unserem Hotel. Wollte man sie nach einer Fahrt in die Innenstadt bezahlen und wegschicken, weigerten sie sich. Sie warteten den ganzen Tag auf uns, wenn es sein musste, bis in die Nacht hinein, und verlangten dafür gerade nur zwei Dollar. Wir bezahlten selbstverständlich immer mehr und brachten ihnen auch Geschenke aus der Schweiz mit.

Die Verständigung mit den Einheimischen war nicht immer einfach. Was einmal zu einer Situation führte, über die wir später noch oft gelacht haben. Unsere Kabinenchefin Anne-Käthi hatte uns damals wunderbare, mir noch unbekannte Früchte ins Cockpit gebracht: Pomelos. Die waren so schmackhaft und zuckersüss, dass Anne-Käthi und ich am selben Abend gleich noch mal welche essen wollten. Wir fragten unsere einheimischen Flight-Attendants, wie das Wort Pomelo auf Vietnamesisch heisst. »Buoi«, antworteten sie. Wir wiederholten das recht einfache Wort, und sie korrigierten uns ein paarmal lachend. Und dann bestellten wir abends im Restaurant stolz »buoi«. Aber niemand verstand uns, weder der Kellner noch der Koch noch die anderen vietnamesischen Gäste. Obwohl der Begriff stimmte und wir es wirklich in allen nur irgendwie vietnamesisch klingenden Tonlagen versuchten. So gab es zum Dessert eben kein »buoi«.

Mich erstaunte, dass in einer kommunistischen Stadt – das Land nennt sich noch heute Sozialistische Republik Vietnam – Drogen ein Thema sein würden. Nachts auf der Heimfahrt zeigte sich das Elend. So schlimm wie am Zürcher Platzspitz sah es aber nicht aus, da die Drogensüchtigen regelmässig weggeschafft wurden. Wohin, weiss ich nicht. Die Frauen, die jeden Morgen die von Müll übersäten Strassen säuberten – ärmlich gekleidet und meist barfuss –, kehrten den ganzen Schmutz zusammen.

Allerdings habe ich auch noch nie einen so verschmutzten Fluss gesehen wie den Saigon, der durch Ho-Chi-Minh-Stadt fliesst. Einmal buchten wir eine Schifffahrt. An einigen Stellen war der Fluss undurchdringlich schwarz. Kinder tauchten in der Brühe. Wenn sie wieder hochkamen, waren sie mit einem dicken Schmutzfilm überzogen. Die trüben Khlongs von Bangkok waren direkt sauber dagegen. Einmal beobachteten wir etwas, das wir nicht verstanden. An einem steilen Ufer stiegen immer wieder Leute die Treppe hinunter und setzten sich nebeneinander auf ein langes Holzbrett. Es sah lustig aus, wie sie mit ihren typisch asiatischen Kegelhüten dasassen und miteinander plauderten. Es dauerte eine Weile, bis wir kapierten: Es war eine öffentliche Latrine. Nun war auch klar, warum einige unserer Flugpassagiere die Toilette nicht korrekt benutzten: Sie hatten noch gar nie eine derartige Anlage gesehen. Immer wieder erzählten unsere Flight-Attendants, dass die Klodeckel verschmutzt waren, weil sie vor der Verrichtung nicht hochgeklappt wurden, oder dass Männer durch die geöffnete Tür einfach auf den Boden pinkelten.

PAUSENSERVICE

Und dann war ich endlich wieder Captain. Anfang 1993 hatte ich das Upgrading auf der Boeing 737-300 bestanden. Ich war überglücklich. Zweieinhalb Jahre hatte ich als Copilot fungiert, etwas länger als geplant. In dieser Zeit hatte ich allerdings auch sehr viel gelernt, fliegerisch wie menschlich. Ich fühlte mich für die anstehenden Aufgaben gut vorbereitet und nahm mir vor, für meine Passagiere stets das Beste zu geben und meiner Crew ein gutes Vorbild zu sein. Ich hatte nämlich miterlebt, wie leicht ein Team auseinanderbrechen konnte und wie mühsam es war, wenn sich einzelne Crewmitglieder mehr Rechte herausnahmen als ihre Kolleginnen und Kollegen. Kapitäne ohne Sozialkompetenz sind eine absolute Fehlbesetzung, mögen sie noch so gute Piloten sein. Sind sie zudem noch schlechte Piloten, wie Mr. Miser, werden sie in der Luftfahrt sogar zur Gefahr.

Der Einfluss des Captains auf die Stimmung, die Arbeitseinstellung und den Zusammenhalt in einer Crew ist gross. Das wusste ich inzwischen. Er oder sie ist verantwortlich für ein reibungsloses Funktionieren, auch wenn nicht alle im Team gut miteinander auskommen. Jedes Mitglied muss sich vollwertig fühlen. Dazu braucht es eine offene und ehrliche Kommunikation. Und der Chef, die Chefin darf sich ruhig etwas zurücknehmen. Wenn ich Zeit hatte, half ich den Flight-Attendants beim Turnaround am Boden, die Kopfschütze an den Sitzen zu wechseln, die Sitztaschen wieder in Ordnung zu bringen und zu kontrollieren, ob die Schwimmwesten noch vorhanden waren. Ich sammelte mit ihnen Abfall ein, wenn die Reinigungsequipe nicht rechtzeitig auftauchte, und servierte der Kabinencrew, die sonst immer mich bediente, in der Pause auch mal einen Kaffee.

Im darauffolgenden Winter meldete ich mich erneut für einen Vietnameinsatz. Diesmal erhielt ich die Einweisung auf den Kai-Tak-Flughafen in Hongkong, der damals noch in Betrieb war. Der Anflug war absolut spektakulär. Er führte über den Checkerboard Hill mit seiner rot-weissen Schachbrettmuster-Bemalung in einer scharfen Rechtskurve auf die Piste 13. Dabei flog man über dichtest bebautes Gebiet. Wir konnten den Menschen vom Cockpit aus fast in den Kochtopf schauen, und zwar auf beiden Seiten, da wir die Maschine mitten durch die Schlucht der hohen Wohnhäuser Richtung Piste steuerten. Ich freute mich sehr, diesen Flughafen anfliegen zu dürfen, denn dafür brauchte auch ein Captain eine besondere Berechtigung. Die Zahl hinter der Piste gibt übrigens, setzt man eine Null dazu, deren ungefähre Ausrichtung auf der Kompassrose an, und zwar weltweit. Piste 13 bedeutet also ungefähr 130 Grad.

In Bangkok, meiner erneuten Homebase, fühlte ich mich gleich wieder wohl. Auch ohne Begleitung war man zu jeder Tages- und Nachtzeit sicher in dieser Stadt. In der Thai Box Bar im Patpong-Quartier trafen wir oft Piloten wie auch Flight-Attendants anderer Airlines zum Bier. Wir freundeten uns mit dem Servicepersonal an, darunter gab es auch etliche sogenannte Ladyboys, Männer, die sich hatten umoperieren lassen und uns nun stolz ihre Silikonbrüste präsentierten. Mit tiefer Stimme erzählten sie uns von naiven Freiern und gewalttätigen Männern, wechselten aber sofort in eine höhere Stimmlage, wenn ein Gast dazukam. Wir amüsierten uns glänzend, wenn wir Touristen sahen, welche diese Thais mit den schmalen Hüften für Frauen hielten.

Während der Arbeitstage waren wir abermals in Ho-Chi-Minh-Stadt stationiert. Hatte meine Crew Frühdienst, wurden wir um vier Uhr mit dem Bus vom Hotel abgeholt. Einmal stieg ich allein ein, da der Copilot und die Flight-Attendant nicht im Hotel übernachtet hatten. Wir fuhren eine Weile, als der Fahrer plötzlich anhielt und aufgeregt immer wieder »Filos! Filos!« rief. Er konnte weder Französisch noch Englisch. Und ich kein Vietnamesisch. Weil ich Angst hatte, zu spät zum Check-in zu kommen, bedeutete ich ihm, doch bitte weiterzufahren. Zwecklos. Er war offensichtlich zutiefst besorgt wegen der »filos«. Und dann dämmerte es mir allmählich: War es möglich, dass er eine verquere Art Französisch sprach und »pilotes« meinte? Auf mich deutend, fragte ich: »Filo?«, und er nickte erleichtert. Nun zeigte ich Richtung Flughafen und bedeutete ihm, meine Kollegen seien schon am »aéroport«. Da strahlte er über beide Backen und fuhr weiter. Mit zehn Minuten Verspätung kamen wir an.

Hatte ich mehrere Tage frei, erkundete ich das Land – allein oder, als er mich einmal besuchen kam, mit meinem damaligen Partner Andrea. Ihn hatte ich auf einem TEA-Fest kennen gelernt. Er arbeitete für die Abfertigungsfirma Jet Aviation, wechselte später aber zu einer Versicherungsfirma. Mit ihm war das Reisen spannend, oft prickelnd, aber auch angsteinflössend. Meist wussten wir morgens nicht, wo wir abends ankommen würden. Er brauste mit mir als Sozia auf dem Motorrad ziemlich wild durch die Gegend, aber mein Vertrauen in ihn war unerschütterlich. Sogar dann noch, als wir einmal mit einem gemieteten Peugeot über einen der höchsten Pässe der Welt wollten, den Paso de Agua Negra in Argentinien. Bei einer Anhöhe kamen wir nicht weiter, weil das für dieses Gelände völlig ungeeignete Auto schlappmachte. Andreas Lösung? Alles Gepäck raus, die Anhöhe meistern, das Gepäck wieder rein und weiterfahren. Der Ausflug endete dann aber doch abrupt an einer kurz zuvor weggeschwemmten Strasse, sodass uns nur der Rückzug blieb – ein Manöver, das es in Andreas Welt eigentlich gar nicht gab. Er kannte weder Furcht noch Hindernisse, Regeln interessierten ihn nicht. Sein absoluter Optimismus faszinierte mich. Er begeisterte mich für klassische Musik und nahm mich mit auf die Jagd. Er brachte mich dazu, selbst Motorrad zu fahren – was ich nach einem Sturz kopfüber in ein Rosenbeet allerdings schnell wieder aufgab.

Bei meinen diversen Vietnameinsätzen sah ich übrigens, wie rasant sich das sympathische Land in nur wenigen Jahren zur Konsumgesellschaft wandelte. Die Velos wurden bald von Mofas und Autos verdrängt, und auf den Strassen stapelte sich immer mehr Plastikmüll. Als ich Vietnam später noch einmal besuchte – diesmal für Belair –, erkannte ich es kaum wieder.

LUFTLÖCHER GIBT ES NICHT

Im Charter-Programm der TEA kamen derweil weitere exotische Destinationen dazu: Beirut, die Malediven, Mombasa. Unsere Flotte bestand nun aus sechs in Zürich stationierten Flugzeugen und den beiden Maschinen in Vietnam. Inzwischen gab es auch vier oder fünf Copilotinnen bei der TEA. Die Gespräche mit ihnen verliefen ganz anders als mit den Männern. Ich hatte auch den Eindruck, dass sie etwas vorsichtiger flogen und bei der Planung umsichtiger waren, beispielsweise lieber etwas mehr Kraftstoff einberechneten und den Anflug konservativer gestalteten. Dass Frauen sich im Allgemeinen auch weniger zutrauten, bestätigte sich später bei den Einstellungsgesprächen, die ich für die Safety- und Quality-Abteilung bei der Belair führte, um Bodenpersonal zu rekrutieren. Die weiblichen Bewerberinnen besassen nicht diese »Alles kein Problem für mich«-Attitüde und forderten obendrein durchwegs weniger Lohn als die Männer. Wobei ich selbst, nebenbei bemerkt, als Pilotin nie weniger verdient habe als meine männlichen Kollegen, denn für die Fliegenden gibt es bei den Airlines geschlechterunabhängige Salärlisten. Beim Bodenpersonal war die ungerechte Verteilung gang und gäbe, was ich mehr als ärgerlich fand.

Als Captain empfand ich den Austausch mit den Passagieren immer als schön. Deshalb liess ich gern die Cockpittür offen – seit den Terroranschlägen im September 2001 muss sie leider immer verschlossen sein. Befand sich unter den Passagieren ein Kollege, eine Bekannte, eine Freundin, ein Verwandter oder gar ein ehemaliger Flugschüler, lud ich sie, wann immer möglich, ein, während des Starts oder der Landung auf dem Jumpseat Platz zu nehmen, dem Klappsitz hinter den Piloten. Zuvor mussten sie sich – das ist Vorschrift – die elementaren Sicherheitsregeln erklären lassen: die Handhabung der Sauerstoffmaske, der Schwimmweste und des Jumpseats selbst, der im Notfall den Ausgang nicht blockieren darf, wann sie reden durften und wann sie schweigen mussten. Speziell bei Landungen in der Nacht, wenn sie die imposante Pistenbeleuchtung sahen, waren alle hellauf begeistert. Oder verblüfft, wenn bei Nebel erst kurz vor der Landung ein paar Lichter auftauchten.

Ein ehemaliger Mitschüler aus der Primarschule, den wir Mädels angehimmelt hatten, gestand mir, als ich ihn ins Cockpit holte, dass er unheimlich Angst vor dem Fliegen habe und normalerweise darauf verzichte. Das hatte ich nicht erwartet. Ich schätzte aber seine Ehrlichkeit und konnte ihm dann etwas von seiner Angst nehmen, indem ich ihm ein bisschen was über das Fliegen erzählte. Die meisten wissen nämlich gar nicht, warum sich ein Flugzeug überhaupt in der Luft hält. Selbst wenn ein oder beide Triebwerke ausfallen, würde es weiterfliegen. Das illustrierte ich ihm mit einem Blatt Papier: Wenn ich das Blatt über die Zeigefinger lege und an einem Ende mit den Daumen festhalte, hängt es am anderen Ende hinab. Blase ich dann kräftig über das Blatt, biegt das Blattende sich nicht noch weiter nach unten, sondern steigt auf. Etwa so verhält sich ein Flugzeugflügel. Solange genügend Luft darüberstreicht, fliegt ein Flugzeug auch ohne Motoren.

Wo wir gerade dabei sind: Luftlöcher gibt es nicht. In der Atmosphäre ist überall Luft. Was es gibt, sind Turbulenzen. Diese entstehen, wenn unterschiedliche Luftmassen zusammentreffen oder bei warmen Luftablösungen in Bodennähe, speziell bei Gewitterzellen, bei Föhnwellen und in grossen Höhen, in der Nähe des Jetstreams. Sogenannte Clear-Air-Turbulences können ausserhalb von Wolken auftreten. Einmal warnte uns über dem Nordatlantik ein US-amerikanischer Pilot über Funk vor solchen Turbulenzen: »Position 60 North 30 West we got hammered!« Frei übersetzt: »Bei Position 60 Nord 30 West war es wie im Schüttelbecher!« Und tatsächlich schüttelte es uns, je näher wir der Position kamen, derart durch, dass der Autopilot und der automatische Gashebel zu langsam reagierten und wir von Hand fliegen mussten. Ein über Stunden extrem turbulenter Nachtflug. In der Rangliste meiner erinnerungswürdigsten Flüge steht er ganz weit oben!

Auch Wake-Turbulences, sogenannte Wirbelschleppen, sind sehr unangenehm. Diese gefährlichen Randwirbel bilden sich an den Flügelenden eines Flugzeugs und sinken dann langsam ab. Wird ein anderes Flugzeug von einer solchen Wirbelschleppe getroffen, führt das zu heftigsten Turbulenzen; sind die Fluggäste dann nicht angeschnallt, kann es zu schweren Verletzungen kommen. Die Wahrscheinlichkeit, in solche Wake-Turbulences zu geraten, ist heute grösser als früher, da der Verkehr viel dichter geworden ist und die Luftstrassen mit GPS genauer beflogen werden. Im Endanflug wird die Gefahr, in die Wirbelschleppe eines voranfliegenden Flugzeugs zu geraten, dadurch verhindert, dass die einzelnen Flugzeuge separiert werden. Sie können solche Wirbelschleppen am Flughafen Zürich am eigenen Körper erfahren: Gehen Sie einmal in der rückwärtigen Verlängerung der aktiven Landepiste 14 spazieren. Ein oder zwei Minuten nach dem Überflug eines landenden Flugzeugs sind die Wirbel am Boden angekommen, und Sie hören und spüren einen starken Luftzug. Das ist fast unheimlich.

EIN KUGELSCHREIBER FÜR
EINE ENTEISUNG

Es war an einem Herbsttag, und der Westwind schüttelte uns nach dem Start ziemlich heftig durch. Als wir in ruhigeren Gefilden flogen, besuchte uns ein Kollege im Cockpit, der sich auf dem Weg in den Urlaub befand, und erzählte uns, was er vorhin belauscht hatte. »Du, Papi«, hatte die kleine Tochter seines Sitznachbarn gefragt, »warum schüttelt das Flugzeug so?« Der Papi antwortete völlig ernst: »Weil eine Frau fliegt!« Ich war stocksauer, als ich das hörte. Seit über zehn Jahren sassen nun Frauen im Cockpit, und noch immer diese dummen Macho-Sprüche! Umgehend zitierte ich den Passagier zu mir. Er erschien, etwas verunsichert, mit der ganzen Familie. Am liebsten hätte ich ihm alle Schande gesagt, fragte aber nur: »Warum erzählen Sie Ihrer Tochter etwas derart Frauenverachtendes?« Er holte zu einer Antwort aus, doch seine Frau war schneller: »Endlich gibt dir mal jemand Bescheid! Ich hab so was die Nase voll von deinen dummen Sprüchen!«, schimpfte sie. Und drosch weiter verbal auf ihren Mann ein, bis er geknickt wieder auf seinem Platz sass. Herrlich!

Es gab allerdings auch Ereignisse, da verstand ich, wenn jemand den Kopf über mich schüttelte. Nach einer Landung in Heraklion hatten wir gleich unseren nächsten Slot, das Zeitfenster für den erneuten Start, bekommen. Wir mussten das Flugzeug also so schnell wie möglich für den Rückflug klarmachen. Gepäck musste aus- und eingeladen, die Kabine gereinigt und kontrolliert und das Flugzeug betankt werden. Die neuen Passagiere warteten bereits. Schnell, schnell, wollte ich dem Tankwagenchauffeur noch den Lieferschein quittieren, rannte aus der Kabine, stolperte und stürzte Kopf voran die Treppe hinunter. Bäuchlings lag ich vor den Passagieren am Boden. Es war so peinlich und tat erst noch höllisch weh! An spöttischen Kommentaren mangelte es nicht.

Ein andermal litt nur meine Schönheit. Es war ein kalter Wintertag. Es schneite, und unser Flugzeug musste vor dem Start enteist werden. Auf jeder Seite des Flugzeugs wartete ein Enteisungswagen auf seinen Einsatz. Der letzte Passagier stieg ein, die Türen wurden geschlossen, das Enteisen konnte beginnen. Bei der Boeing 737 gab es vorn jedoch eine separate Treppe, die in den Rumpf eingefahren werden musste; leider klemmte sie. Ich liess das Enteisen unterbrechen und die Treppe nochmals ganz ausfahren. Als wir realisierten, dass Schnee das Einziehen verhindert hatte, begann ich, die Tritte zu säubern. Plötzlich traf mich ein grosser Strahl Enteisungsmittel von der gegenüberliegenden Seite des Flugzeugs. Meine Haare klebten am Kopf, meine Uniform war klatschnass. Eine der beiden Enteisungscrews hatte entgegen meiner Anweisung weitergearbeitet.

Diese Enteisungsmittel bestehen neben Wasser und Glykol aus weiteren Zusatzstoffen und Verdickern, damit das Mittel besser am Flugzeug haftet – eigentlich hätte ich nach Hause gehen und einen Reservepiloten für mich verlangen müssen. Das hätte allerdings mindestens eine Stunde Verspätung für den Flug bedeutet. Also fegte ich triefend nass den letzten Schnee von der Treppe, lächelte die Passagiere mit einem Schulterzucken an und verschwand im Cockpit. Wo mein Copilot, der von dem »Manöver« nichts mitbekommen hatte, zuerst Augen gross wie Wagenräder machte und es sich danach nicht verkneifen konnte, mir zu meiner neuen Frisur zu gratulieren. Bei meiner Rückkehr am Abend entschuldigte sich der Enteisungsverantwortliche für das Malheur und schenkte mir einen goldenen Kugelschreiber. Er hatte in Erfahrung gebracht, dass wir am Abend wieder nach Zürich zurückfliegen würden, und extra auf mich gewartet, obwohl seine Schicht schon lange vorbei war. Das freute mich so, dass ich den Stift bis zum Ende meiner Flugkarriere im Cockpit benützte.

Apropos Reservepilot. Für jeden Flug wird eine Reservecrew eingeplant, da immer Unvorhergesehenes passieren kann, sei es eine Erkrankung oder ein Unfall. Je nach Fluggesellschaft gibt es dafür einen Standby-Dienst vor Ort oder einen Früh- oder Spät-Reserve-Bereitschaftsdienst, der in der Regel bei Anforderung innerhalb einer Stunde am Flughafen sein muss. Um nicht zu Hause vor dem Telefon herumsitzen zu müssen, wenn ich Reservedienst hatte, leistete ich mir ein sündhaft teures Natel C, das nur knapp in meine Handtasche passte – damals wurde man in der Öffentlichkeit noch richtig angestarrt, wenn es plötzlich klingelte. Wer Reservedienst für Langstreckenflüge schiebt, sollte den Koffer zumindest schon einmal halb vorpacken, sonst können in der Eile elementare Teile vergessen gehen. Mir passierte es einmal, dass ich auf den Malediven nur Oberteile dabeihatte, keine einzige Hose, keinen einzigen Rock! Zum Glück gab es immer eine gute Seele unter den Flight-Attendants, die mir mit dem einen oder anderen Kleidungsstück aushelfen konnte.

Die Sache mit dem Reservepersonal klappte zwar meistens, aber leider nicht immer. Bei mir zum Beispiel wurde eines Tages im Hausgang meines Wohnblocks per Aushang eine Stromunterbrechung angekündigt. Am dafür vorgesehenen Morgen fiel aber gar kein Strom aus, und so vergass ich es wieder. Bis am darauffolgenden Tag – ich hatte Frühdienst – der elektrische Wecker nicht klingelte. Erst der Anruf des Dienstleiters riss mich aus dem Schlaf: Wo ich denn bliebe, ich hätte nur noch eine halbe Stunde! Ich hatte mich verlesen, nicht Samstag, sondern Sonntag hatte auf dem Aushang gestanden. Ich bat den Dienstleiter, für mich eine Reserve aufzubieten, da ich das zeitlich nicht schaffen würde. Leider waren aber bereits alle Reservepiloten im Einsatz, es half also nichts. Ich duschte in Windeseile, zog mich an und raste mit handtuchtrockenen Haaren – der Föhn funktionierte aufgrund des Stromausfalls ja auch nicht – zum Auto. Logischerweise liess sich das elektrische Garagentor ebenfalls nicht öffnen. Also zurück ins Haus, ein Taxi bestellen und warten. Auf dem vierstündigen Flug hatte ich dann genügend Zeit, mich bei den Passagieren und der Crew für die eineinhalbstündige Verspätung zu entschuldigen.

SCHNORCHELN, FISCHEN, VOLLEYBALL

Unsere Highlights in den Wintermonaten waren die Langstrecken. Wir flogen mit der Boeing 737 ins indische Goa, nach Mombasa in Kenia, auf die Malediven. Und überall hatten wir eine volle Woche frei. Es war paradiesisch. In Goa verbrachten wir die Woche in einem Fünfsternehotel direkt am Strand. Als Captain durfte ich die Suite geniessen. Da diese mit einem rosaroten Hochflor-Spannteppich ausgestattet war, fragte ich den Hotelmanager, einen Schweizer, ob denn das nicht unhygienisch sei. Er erklärte mir, dass die reichen indischen Gäste kein Parkett akzeptierten, weil sie barfuss laufen wollten, weshalb alle paar Monate der Teppich ausgewechselt werde. Das fand ich kurios. Aber wir verbrachten ohnehin wenig Zeit im Hotelzimmer. Es gab so viel zu entdecken.

Neben dem berühmten Anjuna-Hippiemarkt lockten der Nachtmarkt und andere lokale Sehenswürdigkeiten. Wir besichtigten die einst von Portugiesen errichteten Kirchen und die Dudhsagar-Wasserfälle, unternahmen Ausflüge in die weitere Umgebung. Genossen die langen, damals noch fast menschenleeren Sandstrände Goas, assen in den einfachen Strandrestaurants die schmackhaften lokalen Speisen. Und dann gab es noch die berüchtigten Goa-Partys, wo viel Alkohol floss und auch Drogen im Spiel waren. Dort wurde so ausgiebig gefeiert, dass ich recht bald von meinen Crewmitgliedern verlangte, sich bereits vierundzwanzig Stunden vor dem Abflug bei mir im Hotel zu melden, und zwar nüchtern. Das war einige Stunden früher als von der Fluggesellschaft vorgeschrieben, so konnte ich aber sicher sein, dass alle fit für den Heimflug waren.

Die kenianische Hafenstadt Mombasa flogen wir via Assuan in Ägypten an. In weniger entwickelten Ländern – wie übrigens auch über dem Süd- und Nordatlantik – funktionierte die Kommunikation mit dem gewohnten Sprechfunk (VHF) nicht mehr. Die Distanzen zwischen den einzelnen Stationen waren zu gross. Die Piloten mussten dann auf Kurzwelle (HF) umstellen, die über eine sehr grosse Reichweite empfangen werden kann. Das war jedoch mühsam. Alle möglichen Störgeräusche quietschten einem ins Ohr. Versuchten wir es auf einer anderen Frequenz, hörten wir zwar eine Bodenstation, aber oft nicht die gewünschte – zum Beispiel statt Karthum im Sudan das indische Mumbai. Über Afrika flogen alle Flugzeuge sicherheitshalber zwei Meilen rechts von der vorgesehenen Luftstrasse, und die Piloten der verschiedenen Flugzeuge meldeten sich gegenseitig auf einer eigens dafür benutzten VHF-Frequenz ihre Position und Flughöhe. So konnte sich jeder Pilot selber einen Überblick über den Flugverkehr im für ihn relevanten Luftraum verschaffen.

Ich war sehr gern in Mombasa. Am Indischen Ozean herrscht ein starker Gezeitenunterschied. Bei Ebbe konnte man stundenlang am Strand herumlaufen und in den vielen Wasserlöchern Fische, Seesterne oder Seegurken entdecken. Oder am Strand mit den Einheimischen Beachvolleyball spielen. Wir gingen auf Safari oder tauchten und liessen uns von den Kollegen der African Safari Airways die besten Restaurants zeigen. Mombasa war seit dem 1988 ausgebrochenen Somalia-Krieg ein US-Militärstützpunkt und unser Hotel deshalb voll mit US-Marines. Wie sagt man so schön? Da ging die Post ab. Mit ihnen spielten wir im hoteleigenen Casino Blackjack, machten die Discos und die Bar von Big Mama, einer sehr dicken älteren Dame, unsicher. Flight-Attendants verliebten sich in US-Soldaten und umgekehrt; mindestens eine Ehe ist daraus entstanden. An dieser Stelle sei auch verraten, dass die legendäre Anziehungskraft zwischen weiblichen Flight-Attendants und männlichen Piloten tatsächlich gross ist. Mehr möchte ich dazu nicht sagen.

Flüge in ferne Destinationen, mögen sie noch so faszinierend sein, verträgt nicht jedes Crewmitglied gleich gut. Die unregelmässigen Arbeitszeiten, Nachtflüge, Jetlags und ungewohntes Essen können körperlich belastend sein. Ich selbst schlafe schlecht und hatte deshalb immer Mühe mit Jetlag und Nachteinsätzen. Deshalb befolgte ich die Grundregeln, die es dafür gibt, stets penibel: Nach einem Nachtflug quälte ich mich morgens schon nach nur drei Stunden wieder aus dem Bett, um schnell in den neuen Rhythmus zu finden. Tageslicht und Sport – vor allem schwimmen, laufen, Volleyball spielen – halfen mir dann, die Müdigkeit zu überwinden. Aber es war oft schwierig (und je älter ich wurde, umso schwieriger). Am ersten Tag in einem fremden Land ass ich zudem wenig, was angesichts verlockender Hotelbuffets auch nicht immer einfach war. Um ungewohnten Bakterien keine Angriffsfläche zu bieten, vermied ich generell Eiswürfel, Salat, Früchte, die man nicht schälen konnte, Fleisch und Fisch, die nicht gut durchgebraten waren. Und zum Abschluss eines Abendessens gabs stets einen grossen Schluck Schnaps. Ich wurde kein einziges Mal krank.

Meine Kleider liess ich meistens im Koffer, da waren sie vor Ungeziefer sicher. Benutzte ich dennoch den Kleiderschrank, sprühte ich ihn zuerst mit Insektenvernichter aus. Ich hatte einmal Wanzen in der Uniform, das reichte. Unzählige Stiche an meinen Beinen entwickelten sich während des Heimflugs zu grossen juckenden Pusteln. Auch gegen Malaria musste man sich gut schützen: sich einsprühen und die Haut bedecken, vor allem abends. Eine Medikamentenprophylaxe war keine Lösung, weil wir so oft in Afrika waren, dass wir die Tabletten ständig hätten einnehmen müssen. Eine Schockwelle ging durch unsere kleine Firma, als Mitte der Neunzigerjahre eine junge Flight-Attendant an Malaria starb. Wir waren sehr traurig. Ein TEA-Flugzeug trug fortan den Namen Spirit of Sabine.

Auf den Malediven war das Crewleben tagsüber recht gemütlich. Tauchen, schnorcheln, fischen, Volleyball und Badminton spielen oder zuschauen, wie sich neu angekommene weisshäutige Touristen innert Stunden in rote Krebse verwandelten. Abends feierten wir meist am Strand, und zwar mit über die Grenze geschmuggeltem Alkohol. Dessen Einfuhr war auf den Malediven verboten. Am Zoll wurden die Koffer gescannt und alle Alkoholflaschen konfisziert (bei der Ausreise bekam man sie wieder). Im Hotel gab es zwar Alkohol, aber zu sehr hohen Preisen. Einige von uns brachten deshalb von zu Hause Wein im Tetrapak mit, was beim Durchleuchten nicht auffiel. Oder sie erstanden im Duty-free-Shop Gin oder Wodka, den sie in leere PET-Flaschen umfüllten. Auch das kam damals problemlos durch die Kontrollen, heute würde ich das niemandem mehr raten. Manchmal hörten wir abends den asiatischen Gästen in den Bars beim Karaoke zu; wir selbst getrauten uns erst nach vielen Drinks auf die Bühne. Nie wieder, schwor ich mir damals, würde ich Long Island Iced Tea trinken; dieser harmlos klingende Cocktail war absolutes Teufelszeug. Mich erwischte es nur einmal, fortan trank ich Bier.

SIND NICHT ALLE MENSCHEN GLEICH?

Neu stand damals auch Recife in Brasilien auf dem Programm. Früher flogen Airlines mit drei- oder viermotorigen Flugzeugen über den Atlantik: Sollte ein Triebwerk ausfallen, konnte man damit immer noch gut einen Ausweichflughafen ansteuern oder sogar den Zielflughafen erreichen. Für die nur mit zwei Motoren ausgerüsteten Flugzeuge wurden neue Sicherheitsregeln aufgestellt: ETOPS, die sogenannten Extended-range Twinengine Operation Performance Standards. Die TEA rüstete eine Boeing mit einem Zusatztank aus, und neben vielem anderem brauchte es eine zusätzliche Notausrüstung für ein allfälliges Ditching, eine Notwasserung. Auch die Besatzungen mussten entsprechend ausgebildet werden; die TEA war vorbildlich, organisierte jedes Jahr einen Auffrischungskurs und erhielt eine ETOPS-2-Zertifizierung. Das heisst, die Flightplanning-Abteilung musste so planen, dass wir an jedem Ort auf der Route – zum Beispiel bei einem Triebwerksausfall oder bei einem Druckabfall oder beidem – innerhalb von zwei Stunden einen Ausweichflughafen erreichten (anstelle der sonst üblichen einen Stunde).

Wer Flight-Attendant werden wollte, wurde übrigens nur zugelassen, wenn er oder sie schwimmen konnte. Einmal passierte während der Ausbildung jedoch Erstaunliches: Als im Schwimmbad der korrekte Umgang mit Schwimmwesten und den Rettungsbooten trainiert werden sollte, fragte die Trainerin nochmals nach, ob auch wirklich alle schwimmen könnten. Dann schickte sie die Gruppe für eine Aufwärmrunde ins Wasser. Alle sprangen hinein, doch ein junger Mann sank innerhalb kürzester Zeit ab. Glücklicherweise waren genug Leute da, die ihn retten konnten. Er wollte unbedingt Flight-Attendant werden und hatte verheimlicht, dass er nicht schwimmen konnte.

Als wir alle für ETOPS ausgebildet waren, ging es los. Wir flogen viereinhalb Stunden nach Teneriffa, wo wir auftankten, und dann weitere viereinhalb Stunden Richtung Recife. Oft standen nachts riesige Gewitterzellen über dem Südatlantik, die uns den direkten Weg versperrten. Den langen Flug über Wasser empfand ich als echte Herausforderung. Im Morgengrauen landeten wir. Dann hatten wir eine Woche Pause in Recife und konnten Land und Leute etwas näher kennen lernen.

Die langen Flugzeiten waren für viele ungewohnt. Einige Passagiere versuchten deswegen, den Flug mit Alkohol oder Schlafmitteln angenehmer zu gestalten. Das ist allerdings nicht empfehlenswert. In belämmertem Zustand würden sie es kaum schaffen, das Flugzeug rechtzeitig zu verlassen, wenn es zu einer Notlandung kommen sollte. Nicht selten verweigerte die Crew ihnen deshalb weitere alkoholische Getränke an Bord. Waren die Fluggäste schon vorher im Terminal sturzbetrunken, mussten wir ihren Transport ablehnen und sie am Flughafen zurücklassen.

Bei unseren langen Aufenthalten an den jeweiligen Orten entwickelten sich oft interessante Gespräche in der Crew. Viele weibliche Flight-Attendants erzählten, dass sie gern einmal Kinder hätten. Ich sagte ihnen, dass gerade deshalb eine gute Ausbildung wichtig sei. Oft diskutierten wir auch über den Namen bei der Heirat. Als ich das erste Mal heiratete, hatte ich meinen leider abgeben müssen. Inzwischen konnte in der Schweiz eine Frau aber ihren Nachnamen beibehalten. Das fand ich richtig und wichtig, denn unsere Mütter und Grossmütter hatten für unsere Rechte gekämpft, wir durften das nicht einfach wieder aufgeben.

Schon als ich klein war, hatte ich mitbekommen, welche Ungerechtigkeiten Frauen ertragen mussten. Mein Vater hatte am Mittagstisch immer wieder von Fahrschülerinnen erzählt, die, obwohl sie kaum mit dem Haushaltsgeld auskamen, nicht erfuhren, wie viel ihr Mann verdiente. Viele durften nicht arbeiten gehen und/oder Auto fahren lernen, es sei denn, es erschien dem Gatten nützlich. Einige Frauen erzählten meinem Vater sogar, dass sie geschlagen wurden. Damals dämmerte mir, dass nicht alle Familien wie unsere funktionierten. Als meine Eltern einmal einen Autounfall hatten, realisierte ich zudem, dass Männer offenbar mehr wert waren als Frauen. Warum? Nun, beide mussten längere Zeit zu Hause gepflegt werden. Das besorgte die Gemeindeschwester Frieda, eine grossartige Frau! Mein Vater diskutierte viel mit ihr, und so bekam ich mit, dass sie – obwohl sie ein Leben lang für die Gemeinschaft tätig war und Steuern zahlte – weder wählen noch abstimmen und schon gar kein politisches Amt übernehmen durfte. Das änderte sich zwar, als die Frauen 1970 im Kanton Zürich das Stimm- und Wahlrecht erhielten. Als meine Schwester Eva aber später in den Kanton Appenzell Ausserrhoden zog, verlor sie dieses Recht wieder. Wir schimpften damals oft über diese Rückständigkeit, und ich riet Eva, keine Steuern mehr zu zahlen. Ich empfinde es noch heute als Schmach für die Schweiz, dass das Frauenstimmrecht erst 1990 in allen Kantonen eingeführt war.

CHIOS, FUNCHAL, EMMEN

Flughäfen sind in verschiedene Kategorien eingeteilt: A umfasst die anspruchslosen Flughäfen, für die es keine Benutzungsbeschränkungen gibt. Zur Kategorie C zählen die schwierigen Flugplätze, auf denen nur eingewiesene Captains landen und starten dürfen; zu diesen gehört Funchal auf Madeira. Die Piste ist leicht abschüssig und war damals nur 1800 Meter lang (ein paar Jahre später wurde sie um fast tausend Meter verlängert); an beiden Enden befindet sich der Atlantik. Der Anflug wird zudem durch das Gelände und tückische Fallwinde stark erschwert. Auch in der Ägäis machten im Sommer die Windverhältnisse – der von Norden blasende Meltemi – die Anflüge schwierig; hinzu kam, dass beispielsweise auf der griechischen Insel Chios die Piste gerade mal 1511 Meter lang ist; hier musste jede Landung perfekt sitzen.

Auch ich wurde nach einem Jahr Erfahrung als Captain auf die schwierigen Plätze in Griechenland, im portugiesischen Madeira und in Akureyri auf Island eingewiesen. Ich hatte das Glück, dass ich oft zwei- bis dreimal wöchentlich schwierige Flughäfen anfliegen konnte, sodass ich mich bei derart viel Training schon bald auch bei starkem böigem Wind sicher fühlte. Nachts durfte ich Kategorie-C-Flughäfen allerdings erst anfliegen, als ich Instruktorin war. Mykonos und Samos waren besonders schwierig, da sie über keine Mittellinien-Beleuchtung verfügten. Man flog nachts regelrecht in ein dunkles Loch. Ich gebe gern zu, dass ich mich um die Nachtflüge auf diese beiden griechischen Inseln nicht gerade riss, zumal der Meltemi nachts noch kräftiger blies. Zwar spürte ich während des Anflugs die Anspannung nicht, weil ich sehr konzentriert und fokussiert war; erst nach der Landung bemerkte ich jeweils, wie hoch mein Puls war und wie viel Energie mich diese paar Minuten des Anflugs kosteten.

Ein Vergnügen war für uns Piloten der kurze Flug auf den Militärflugplatz Emmen (für die TEA war das allerdings eine eher kostspielige Angelegenheit). Hintergrund war, dass die Swissair sich weigerte, der TEA in Zürich einen ihrer Hangars zur Verfügung zu stellen. Einige Unterhaltsarbeiten an den Maschinen konnte der TEA-Maintenance-Betrieb zwar auf dem Vorfeld des Zürich Airports ausführen, für bestimmte Checks musste das Flugzeug aber unbedingt in einen Hangar. Emmen sprang in die Bresche, und so flogen wir regelmässig von Zürich nach Emmen. Ein richtiges Highlight war für mich auch, wenn ich auf dem Berliner Flugplatz Tempelhof landen durfte, dem ehrwürdigen ehemaligen Luftbrücken-Stützpunkt, auf dem nach dem Krieg die sogenannten Rosinenbomber der US-Amerikaner gelandet waren. Im Endanflug flogen wir tief über die Häuser der Stadt. Das war ungewohnt in Europa. Zudem war die Piste kurz und eher für kleinere Flugzeuge geeignet, aber die Boeing 737 erfüllte alle Landebedingungen und Performance-Leistungen. 2008 wurde der Flughafen geschlossen.

In dieser Zeit veranstaltete ein Reisebüro zusammen mit der TEA auch Tagestouren nach Venedig, Verona oder an den Weihnachtsmarkt in Nürnberg; sogar ein Tag Korfu war im Angebot. Solche Flüge wurden schon damals vereinzelt von Journalisten hinterfragt. Angesichts der heutigen Debatte um die Klimaerwärmung möchte man sich derartige Flüge gar nicht mehr vorstellen. Auch wenn ich gestehen muss, dass ich begeistert war von Verona; denn am Abend besuchte die Crew in der berühmten Arena eine der grandiosen Opernvorstellungen.

Im Frühjahr 1996 wurde ich dann mit einundvierzig Jahren Type-Rating-Instructor. Damit durfte ich Piloten auf der Boeing 737 schulen. Die Hürden für eine solche Berechtigung sind relativ hoch und zeitaufwendig. Da ich bereits als Fluglehrerin über eine Instruktorenlizenz verfügte, war meine Ausbildung verkürzt worden; sie dauerte aber trotzdem einige Wochen. Unter Aufsicht eines erfahrenen Fluglehrers bildete ich zwei Copiloten zum Captain aus. Während zweier Wochen wohnten wir in Löwen, einer hübschen Studentenstadt östlich von Brüssel. Eine halbe Stunde entfernt, auf dem Flughafen Zaventem, stand unser Simulator. Normalerweise wird in Simulatoren rund um die Uhr trainiert, also auch nachts, was hart ist, da die Leistungskurve der meisten Piloten nach Mitternacht abnimmt. Glücklicherweise stand mir für die beiden der Simulator tagsüber zur Verfügung. Lange Vor- und Nachbesprechungen vermied ich tunlichst, da ich in dieser Beziehung selbst keine guten Erfahrungen gemacht hatte. Vor allem aber auch, weil Piloten nach dem anstrengenden Simulatortraining nicht mehr viel aufnehmen können.

Die Simulatorausbildung klappte problemlos, und die zwei Kandidaten bestanden ihren Check erfolgreich. Als Nächstes folgte das Flight-Training auf dem Flughafen Dole. Natürlich schärfte ich ihnen zuvor ein, ja beschwor sie geradezu, die Tür überlegt zu handhaben, denn ich wollte auf keinen Fall riskieren, dass ihnen dasselbe passierte wie mir und sie aus Unwissenheit die Notrutsche auslösten. Mir wurde erst jetzt wirklich bewusst, welche Herausforderung das Flight-Training für einen Instruktor ist. Wie ich einst bei meiner Ausbildung mussten nun auch sie das irreguläre Touch-and-go üben, also aufsetzen und sofort wieder Gas geben – bei einem richtigen Flug landet man entweder, oder man bricht den Anflug noch vor dem Aufsetzen ab und startet durch. Und so musste ich die beiden Kandidaten vor jeder Landung daran erinnern, dass dieses Trainingsprozedere »nicht normal« sei, dass sie also einige Systeme auf keinen Fall aktivieren dürften, nämlich die Bremsen, die Bremsklappen und die Schubumkehr. Die Instruktionstätigkeit war für mich auch später immer eine interessante Abwechslung. Ich genoss den intensiven Kontakt mit den Kandidaten. Hatten sie das Upgrading zum Captain dann geschafft, freute ich mich für sie. Manchmal auch mit einem weinenden Auge, da ich von da an nur noch selten mit ihnen würde fliegen können.

Bald erhielt ich dann auch noch die Erlaubnis, als Type-Rating-Examiner zu fungieren. Damit war ich nicht nur Instruktorin, sondern durfte auch prüfen. Ich lernte sehr viel bei den halbjährlichen Simulatorchecks meiner Kollegen und Kolleginnen. Sah hervorragende und weniger befähigte Pilotinnen und Piloten. Lernte Kollegen kennen, die gut oder weniger gut mit Kritik umgehen konnten. Eher selten musste ich auf eine schwache Leistung reagieren und ein Zusatztraining anordnen. Auf die Checks, denen ich mich selbst nach wie vor im halbjährlichen Rhythmus unterziehen musste, brauchte ich mich nicht mehr vorzubereiten: Die Verfahren und Checklisten der Boeing 737 waren mir mehr als geläufig.

»THIS IS AFRICA«

Für die TEA waren die Wintermonate nach wie vor schwierig. Zwar gab es die regelmässigen Flüge auf die Kanaren, nach Ägypten und die Langstrecken nach Goa, Mombasa, die Malediven und Recife. Andere Aufträge kamen aber nur wenige herein. Die Konkurrenz in der Schweiz wurde immer grösser; neben der Crossair mit ihren MD-80-Maschinen gab es inzwischen auch die Edelweiss Air. Zudem lief der Vertrag mit Vietnam Airlines aus. Unser findiger Chef, Markus Seiler, suchte nach neuen Geschäftsfeldern. Air Afrique trat auf den Plan. Die Fluglinie, 1961 von elf afrikanischen Staaten gegründet (und 2002 liquidiert), lieh sich – wie zuvor Vietnam – mit einem sogenannten Wet-Lease-Vertrag von der TEA zwei Boeing 737-300 samt Personal, in diesem Fall einige Piloten und Mechaniker, aber keine Flight-Attendants. Die Maschinen erhielten den grünweissen Anstrich der afrikanischen Fluglinie und eine Business-Class mit grosszügigen Ledersitzen. Die Homebase war Abidjan an der Elfenbeinküste. Das Streckennetz der Airline umfasste Lomé in Togo, Cotonou in Benin, Douala in Kamerun, Libreville in Gabun, Malabo in Äquatorialguinea, Dakar in Senegal, Niamey in Niger, Ouagadougou in Burkina Faso, Nouakchott in Mauretanien und Johannesburg in Südafrika.

Und so begann im Februar 1998 mein mehrwöchiges Abenteuer bei der Air Afrique. Copilot Richi weihte mich in die lokalen Begebenheiten Abidjans ein. Er war schon ein paar Wochen dort stationiert und kannte die ehemalige Hauptstadt der Elfenbeinküste ziemlich gut. Er schleppte mich als Erstes in ein schäbiges Take-away. Da gebe es gute und günstige Hamburger. Mir blieb beim Anblick des völlig heruntergekommenen Lokals vor Entsetzen fast die Luft weg. Aber er wischte alle meine Bedenken wegen des gewagten Fleischkonsums in Afrika beiseite. Niemals hätte ich ohne ihn hier etwas gegessen! Im Hotel kippte ich so schnell wie möglich einen Schnaps hinterher. Und alles ging gut. Zum Glück wusste ich da auch noch nicht, was mich bei der Air Afrique alles erwarten würde.

Denn von nun an war jeder Tag eine Herausforderung. In der Schweiz standen uns verschiedene Dienststellen für die alltäglichen kleinen und grösseren Probleme zur Seite. In Afrika waren der Copilot und ich mehr oder weniger auf uns gestellt. Die Zusammenarbeit mit dem afrikanischen Kabinenpersonal gestaltete sich manchmal äusserst schwierig. An Bord arbeiteten fünf Flight-Attendants der Air Afrique. Ein Briefing mit ihnen fand am Boden offenbar zu keiner Zeit statt. Am ersten Tag staunte ich, dass nach der ersten Landung ein Teil der Crew ausstieg, ohne sich zu verabschieden. Neue Flight-Attendants stiegen zu. Auf dem nächsten Flughafen passierte dasselbe. Dieser Wechsel von Crewmitgliedern an verschiedenen Flughäfen geschah bis zu dreimal am Tag. Ich konnte mir die ständig ändernden Gesichter und Namen gar nicht merken. Abends war die Kabinencrew jeweils komplett ausgetauscht. Erst allmählich wurde mir klar, dass jedes Land seine eigene Crew stellte und diese ihren Dienst jeweils an ihrer eigenen Homebase begann.

Manchmal merkte ich erst beim Schliessen der Türen, dass auch ein neuer Kabinenchef an Bord war (es war stets ein Mann). Wollte ich kurz die Eckpunkte des Flugs besprechen und mit ihm durchgehen, worauf ich Wert legte, wurde ich nur angestaunt. Die Crews waren es nicht gewohnt, mit dem Captain zu reden, sie managten die Kabine völlig autonom. Wenn ich etwas für nicht geboten hielt, bekam ich als Antwort, dass genau das in ihrem Land erlaubt sei. Störte mich etwa, dass das Flugzeug schlecht oder gar nicht geputzt wurde – speziell bei den Toiletten war ich pingelig –, und rief das Reinigungspersonal zurück, brachte ich den Kabinenchef gegen mich auf. Ich dürfe mich nicht in seinen Bereich einmischen!

Als ich einmal in Abidjan mit dem Aussencheck beschäftigt war, bemerkte ich sehr viel Frachtgut rund ums Flugzeug: Kühlschränke, Fernseher, Mikrowellen- und andere Küchengeräte. Alles stand aufgetürmt neben dem Gepäck der Passagiere, bereit zum Einladen. Wir konnten unmöglich alles mitnehmen, weder vom Gewicht noch vom Volumen her. Also bestimmte ich als Captain die Priorität: Zuerst würde das Gepäck der Passagiere eingeladen, dann die Koffer der Crew, dann die bezahlte Fracht und am Schluss eben das, was noch reinpasste. So geschah es. Dann aber weigerte sich die Kabinencrew, die Türen zu schliessen. Die Küchenmaschinen und Fernseher gehörten ihnen und müssten mit an Bord, erklärten sie mir, sonst würden sie nicht abfliegen. Ich musste den Dienstchef der Air Afrique herbeirufen. Der hiess mich, alles wieder aus- und neu einzuladen: zuerst sämtliche Habe der Besatzung und ganz am Schluss, was an Koffern hineinging – die meisten Passagiere würden am Zielort also vergeblich auf ihr Gepäck warten. Ich verstand die Welt nicht mehr. »This is Africa!«

Einmal fand ich nach dem Boarding auf einer Toilette per Zufall einen blinden Passagier. Und in der zweiten Toilette versteckte sich ein weiterer. Der Kabinenchef erklärte mir, dass das Flugzeug voll besetzt sei, diese beiden Kollegen aber dringend nach Ouagadougou müssten. Er tischte mir eine Riesenstory inklusive sterbender Grossmutter auf. Empört hiess ich die blinden Passagiere aussteigen. Versteckte sich das nächste Mal vielleicht jemand unter den Sitzen oder in einer Gepäckablage? Musste ich auch noch in der Bordküche hinter den Containern nachschauen? Das ging wirklich zu weit! Ich nahm jedes Besatzungsmitglied einzeln ins Gebet und erklärte, wie verantwortungslos das war. Die Flüge waren ohnehin oft überbucht, sodass wir gelegentlich sogar einen Passagier auf dem Jumpseat unterbringen mussten. Das war eigentlich nicht vorgesehen, aber ich musste Kompromisse eingehen, sonst wären wir manchmal nicht in die Luft gekommen. Da ich zudem nie sicher sein konnte, dass die Gewichtsangaben des Gepäcks korrekt angegeben waren, kalkulierten wir für die Performance und die Kraftstoffberechnungen vorsorglich immer ein paar hundert Kilo mehr mit ein.

Und dann bestahlen die Angestellten ihre Airline auch noch. Vor jedem Abflug wurde neues Essen und Trinken geladen. Noch vor dem Start wanderte das meiste in die riesigen Taschen der Crew. Wunderbare französische Rotweine, Spirituosen, Bier und andere Köstlichkeiten. Ich fragte einmal einen Kabinen-chef, ob nicht zumindest die Business-Class ein Anrecht auf guten Service hätte. »Weisst du«, antwortete er, »wir sind hier in Afrika, und die Passagiere verstehen, wenn es mal nur Cola oder Wasser gibt.« Das Spiel mit den privaten Taschen wieder-holte sich bei jedem Flug. Dass das Bord-Essen hervorragend war, sah man den Kabinencrews allerdings auch an.

Aber zurück zum Fliegen: Die Controller in den französisch-sprachigen Ländern hatten Mühe damit, dass die Air Afrique seit neuestem auf Englisch kommunizierte, und sprachen gern weiterhin Französisch. Wir mussten deshalb extrem aufpassen, dass wir keinen uns betreffenden Funkspruch verpassten und der Lotse uns nicht einfach überging, weil wir auf englische Kommunikation bestanden. Und dann gab es noch jene Piloten, die sich in der Anflugsequenz vordrängelten. Dieses unfaire Verhalten hatte ich auch anderswo erlebt, zum Beispiel auf den Malediven. Piloten sanken früher ab und gaben dann Gas. So verkürzten sie ihren Anflug um einige Minuten und durften früher landen. Das korrekt, also höher und langsamer fliegende Flugzeug, das eigentlich an der Reihe war, hatte das Nachsehen. Das war nicht nur ärgerlich, es führte ausserdem zu einem er-höhten Kerosinverbrauch: bei dem einen Flugzeug, weil der

Pilot schneller flog als vorgesehen, beim anderen, weil es länger fliegen musste. Egoisten gibt es also nicht nur am Boden, sondern auch in der Luft.

Der Flugplatz im nigerianischen Lagos war für seine schlechten Sicherheitsstandards berüchtigt. Dass aber so wenig funktionierte und trotzdem internationale Airlines dort landeten, erstaunte mich sehr. Wir flogen den Flugplatz regelmässig nachts an. Die Funker gaben sich offensichtlich keine Mühe, das Instrumentenlandesystem schaltete sich immer wieder ab. Auch die Anfluglichter funktionierten nicht, und die Pistenbeleuchtung war mehr als mangelhaft – nur gelegentlich sahen wir eine seitliche Markierung. Der Weg zum Vorfeld war ebenfalls schlecht ausgeleuchtet, sodass wir immer ganz vorsichtig rollten. Ich mochte mir nicht ausmalen, was geschehen würde, wenn es nachts auch noch regnete, dann würde man vermutlich gar nichts mehr sehen.

APPLAUS FÜRS COCKPIT

Von Abidjan über Lomé und Cotonou bis nach Pointe-Noir und wieder zurück: So sah fortan einer meiner Einsatzpläne aus. Also sechs Legs – so nennt man die Streckenabschnitte – an einem Tag. Da in Afrika Ende der Neunzigerjahre nur wenige Flughäfen mit Radar ausgerüstet waren, war das recht anspruchsvoll. Im kongolesischen Pointe-Noir musste man sich vor der Landung zudem versichern, dass nicht noch ein paar Kühe auf der Piste herumstanden. Beim ersten Mal staunte ich über das vermeintliche Sicherheitskonzept am Boden: Sämtliche Koffer standen vor dem Flugzeug und wurden vor dem Einsteigen von den Passagieren identifiziert. Ausserdem stiegen immer wieder Menschen ins Flugzeug ein und verliessen es wieder. Als ich um eine Erklärung bat, erfuhr ich, dass in Pointe-Noir jede und jeder ganz selbstverständlich an Bord durfte, um sich von Verwandten oder Bekannten zu verabschieden.

Auf dem Heimflug stiegen in Cotonou plötzlich alle Passagiere aus, auch die, die eigentlich nach Abidjan wollten. Und alle liessen sie ihr Handgepäck an Bord. Als ich nachfragte, hiess es, dass irgendwo in der grossen Halle ein Nachtessen serviert werde. Nach einer halben Stunde stiegen alle wieder ein, und es konnte mehr oder weniger pünktlich weitergehen. Als ich das nächste Mal diese Strecke flog, fragte ich den Stationsleiter, ob der Copilot und ich auch in der Halle mitessen dürften. Ich war weniger hungrig als neugierig. Das Bodenpersonal freute sich sehr: Noch nie habe ein Captain zusammen mit den Fluggästen essen wollen. Als wir hereinkamen, empfingen uns die Passagiere mit einem warmen Applaus. Diese Herzlichkeit war eben auch Afrika! Immer wieder habe ich die beeindruckende Gefühlswärme und Spontanität dieser Menschen erfahren, die mir richtig ans Herz gewachsen sind. Und es gibt einen wunderbaren Spruch, den ich von Afrikanern oft gehört habe: »Ihr Europäer habt Uhren. Wir haben Zeit.«

Ebenso jener Passagier im traditionellen langen Takatuf-Gewand des Tschad, der bei einem Nightstop in N'Djamena in der Gepäckhalle auf mich zukam und sich per Handschlag bedankte, weil er, wie er sagte, das erste Mal in seinem Leben pünktlich gelandet sei. Ich musste lachen, immerhin hatten wir eine halbe Stunde Verspätung. Oder die aufrichtige Freude von afrikanischen Fluggästen, die uns im Cockpit besuchten, wenn sie sahen, dass eine Frau flog. Und erst die Begeisterung, die es auslöste, wenn ich mit meiner afrikanischen Copilotin Irène unterwegs war. Zwei Frauen im Cockpit, und eine davon auch noch eine der Ihren! Sie wurde mit Komplimenten überhäuft. Das tat uns allen gut! Denn wie oft waren unsere dunkelhäutigen Kolleginnen und Kollegen in der Schweiz mit rassistischen Bemerkungen seitens der Passagiere konfrontiert.

In der Freizeit besuchten wir wie immer Sehenswürdigkeiten. In Abidjan zum Beispiel die imposante Cathédrale Saint-Paul und das architektonisch interessante Hochhaus La Pyramide. Richi mietete zudem ein kleines Flugzeug, mit dem wir nach Yamoussoukro flogen, der Hauptstadt der Elfenbeinküste. Wir waren an diesem Tag die Einzigen, die den grossen, internationalen Flughafen benutzten, deshalb stand auch kein Taxi bereit. Irgendwie und irgendwann gelangten wir aber doch an unser Ziel, die Basilika Notre-Dame-de-la-Paix. Sie ist dem Petersdom nachempfunden, mit wunderschönen Kirchenfenstern ausgestattet und riesengross. Die Sitzbänke sind aus edlem Holz und bieten bis zu elftausend Personen Platz. Wir waren allerdings die einzigen. Warum nur errichtete man in einem armen Land einen derart gigantischen Bau? Und das noch derart abgelegen?

Insgesamt war die Operation Air Afrique sehr anspruchsvoll, vor allem für unsere frisch eingestellten, noch wenig erfahrenen Copiloten war sie schwierig und unbefriedigend. Oft mussten sie mit eingemieteten Captains fliegen, die in den TEA-Verfahren nicht sattelfest waren. Hätte die TEA Switzerland keine finanziellen Probleme gehabt, hätte die Geschäftsleitung vermutlich auf solche Einsätze verzichtet.

Und dann, dann nahte auch schon das Ende.

ZWISCHENSTOPP BEI EASYJET

Im Frühling 1998 führte die TEA Switzerland die Boeing 737-700 ein, eine neue Version des 300er-Modells mit besserer Reichweite, geringerem Treibstoffverbrauch und modernerer Cockpitausstattung. Leider konnte sich niemand so richtig darüber freuen. Die finanzielle Situation der Fluglinie war prekär, die Stimmung entsprechend gedrückt. Seit geraumer Zeit schon suchte CEO Markus Seiler nach einem Weg, die TEA zu retten. Als dann noch Hotelplan, das grosse Schweizer Reisebüro, zur Swissair-Chartertochter Balair wechselte, sah es ganz düster aus. Ein Exodus der Angestellten setzte ein. Einige Piloten suchten ihr Glück in Dubai bei der aufstrebenden Fluglinie Emirates, andere hofften auf eine Anstellung bei der Balair.

Balair war die älteste Schweizer Fluggesellschaft und gehörte zur Swissair-Gruppe. Diese hatte gerade die deutsche LTU gekauft und wollte nun in der Schweiz mit Balair und LTU ein gemeinsames Ferienflieger-Angebot aufbauen, sie nannten es Leisure-Verbund. Da sie hierfür eine einheitliche Boeing-Flotte wollte, musste Balair den Airbus ersetzen und ihre Crews umschulen. Das wiederum benötigte mehr Flugpersonal, da sich immer ein Teil der Besatzung in der Ausbildung befinden würde. Swissair konnte der Tochter dafür nicht genügend Crewmitglieder zur Verfügung stellen, deshalb suchte Balair externe Piloten.

Schon 1982, als ich noch auf dem Linktrainer für das Instrumentenrating trainierte, hatte mir mein damaliger Fluglehrer von der Schweizerischen Luftverkehrsschule zugeredet, ich solle mich unbedingt bei der Swissair bewerben. Das fand ich damals aber unfair gegenüber Moritz Suter, der mich gerade erst angeworben hatte, zudem wusste ich ganz genau, dass damals Pilotinnen bei der Swissair nicht willkommen waren.

Jetzt aber wollte ich mich bei der Swissair-Tochter Balair bewerben. Würden sie meine Bewerbung überhaupt annehmen? TEA-Piloten wie ich hatten gegenüber Crossair-Piloten einen Vorteil, da wir bereits Boeing flogen und im Langstreckenflug inklusive ETOPS grosse Erfahrung besassen. Ich wurde zur Selektion eingeladen.

Da ich überzeugt war, dass langjährige Captains eine spezielle Selektion durchlaufen müssten, wusste ich zunächst nicht, wie ich mich darauf vorbereiten sollte. Etwas Training in der Interviewtechnik konnte aber nicht schaden. Jürg Bachmann, mit dem ich seit der Crossair-Zeit befreundet bin, rückte mit einer Videokamera an, und wir probten Interviews. Er stellte sehr clevere Fragen, wofür ich ihm heute noch dankbar bin.

Das Auswahlverfahren empfand ich als schwierig. Ich hatte nicht erwartet, über logisches Denken und 3-D-Vorstellungsvermögen geprüft zu werden. Und der schriftliche Englischtest war mehr als nur ein Sprachtest: Die Antworten sollten, wie sich später herausstellte, auch über meine Managementfähigkeiten Auskunft geben; bei diesem Test kam ich ziemlich ins Schwitzen. Das Interview des Chefinstruktors der Balair war hingegen sehr angenehm. An eine Frage erinnere ich mich noch heute. Er wollte von mir wissen, wie ich mich verhielte, wenn ein Copilot mich nicht akzeptieren würde und es während des Flugs zu Problemen käme. Damals hätte ich nie gedacht, dass ich einmal in eine solche Situation geraten könnte. Weit gefehlt! Doch dazu später. Ein weiteres Gespräch, diesmal mit einer Psychologin, liess mich eher ratlos zurück. Mein Charakter passe nicht in die Swissair, urteilte sie, aber die Balair könne mich verkraften.

Am Ende des Selektionsverfahrens musste ich ein paar Wochen auf das Resultat warten. Schliesslich bekam ich einen positiven Bescheid, wurde aber auf unbestimmte Zeit vertröstet. Die TEA, bei der ich noch immer angestellt war, stand derweil am Abgrund. Weder Swissair noch andere Airlines zeigten Interesse. Dann aber griff in allerletzter Minute die britische Fluglinie Easyjet zu. Für sie war das eine super Chance, im lukrativen Kurzstrecken-Markt Fuss zu fassen. Sie übernahm einen Grossteil des TEA-Flugpersonals.

Am 31. März 1999 fand dann unsere TEA-Farewell-Party statt. Es flossen viele Tränen. Zehn Jahre lang hatten wir für eine grossartige Firma gearbeitet. Der Zusammenhalt unter dem Flug- und dem Bodenpersonal – einige gehören noch heute zu meinem Freundeskreis – war einmalig gewesen. Das war ein äusserst trauriger Moment.

Danach dauerte es noch ein paar Monate, bis ich in die Balair übertreten konnte. Diese Zeit überbrückte ich bei der neuen TEA-Eignerin Easyjet, unter anderem auch in England. An ihren neuen Stützpunkten Genf und Basel legte sie einen kometenhaften Aufstieg hin. Die Effizienz der Airline war verblüffend, die Abfertigung am Boden generalstabsmässig organisiert: Bereits dreissig Minuten nach der Landung waren wir wieder in der Luft. Bei den meisten Airlines dauerte ein Turnaround am Boden weit über fünfundvierzig Minuten. Aber Zeit ist Geld, und das verdient eine Airline nur in der Luft. Easyjet-Passagiere mussten Getränke und Essen zudem extra bezahlen, ebenfalls eine Neuheit für mich.

In dieser Zeit flog ich für Easyjet England zweimal eine Woche lang ab London-Luton. Leider war unsere Hotelunterkunft extrem spartanisch: Mein Copilot hatte ein winziges, niedriges Dachzimmer; bei seiner Grösse konnte er nicht mal aufrecht stehen, und sein Bett war derart kurz, dass er den Schrank öffnen musste, um die Beine ganz ausstrecken zu können. Im Vergleich zu seinem Kämmerchen war meine Bleibe fast schon eine Suite. Um ungehindert auf die Toilette gehen zu können, musste ich nur den Koffer vom Boden aufs Bett hieven; und in der engen Duschkabine, in der ich mich kaum drehen konnte, brauchte ich nur die Duschtür zu öffnen, dann hatte ich genügend Platz, um auch meine Füsse zu waschen.

Im Juni 1999 war dann auch meine Zeit bei Easyjet vorüber. Ich freute mich auf den Neuanfang bei der Balair. Den ich allerdings fast nicht erlebt hätte.

BALAIR UND BELAIR

1999–2001
2001–2016

VERLIEBT IN EINE MASCHINE

Es war bei einem Ferienaufenthalt in Costa Rica, am grossen, weiten Strand von Cahuita, und ein weiteres unvergessliches Reiseerlebnis mit meinem damaligen Partner Andrea – wobei diesmal definitiv nicht er für die Aufregung verantwortlich war, sondern ich. Wir hatten am Abend zuvor mit anderen Touristen gefeiert. Am nächsten Morgen erwachte ich mit Kopfweh. Ein Bad im Meer würde mir sicher guttun. Dachte ich. Bis auf ein paar Surfer weit abseits war noch keine Menschenseele am Strand. Eigentlich sollte man hier wegen der starken Strömung nicht allein schwimmen gehen, das wusste ich. Aber deshalb Andrea wecken? Ich würde ja vorsichtig sein. Und so versicherte ich mich beim Schwimmen immer wieder, dass ich noch Grund unter den Füssen hatte. Alles gut. Herrlich! Doch plötzlich war der Meeresboden weg, nicht einmal mehr mit den Zehenspitzen konnte ich ihn berühren. »Kein Grund zur Panik!«, beruhigte ich mich. Ich war ja nur ein paar Meter vom Strand entfernt. Ich schwamm kräftig Richtung Ufer. Aber – keine Chance: Die Strömung hatte mich erfasst, ich trieb aufs offene Meer hinaus. Es ging rasend schnell. Ich versuchte, die Surfer auf mich aufmerksam zu machen. Ich schrie und winkte mit den Armen. Sie sahen mich nicht. »Das wars«, dachte ich für einen kurzen Moment, »bye-bye, Balair.« Da tauchte am Strand ein weiterer Surfer auf, der die Situation nach ein paar langen Sekunden erkannte, auf sein Brett sprang und mich ans rettende Ufer schleppte. Gerade noch einmal Gluck gehabt!

So konnte ich im Juli 1999 unbeschadet meine neue Arbeitsstelle bei der Balair antreten. Ich wusste, es würde nicht ganz einfach werden mit den Pilotenkollegen, da ich ein sogenannter Direct-Entry-Captain war, das heisst, ich kam bereits als Captain und versperrte somit Copiloten den Weg zum Kapitänssitz. Zumal Swissair-Copiloten, die für eine bestimmte Zeit zur Balair wechselten, darauf setzten, nicht die üblichen zehn bis fünfzehn Jahre warten zu müssen, bis sie Captain werden durften. Direct-Entry-Captains sind bei den angestammten Piloten also nie beliebt.

Wie alle anderen Balair-Piloten wurde ich auf die fabrikneuen Boeing 757 und 767 umgeschult. Die Schulung fand in Düsseldorf unter Leitung der LTU statt, die dort ein grosses Schulungszentrum betrieb. Wir starteten zu viert: zwei Copiloten, ein pensionierter Swissair-Captain namens Detlef, der aussah wie ein Seemann, und ich. Erneut hiess es während Wochen viel lernen. Wir besuchten den technischen Grundkurs, das Procedure- und Simulatortraining, gefolgt vom Flight-Training. Und ich musste zum Verwechseln Ähnliches aus der mir vertrauten Boeing-737-Praxis aus dem Kopf verbannen, denn fliegerisch sind sich Boeing-Typen dieser Generation recht ähnlich; der Teufel lag im Detail. Danach wurden wir in die Unterschiede zwischen der 757 und der 767 eingewiesen (heute wäre es nicht mehr erlaubt, die beiden Flugzeuge als ein Muster zu behandeln, da die Differenzen doch erheblich sind).

Die beiden Balair-Copiloten waren sehr nett und machten keine Bemerkungen über meine Anstellung als Direct-Entry-Captain. Und dies, obwohl ich erst vierundvierzig war und den Kapitänssitz noch jahrelang blockieren würde. Da ich wusste, dass sich die Cockpitcrews nach der Schulung in der Hotellounge zum Bier trafen, nahm ich eines Abends allen Mut zusammen und gesellte mich vorsichtig dazu. Was passierte? Als ich mich dem langen Tisch näherte, verstummten alle. Ich war definitiv nicht willkommen. Ein absolut grässliches Gefühl, ich fühlte mich wie eine Aussätzige! Zum Glück war Detlef dabei, er bedeutete mir, mich neben ihn zu setzen, und rückte etwas zur Seite. Dank ihm blieb ich. Er hatte keinerlei Vorbehalte gegen mich und redete mir schon von Anfang an gut zu, nicht nur an diesem Abend. Er war mein Anker im Sturm. Die Diskussion nahm erst nach längerer Zeit wieder Fahrt auf. Dass man mich nicht mit offenen Armen empfangen würde, war mir klar gewesen. Aber hätte ich deshalb wirklich auf ein Stellenangebot als Captain bei der Swissair-Tochter Balair verzichten sollen?

Nach Abschluss der Umschulung wurde ich vier Wochen in Deutschland auf der 757 für Charterflüge der LTU eingesetzt. Sie bot 209 Gästen Platz, hatte den gleichen Kabinendurchmesser wie meine alte 737, war aber um einiges länger. Beim Start musste man vorsichtig am Höhensteuer ziehen, damit es nicht zu einem Tail-Strike kam, der Schwanz also nicht auf der Piste aufschlug. Die 757 war eine elegante Rennmaschine. Ein schlanker Rumpf auf langen Beinen. Beim Aussencheck konnte ich unter ihr durchlaufen, ohne dass ich mich bücken musste. Von der TEA kannte ich das Chartergeschäft gut und fühlte mich schnell wohl.

Ungewohnt war aber, dass alle Captains gesiezt wurden; ich führte umgehend das Du ein. Ebenfalls gewöhnungsbedürftig war die Einstellung der LTU-Belegschaft. Unablässig wurde über den Arbeitgeber und die Vorgesetzten geklagt. Alles sei schlecht, und mit der Übernahme durch die Swissair würde es nun noch übler kommen. Überhaupt musste ich mir nicht nur hier, sondern während meiner gesamten Laufbahn viel Gejammer anhören. Obwohl wir doch eigentlich in einem Paradies leben, gab es stets etwas auszusetzen und zu meckern, und immer waren »die anderen« schuld. Ich selbst bin unglaublich dankbar, dass ich in der Schweiz geboren wurde und dass mir so viele Möglichkeiten im Leben offenstanden. Das soll allerdings nicht heissen, dass ich für echte Probleme kein Ohr gehabt hätte. Je älter ich wurde, desto mehr vertrauten sich mir Besatzungsmitglieder und auch das Bodenpersonal an: nicht bestandene Upgradings, verpatzte Theorieprüfungen, Krankheiten, Konflikte mit dem Vorgesetzten, ja auch Mobbing und sexuelle Belästigung. Ich versuchte jeweils, zu helfen, zu trösten und wenn möglich Lösungswege aufzuzeigen, sagte aber auch immer klar meine Meinung dazu. Die stundenlangen Telefonate beeinträchtigten manchmal auch mein Privatleben, vor allem wenn der oder die Betroffene selbst nach Monaten jeden Ratschlag ignorierte und hartnäckig am Problem festhielt. Abgrenzen konnte ich mich trotzdem nicht und hörte weiter zu. Später, nach dem Ende der Balair, nannte man mich deshalb – analog zur neuen Fluggesellschaft – »Mama Belair«.

Im Oktober erfolgte mein erster Einsatz für die Balair ab Zürich. Die Fluggesellschaft betrieb vorerst zwei Boeing 767-300 für die Langstrecke, sie waren fabrikneu und bestens ausgestattet; später kamen zwei 757-200 für die Kurz- und Mittelstrecke dazu. Mein erstes Ziel auf der Langstrecke war die Dominikanische Republik. Bei den ersten Rotationen bis zum Linien-Check würde immer ein Instruktor auf dem Jumpseat im Cockpit sitzen, um die Flüge zu beaufsichtigen. Das war beruhigend, denn ich verfügte über keinerlei Erfahrung mit Nordatlantikflügen und dem speziellen Tracksystem.

Für Flüge über den Nordatlantik werden täglich dem Wind angepasste Routen, sogenannte Tracks, veröffentlicht. Diese ermöglichen es, den dicht gedrängten Linienverkehr zwischen Europa und Nordamerika auch ohne Radar sicher zu staffeln.

Die Vorbereitungen für einen Langstreckenflug sind erheblich. Bei der Balair stellte eine Fachperson alle für den Flug benötigten Informationen zusammen und sprach sie mit den Piloten persönlich durch. Das verkürzte die Vorbereitungszeit immens. Bei der TEA erhielten wir nur den elektronischen Flugplan, alle anderen Informationen, wie Wetter, Routen, Flughäfen und so weiter holten wir im Operation-Center selbst ein. Heute können sich Besatzungsmitglieder bereits zu Hause im Internet über ihren Flug informieren und sich vorbereiten.

Als wir mit dem Crewbus zum Flugzeug fuhren und ich die Boeing 767-300 sah, schlug mein Herz plötzlich schneller. Im Simulator bekommt man die Ausmasse eines Flugzeugs gar nicht mit. Klar kannte ich aus den Theoriekursen und aus Handbüchern alle technischen Daten, und ich hatte die 767 auch schon einmal kurz in einem Hangar besichtigen dürfen. Aber wie gross war hier nun alles! Frachträume, Kabine, Bordküche und Cockpit. Und wie gut ein fabrikneues Flugzeug roch! Als ich von meinem Sitz aus auf den Vorplatz hinunterschaute, dachte ich respektvoll: »Ui, das ist aber hoch! Bloss nicht einschüchtern lassen!« Ich war ziemlich nervös, liess mir aber nichts anmerken und war enorm gespannt, wie sich das Flugzeug fliegen würde. Als alle 252 Passagiere an Bord waren, rollten wir zur Piste 16. Der Start fühlte sich majestätisch an. Die 767 lag stabil in der Luft, im Cockpit war nur ein leises Säuseln der Motoren zu hören, und sie liess sich ohne Kraftanstrengung steuern. Ich verliebte mich gleich beim ersten Start in dieses Flugzeug.

ÄRGER IM COCKPIT

Wir landeten bei schönstem Wetter in der dominikanischen Hafenstadt Puerto Plata. Die gesamte Crew würde erst in einer Woche zurückfliegen. In dieser Zeit las ich in den internen Manuals, da ich auf den Linien-Check gut vorbereitet sein wollte. Während eines Apéros mit der Kabinenbesatzung setzte sich der Copilot, mit dem ich flog, zu uns. Nach kurzer Zeit fragte er mich unvermittelt, in welcher Lohnklasse ich eigentlich angestellt sei. Bei der Balair gab es Lohnlisten, und mit jedem Dienstjahr stieg man in die nächsthöhere Lohnklasse auf. Obwohl diese Frage in der gemütlichen Runde völlig unpassend war, antwortete ich: »Im neunten Dienstjahr.« Er war empört, begann lautstark zu wettern, dass man mich gar nicht erst hätte einstellen dürfen – tatsächlich gab es zwischen dem Pilotenverband Aeropers und der Swissair einen Vertrag, nach dem nur Swissair-Piloten die grossen Flugzeuge fliegen dürften –, und da es nun doch geschehen sei, zeterte er weiter, hätte man mich im ersten Dienstjahr eingruppieren müssen. Ich hielt entgegen, dass ich bereits seit zehn Jahren Düsenjets flöge, dass ich bei der TEA immerhin Instruktorin gewesen sei und sehr gut verdient hätte. Es half nichts, denn es ging leider nicht um meine vielfältige Erfahrung, sondern darum, dass ich ein Direct-Entry-Captain war. Er drohte, via Pilotenverband alles daranzusetzen, dass ich die Firma verlassen müsse. Rundum herrschte betretenes Schweigen. In diesem Moment bereute ich, zur Balair gewechselt zu haben. Mit derartig offener Feindseligkeit hatte ich nicht gerechnet.

Auf dem Rückflug steuerte der Copilot das Flugzeug. Unsere Kommunikation war reserviert und rein fachlich gehalten.

Doch er plante den Anflug in Zürich schlecht. Während des Anflugs flogen wir zu hoch und zu schnell. Mehrmals machte ich ihn darauf aufmerksam. Kurz bevor ein Durchstartmanöver nötig geworden wäre, gelang es ihm aber, das Flugzeug zu stabilisieren und zu landen. In den firmeninternen Büchern ist festgelegt, wann ein Flugzeug im Endanflug spätestens stabilisiert sein muss, wann also die Klappen und das Fahrwerk gesetzt, die Geschwindigkeit, der Kurs und die Höhe angepasst sein müssen. Dieser Anflug war alles andere als optimal. »Das wird kein gutes Debriefing«, schoss es mir durch den Kopf. Die Kritik des Instruktors kam während des Debriefings postwendend und traf als Erstes mich als Captain. »Du hättest eingreifen müssen!«

Natürlich hatte er recht, ich rechtfertigte mich trotzdem: Dreimal hätte ich ausgerufen, dass wir zu schnell und zu hoch seien! Und fügte dann noch – völlig unnötig, aber es musste einfach raus! – hinzu: »Ich habe angenommen, dass ein ehemaliger Swissair-MD-11-Copilot ein Grossraumflugzeug fliegen kann!« Das sass, meine Worte verschlugen beiden die Sprache. Als sich der Instruktor wieder erholt hatte, meinte er: »Okay, Regula, verstanden. Du kannst nach Hause, das weitere Debriefing mit dem Copiloten mache ich allein.« Ich durfte also nicht mit dabei sein, was doch eigentlich normal gewesen wäre. Das war kein guter Start bei der Balair.

Meine Aussage, dass der Copilot nicht fliegen könne, war natürlich Blödsinn, aber ich wollte diesem überheblichen Typ eins ans Schienbein treten. Was mir auch gelang. Klar konnte er fliegen; jeder kann sich bei einem Anflug mal verkalkulieren, vor allem wenn man mit einem neuen Flugzeugtyp unterwegs ist. Sein Anflug war nicht unsafe, er war nur nicht gerade optimal gewesen. Ich flog danach nie mehr mit ihm als Copiloten, denn schon bald wurde auch er Captain. Wir sahen uns erst einige Jahre später wieder, als ich bereits im Quality-Management der Belair arbeitete. Er kam zu einem Mitarbeitergespräch und begrüsste mich mit den Worten: »Wir haben ja schon manchen Kampf miteinander ausgefochten!« Und damit hatte er leider recht.

Beim nächsten Flug über den Nordatlantik, wieder Richtung Dominikanische Republik, forderte mich dann aber auch noch unser Kabinenchef heraus. Nennen wir ihn Lupo. Bei der Begrüssung schaute er mir nicht in die Augen und ignorierte mich stur; wenn er etwas zu besprechen hatte, wandte er sich an meinen Instruktor. Dieser machte ihn mehrmals darauf aufmerksam, dass nicht er, sondern ich seine Ansprechperson sei. Lupo war bereits etwas älter und, wie der Instruktor erzählte, kein Freund von Piloten und vermutlich erst recht keiner von Pilotinnen.

Nach der Landung in Punta Cana, einem sehr beliebten Ferienort mit traumhaft weissen Stränden, stieg ein Teil der Passagiere aus, neue kamen für den kurzen Weiterflug nach Puerto Plata dazu. Der Kabinenchef vermeldete, alle Passagiere seien an Bord. In der Luft stellte sich aber heraus, dass zwanzig Fluggäste stehen gelassen worden waren. Mein Instruktor wurde so wütend, dass er sich Lupo persönlich vorknöpfte. Im Hotel angekommen, fragte der Kabinenchef, wer noch auf einen Drink mitkomme. Ich wollte mit ihm reden und meldete mich. Als Einzige. Als Lupo bewusst wurde, dass wir nur zu zweit bleiben würden, stand er wortlos auf und ging. Er mochte mich definitiv nicht. Während des Heimflugs bat ich ihn dann in die Bordküche und sagte ihm, dass er mich nicht mögen müsse, dass ich aber professionelle Arbeit und ein korrektes Verhalten verlangte, und zwar umgehend. Das funktionierte, wenn unser Verhältnis auch nicht gerade herzlich wurde. Zum Glück hatte ich danach nie wieder Probleme mit der Kabinencrew.

Der nächste Flug war mein dritter auf der Boeing 767 und gleichzeitig der Linien-Check; er verlief ohne Probleme, und ich freute mich riesig, dass ich bestanden hatte. Als mein Flight-Operations-Chef mich etwas später zum Lunch einlud, fand ich das richtig nobel. Doch er wollte mir nur möglichst sanft beibringen, dass es massive Probleme mit dem Pilotenverband gegeben habe, sodass er meinen festen Arbeitsvertrag leider in einen temporären umändern müsse. Temporär hiess in diesem Fall: Ich durfte so lange bei der Balair arbeiten, bis genügend Piloten auf die Boeing umgeschult waren, und musste die Firma dann verlassen. Warum war ich nicht bei Easyjet geblieben?! Und warum hatte ich nicht die Stelle angenommen, die mir mein langjähriger Kollege Carlo vor kurzem auf einem Privatjet angeboten hatte! Nach ein paar schlaflosen Nächten rief ich Philipp, einen befreundeten Anwalt und ehemaligen Flugschüler, an. Er riet mir, meinen Vertrag unter gar keinen Umständen in einen temporären umwandeln zu lassen. Ich dürfe nichts unterschreiben. So sendete ich meinem Chef eine Mail, in der ich ihm klar mitteilte, dass ich auf sein temporäres Angebot nicht eingehen würde. Und zu meinem Erstaunen zeigte er vollstes Verständnis. Die Sache war damit erledigt, ich blieb. Unbefristet. Was da im Hintergrund mit dem Pilotenverband gelaufen war? Keine Ahnung.

»CHECK SINKRATE! CHECK ALTITUDE! CHECK HEADING! CHECK SPEED!«

Zwölf Stunden nonstop zu fliegen, war ungewohnt, oft bekam ich Rückenschmerzen vom vielen Sitzen. Der Anfang bei der Balair war also auch in dieser Hinsicht nicht ganz einfach. Ich lernte jedoch bald tolle Besatzungsmitglieder kennen. Und auf den langen Rotationen gab es auch hier viel zu erleben. Die jungen Copiloten, die von der Swissair kamen, und die Kabinenbesatzungen waren sehr freundlich zu mir. Ganz allmählich begann ich, mich wohlzufühlen. Ausserdem wurden noch weitere externe Copiloten und Flight-Attendants eingestellt, viele wunderbarerweise von der TEA. Die brachten ein kleines Stück Heimat mit, denn das Gefühl, wirklich zur Balair zu gehören, wollte sich bei mir leider nie ganz einstellen.

Mein Dienstplan beinhaltete schöne Ziele: unter anderem Phuket, die Malediven, Mauritius, Cancún, Kuba, Guadeloupe, Florida, und im Sommer kamen Flüge nach Alaska, Vancouver, Whitehorse und Calgary hinzu. Oft waren wir eine ganze Woche unterwegs. Das wunderbare Fliegerleben hatte aber auch seine Schattenseite. Zwar gewährte die Balair der Crew nach einer längeren Rotation zusätzliche freie Tage daheim, trotzdem war ich sehr viel unterwegs. »Oje, schon wieder eine Woche Mauritius!«, stöhnte ich manchmal. Es war nicht einfach, zu Hause den Kontakt zu meinen Freundinnen und Freunden aufrechtzuerhalten, zumal es damals weder SMS noch Messenger-Dienste gab. An den Wochenenden arbeitete ich meistens. Und wer wollte oder konnte mich unter der Woche schon abends zum Essen besuchen? Oft nahm ich Einladungen deshalb auch dann an, wenn ich müde war. Rückblickend war das eine weise Entscheidung, denn ich konnte sehr viele Freundschaften ins Heute retten.

Und dann trat das ein, was ich nie für möglich gehalten hatte. Es war bei einer einwöchigen Rotation nach Mombasa. Ich kannte alle Besatzungsmitglieder ausser meinen Copiloten. Nennen wir ihn Brazen. Er war Australier und lebte in London. Bereits beim Check-in war er sehr reserviert. Während des Flugs sprach er kein persönliches Wort. Ich vermutete dahinter die alten Vorbehalte wegen meines Direct Entry. Ausserdem wusste ich, dass er sein Upgrading zum Captain vor kurzem nicht bestanden hatte. Diese Prüfung nicht zu bestehen, ist äusserst schwer zu verkraften. Jeder Pilot will eines Tages das Kommando über ein Flugzeug und die Besatzung führen. In einigen Firmen, wie bei der Balair, kann ein nicht bestandenes Upgrading nach einer gewissen Zeit wiederholt werden. Bei anderen Firmen bedeutet es, auf ewig Copilot zu bleiben. Ich hatte deshalb Verständnis, dass er nicht gesprächig war.

Mein Partner Andrea begleitete mich auf der Wochenrotation nach Mombasa. Er döste auf dem Jumpseat hinter mir vor sich hin, während ich den schönen Nachthimmel betrachtete und einige Sternbilder zu erkennen suchte. Das Kreuz des Südens war noch nicht sichtbar, denn wir waren erst über dem Sudan. Plötzlich fragte mich Brazen, ob ich damals freiwillig nach Australien gegangen sei. Er meinte die Zeit, als wir mit der TEA für die Australian Airlines geflogen waren. Mein Gott, das war über zehn Jahre her! Ich kramte in meinen Erinnerungen und sagte dann: »Ja, ich hatte mich freiwillig für den Einsatz gemeldet.« Brazen drehte sich zu mir und sah mich hasserfüllt an: »Du hast hunderte Familien zerstört! Am liebsten würde ich dich hier und jetzt zusammenschlagen!« Hoppla! Ich war – gelinde gesagt – erschüttert. Tja, da war sie, die Situation, die beim Einstellungsgespräch bei der Balair thematisiert worden war, als mich der Chefinstruktor fragte, wie ich mich verhielte, wenn ein Copilot mich nicht akzeptieren würde und es während des Flugs zu Problemen käme.

In scharfem Ton, der keinen Widerspruch zuliess, machte ich klar: »Dieses Problem besprechen wir am Boden in Mombasa. Wir führen unsere Arbeit hier professionell weiter und bringen die Passagiere sicher ans Ziel! Du fliegst das Flugzeug, und ich mache meine Arbeit als Non-flying-Pilot. Keine Widerrede! Diskussion beendet!« Ich drehte mich nach hinten und sagte zu Andrea, der inzwischen aufgewacht war und unser Gespräch interessiert mitverfolgte: »Du bleibst im Cockpit und lässt mich nicht allein! Wenn du auf die Toilette musst, rufen wir eine Flight-Attendant.« Später in Mombasa wich Brazen mir die ganze Woche über aus. Auch auf dem Rückflug fand sich keine Gelegenheit, zu reden, da wir ständig Besuch im Cockpit hatten. Als wir zu Hause waren, überlegte ich, ob ich den Vorfall nicht besser melden sollte. Ich entschied mich dagegen und redete mir ein, dass es Brazen sicher gar nicht so ernst gemeint hatte. Irgendwie konnte ich ihn verstehen, wir waren damals immerhin als Streikbrecher im Einsatz gewesen, und er hatte sein Heimatland Australien verlassen und auf einem anderen Kontinent eine Stelle suchen müssen. Dennoch, sein Verhalten war in höchstem Mass unprofessionell und hatte mich sehr erschreckt.

Und dann kam der halbjährliche Simulatorcheck, ausnahmsweise in London. Ausgerechnet mit Brazen. Kurz vor dem Check rief er mich an und fragte nett und höflich, ob ich ihm die Anflugkarten kopieren könne, er sei bereits in London und habe sie in Zürich vergessen. Zuerst dachte ich: »Rutsch mir doch den Buckel runter!« Aber ich versprach ihm, die gewünschten Unterlagen mitzubringen. Im Simulator arbeiteten wir dann beide ruhig und korrekt zusammen, aber die Atmosphäre blieb sehr kühl. Weder in der Vorbesprechung noch im Simulator fiel ein persönliches Wort. Das bemerkte auch unser Instruktor. Während des vierstündigen Simulatortrainings übernehmen die Piloten abwechselnd die Funktion des Flying-Piloten und des Non-flying-Piloten. Während der eine also das Flugzeug steuert, übernimmt der andere Aufgaben wie die Kommunikation mit dem Boden, das Verlesen und Ausführen der Checklisten und, ganz wichtig, die Überwachung des fliegenden Piloten. Sämtliche Abweichungen – wie etwa eine zu hohe Geschwindigkeit, zu tiefe Sinkrate, zu geringe Höhe oder ein falscher Kurs – muss der nicht fliegende Pilot sofort ausrufen. Brazen flog fast ausschliesslich mit dem Autopiloten. Bis der Instruktor ihm alle Autopiloten abstellte und etwas später den Druck sogar noch erhöhte: Einer der beiden Motoren fiel aus.

Verabschiedet sich ein Triebwerk, muss der Pilot schnell reagieren, damit sich das Flugzeug nicht durch den einseitigen Schub um die Hochachse dreht und vom Kurs abkommt. Mit dem verbleibenden Motor wird die fehlende Leistung kompensiert, und da sich bei jeder Leistungsänderung auch das Drehmoment verändert, muss sofort mit dem Seitensteuer nachkorrigiert werden. Es empfiehlt sich daher, den Anflug mit einer kontinuierlichen Sinkrate zu planen, um grosse Leistungsänderungen und damit Seitensteuereinsätze zu verhindern. Heute sind in modernen Flugzeugen Systeme eingebaut, die dem Piloten das Fliegen mit nur einem Motor erleichtern.

Brazen hatte sichtlich Mühe, einmotorig und ohne Autopiloten zu fliegen. Ich rief emotionslos sämtliche Limitationen aus, also die Warnmeldungen beim Abweichen von vorgegebenen Werten: »Check sinkrate! Check altitude! Check heading!

Check speed!« – »Überprüfe die Sinkrate! Überprüfe die Höhe! Überprüfe den Kurs! Überprüfe die Geschwindigkeit!« In einem richtigen Notfall hätte ich ihm geholfen oder aber als Captain das Steuer selber übernommen. Hier im Simulator liess ich ihn schwitzen. Im Anflug sank er zu schnell ab und musste anschliessend viel Gas geben, damit er nicht unter die vorgeschriebene Mindesthöhe geriet. Ausserdem drückte er zu wenig ins Seitensteuer, sodass wir von der vorgegebenen Position für den Endanflug wegdrifteten. Die seitliche Limite für die Abweichung lag bei diesem Anflug bei fünf Grad. Ich rief jedes Grad Abweichung aus: »Two degrees left of centerline. Three degrees left of centerline. Four degrees left of centerline.« – »Zwei Grad links vom Kurs. Drei Grad links vom Kurs. Vier Grad links vom Kurs.« Als wir die Limite von fünf Grad überschritten, befahl ich ganz ruhig: »Go around!« – »Durchstarten!«

Nach der Simulatorsession ging Brazen, der ja in London wohnte, nach Hause. Beim Nachtessen sprach mich der Instruktor auf meine äusserst kühle Art im Simulator an und wollte wissen, ob es ein Problem zwischen Brazen und mir gebe. Ich wich aus, doch er liess nicht locker, bis ich ihm die Geschichte von dem Mombasa-Flug erzählte. Er war bestürzt und wollte es umgehend dem Chefinstruktor melden. Ich war dagegen, denn inzwischen glaubte ich fest, dass sich alles irgendwie von selber regeln würde. Ich behielt recht. Der halbjährliche Simulatorcheck geht normalerweise zwei Tage. Leider war am zweiten Tag aber der Simulator defekt, sodass wir unverrichteter Dinge heimreisen mussten. Als wir kurze Zeit später nochmals für den Check aufgeboten wurden, war nicht unser ursprünglicher Instruktor als Experte vorgesehen, sondern der Chefinstruktor. Brazen rief mich abends zuvor verzweifelt an, er habe Probleme mit dem Chef, sogar Angst vor ihm. Und er bat mich inständig, ihm beim Check zu helfen. Siehe da, dachte ich, so schnell kann das gehen. Ich half ihm. Und nach bestandenem Check verabschiedete Brazen sich von mir mit einem Küsschen links und einem Küsschen rechts. Ob er je Captain wurde und endlich links sitzen durfte, habe ich nie erfahren. Soviel ich weiss, ist er nach Australien zurückgekehrt.

Gelegentlich frage ich mich heute noch, ob er sich auch gegenüber einem männlichen Captain so verhalten hätte. Ich weiss es nicht. Ganz sicher bin ich mir aber, dass ein Mann sich das an meiner Stelle niemals hätte bieten lassen. Ja, ich hätte anders reagieren müssen, hätte in Mombasa für den Rückflug einen anderen Copiloten verlangen oder sofort den Chefpiloten einschalten sollen. Das war rückblickend ein Fehler. Immer habe ich versucht, Probleme allein zu lösen, und ich wollte nie jemanden verpetzen. Vermutlich hätte mir der Austausch mit anderen Frauen gutgetan. Doch ich hatte damals keine direkte weibliche Vorgesetzte, keinen Safety-Manager und keine Copilotin, mit denen ich hätte reden können.

BALAIR AM BODEN

Zum ersten Mal packte ich nur eine kleine Tasche für unseren Flug über den Nordatlantik: Reisenecessaire, etwas Ersatzwäsche, Uniformbluse, Bikini, Shorts, T-Shirt und Sandalen sollten für eine Nacht in Punta Cana reichen. Doch als wir am nächsten Tag auf die Maschine warteten, die uns zurückfliegen sollte, erfuhren wir, dass diese nicht auf dem Weg sei, sondern im Gegenteil noch in Zürich stehe. Eine Maus befinde sich im Cockpit und sei leider noch immer flüchtig. Das Flugzeug war damit nicht flugtauglich, denn ein Nagetier könnte Kabel und

Schläuche anknabbern. Wir mussten also noch eine Nacht in Punta Cana bleiben. Kein Problem. Im Hotelshop kaufte ich mir ein T-Shirt. Dieselbe Information am zweiten Tag. Und am dritten erfuhren wir, dass unsere Passagiere mit einem kleineren Flugzeug zurückgeholt würden, wir aber die ganze Woche bleiben müssten. Eine kleine Tasche zu packen, war definitiv keine gute Idee gewesen. Der erzwungene Aufenthalt hatte aber auch sein Gutes.

Copilot Raju und ich wollten es hier einmal mit Golf versuchen. Wir waren beide Anfänger und besassen kein korrektes Outfit, was auf dem anvisierten Golfplatz glücklicherweise keine Rolle spielte. Ermutigt vom Erfolg auf der Driving Range, wo wir die ersten Schläge übten, fragten wir nach einer T-Time, das ist in der Golfersprache die Abschlagszeit, und zwar um eine um die Mittagszeit herum. Unsere Überlegung dabei war, dass bei der Hitze sicher niemand auf dem Platz sein und unser dilettantisches Spiel beobachten würde. Es gab dann aber doch ein vergnügtes Ehepaar aus den USA, dem es nichts ausmachte, mit blutigen Anfängern zu spielen. Es machte Spass, nicht nur weil die beiden uns überschwänglich für jeden Schlag lobten, sondern weil sie einfach auch sehr hilfsbereit und verständnisvoll waren. Ich beschloss, mich auch daheim diesem tollen Sport zu widmen. Das war, wie sich später herausstellen würde, eine schicksalhafte, glückbringende Entscheidung.

Aus den zwei Jahren bei der Balair gäbe es noch vieles zu erzählen. Etwa wie wir mit unserem Kabinenchef Werni auf einer einsamen Strasse in der Dominikanischen Republik zum immer selben Bachata-Song eine ganze Nacht durchtanzten. Oder wie mich nach einem Flug via Sri Lanka auf die Malediven meine beiden Pilotenkollegen Louis und Rainer – wir waren wegen der langen Duty-Time zu dritt – nach der morgendlichen Ankunft einfach nicht schlafen gehen lassen wollten. »Nur ein Bier, versprochen!«, sagten sie. Stunden später sassen wir immer noch an der Bar, barfuss zwar, aber nach wie vor in unseren blauen Uniformen (selbstverständlich ohne Patten und Namensschild!). Oder wie mich Ronnie – er war Chef Ground-Operations in Zürich, also für alles verantwortlich, was am Boden gemanagt werden muss, unter anderem für den Passagierdienst, das Enteisen, das Betanken und die Überflugrechte –, wie mich Ronnie also einmal lange und vergeblich telefonisch suchte. Ich war damals gerade wieder auf den Malediven, und er bat die Hotelrezeption, ihn mit mir zu verbinden. Er bekam aber immer die Antwort, diese Person gebe es nicht. Schliesslich dämmerte es ihm, dass er immer nach dem Captain Eichenberger gefragt hatte. Also änderte er seine Frage, und siehe da, endlich erhielt er die Antwort, die er schon längst hätte bekommen können: »Ah, you mean Lady-Captain Eichenberger, yes, Lady-Captain Eichenberger is here.« Oder wie in Kuba ein Zimmermädchen in unbeschreiblicher Freude den Flur hinabtanzte, nachdem ich ihr mein Hochzeitskleid geschenkt hatte.

Warum ich das schlichte weisse Kleid mit auf die Rotation genommen hatte? Nun, wie viele Frauen habe ich es nach der Hochzeit reinigen lassen und dann im Keller in einen Schrank gehängt. Dort ging es bis zum jeweils nächsten Zügeltermin vergessen. Es in eine Kleidersammlung zu geben, war keine Option für mich. Nach Afrika mitnehmen, wo viele Menschen weniger als nichts haben? Ich wusste nicht recht. Aber dann hatte ich eine Rotation nach Kuba, wo trotz Kommunismus viele katholisch sind, und ich packte das Kleid samt Accessoires zu Bikini und Shorts in den Koffer. Im Hotel hielt ich dann Ausschau und entdeckte auf meinem Korridor das Zimmermädchen. Leider konnte die junge Frau kein Englisch und ich nicht gerade viel Spanisch. Ich bat sie in mein Zimmer und drückte ihr das Kleid in die Hand. Sie verstand nicht, hielt es an meinen Körper und machte mir Komplimente. »No, no, no«, wehrte ich ab und hielt es an ihren Körper, während ich zu erklären versuchte, dass das Kleid ein Geschenk sei – für sie. Es dauerte, bis sie verstand. Was dann passierte, kann ich kaum in Worte fassen: Das Erstaunen, als sie begriff, die unglaubliche Freude in ihrem Gesicht – diese Begeisterung werde ich nie mehr vergessen. Damit sie keine Probleme bekam, übergab ich ihr auch noch eine schriftliche Bestätigung, dass ich ihr das Hochzeitskleid geschenkt hatte. Sie umarmte mich, dankte und stürmte mit dem Kleid auf den Gang hinaus. Ich bin mir sicher, dass es viele Male eingesetzt wurde.

Und dann ging auch diese Zeit zu Ende. Es war das grauenhafte Jahr 2001. Schon seit geraumer Zeit waren die Probleme der Swissair auch bei der Balair Thema. Nicht nur in Meetings, sondern auch unter den Crews an Bord. Niemand rechnete aber mit dem Schlimmsten. Doch dann legten die Anschläge vom 11. September in den USA den Flugverkehr weltweit lahm. Das versetzte der Swissair den Todesstoss. Als ich am 2. Oktober mit einem privaten Flugschüler in einer Seneca unterwegs war, wunderten wir uns bei der Landung in Zürich über die vielen weiss-roten Flugzeuge, die am Boden standen. Die Swissair war zahlungsunfähig. Eine Schockwelle überrollte das Land. Für viele Swissair- und Balair-Mitarbeiter und -Mitarbeiterinnen brach eine Welt zusammen. Sie hatten Angst um ihre Zukunft. Die Heilsarmee verteilte an gestrandete Fluggäste Tee und Suppe, das Personal versuchte verzweifelt, aber vergebens am Swissair-Kassenschalter Geld zu beziehen. Die ganze Welt staunte über das einst Undenkbare. Der Swissair-Bankrott liess niemanden kalt.

Als hundertprozentige Tochter war die Balair vom Swissair-Grounding direkt betroffen. Drei Tage später stand auch unsere Flotte am Boden. Glücklicherweise nur kurz. Zwar waren auch die Konten der Balair plötzlich leer, aber Hotelplan – der Schweizer Reiseveranstalter, für den die Balair exklusiv flog – schoss Geld vor, um den Flugbetrieb aufrechtzuerhalten.

Da die Balair-Geschäftsleitung befürchtete, dass es durch das Swissair-Debakel zu Problemen mit Vertragspartnern im Ausland kommen könnte, mussten wir als Captains auf unseren Rotationen nun grössere Mengen Dollar dabeihaben, damit es bei der Treibstoffversorgung oder bei den Abfertigungsfirmen zu keinem Engpass kam. Was von dem Geld nicht gebraucht wurde, übergaben wir der nächsten Crew. Sogar am Flughafen Zürich musste Ronnie in seiner Funktion als Ground-Operations-Chef die Treibstofflieferanten nun täglich bar bezahlen.

Ein bitter-süsses Zückerchen bekam ich aber noch: Nach der Betriebseinstellung der Balair durfte ich eine der beiden schönen 767 nach Hamburg fliegen, wo sie an die Leasing-Gesellschaft zurückgegeben wurde. Mit an Bord war der über zwanzig Seiten lange Enthaftungsvertrag und viel Wehmut, weil auch ich nicht wusste, wie es weitergehen würde. Das Balair-Grounding war für mich nach der TEA bereits die zweite Pleite eines Arbeitgebers. Da ich in dieser Zeit mit meinem Partner Andrea gerade von Oberglatt nach Embrach umzog – übrigens nicht wegen des Fluglärms, sondern weil die Strasse vor dem Haus unerträglich laut geworden war –, gelang es mir, die Gedanken über meine Zukunft noch etwas beiseitezuschieben. Kurze Zeit später war die Sache klar.

EIS ÜBER DUBAI

Im Hintergrund arbeitete die Geschäftsführung der Balair mit Hotelplan zusammen eifrig an einer neuen Charterfluggesellschaft, die bereits am 15. Oktober 2001 die Betriebsbewilligung vom Bundesamt für Zivilluftfahrt erhielt. Aus Balair wurde Belair. Fliegendes Personal der Balair, das über einen Vertrag mit der Swissair verfügte, musste sich entscheiden, ob es bei der neuen Belair einsteigen oder zur ebenfalls neu entstehenden Swiss wollte. Ich hatte nur einen Vertrag mit der Balair und kam deshalb zwangsläufig zur Belair. Und schon bald ging es los. Vorerst wurden bei der neuen Fluggesellschaft zwei Boeing 757 eingesetzt, und solidarisch verzichteten alle Cockpitcrews auf einen Teil ihres Lohns. So konnten trotz anfänglichem Personalüberbestand viele Stellen für die geplante Erweiterung der Belair-Flotte erhalten bleiben. Ein paar Monate später stiess mit der HB-ISE, einer Boeing 767, das dritte Flugzeug dazu. Wir wuchsen.

Bei der Belair sassen wir nun alle im selben Boot: Das ehemalige Swissair-Personal verlor seinen Status, es gab keinen Unterschied mehr zwischen den Besatzungen. Und die luxuriösen Zeiten waren endgültig vorbei. Dead-Head-Flüge – mit diesen werden Crewmitglieder an ihren Einsatzort befördert, wenn sie nicht von Zürich aus arbeiten – in der Business- oder First Class gehörten der Vergangenheit an, genauso wie die Unterbringung in Fünfsternehotels. Belair nahm schnell Fahrt auf, und unser Fliegerleben war mit Kurz-, Mittel- und Langstrecke bald wieder abwechslungsreich. San Francisco und Las Vegas kamen ins Programm, 2004 auch Flüge an die Fussballeuropameisterschaft in Lissabon. Für eines der Spiele besorgte Copilot

Markus, genannt Mäge, der ganzen Crew Tickets. Ein tolles Erlebnis!

Noch im selben Jahr, am 26. Dezember 2004, verursachte ein Erdbeben im Indischen Ozean einen katastrophalen Tsunami. Über zweihunderttausend Menschen starben, mehr als hunderttausend wurden verletzt, darunter viele, die ihre Ferien dort verbrachten. Unsere Boeing 767 wurde in ein Repatriierungsflugzeug umgerüstet, und meine Kollegen holten gemeinsam mit der Schweizerischen Rettungsflugwacht Rega verletzte Schweizer Touristinnen und Touristen nach Hause. Der Tsunami warf auch das Charterprogramm über den Haufen. Die Phuket- und Malediven-Flüge wurden kurzzeitig gestrichen, dafür kam Goa ins Programm.

Wir – das waren die Flight-Attendants Sarah, Alexandra, Silvia und Sandra, Copilot Mäge, Kabinenchef Walti und ich – flogen eine der begehrten Wochenrotationen nach Goa. Wie lange war ich nicht mehr hier gewesen! Auf der Busfahrt vom Flugplatz zu unserem indischen Hotel freute ich mich, die Reisfelder wiederzusehen, die Kühe auf den Strassen, die Steinhäuser am Wegrand mit der obligaten Haussau (deren Zweck ich hier nicht genau beschreiben möchte, nur dies: Ein Grossteil der Menschheit verfügt über keine herkömmliche Toilette), die Menschen in ihren bunten Gewändern – ich genoss das wuselige Durcheinander Goas.

Vor einem mit Bambusstangen eingerüsteten Haus hielt unser Busfahrer plötzlich an. Überall wurde gesägt, gebohrt und gehämmert. Wir warteten darauf, dass er weiterfuhr. Doch das tat er nicht. Irgendwann realisierten wir: Das halb fertige Haus war unser Hotel. Verblüfft stiegen wir aus und nahmen den unangenehmen Geruch wahr, der von den toten Fischen herrührte, die auf der Strasse zum Trocknen auslagen. Unsere Zimmer waren offensichtlich gerade erst fertiggestellt worden, die Vorhänge fehlten noch, ebenso die Rezeption und der Frühstücksraum, und der Aussenbereich war eine Baumaterialwüste. Immerhin gab es bereits einen Pool, den wir benutzen konnten, mit eilig ausgelegten Rasenplatten drum herum. Trotz der Unzulänglichkeiten genossen wir die Woche. Auch unser Kabinenchef Walti, der sich jeden Morgen ein Taschentuch vor Mund und Nase drückte und losrannte, bis die Fische ausser Riechweite waren.

Goa hatte sich in den letzten Jahren sehr verändert. Einsame Strände fanden wir keine mehr, der Massentourismus hatte bereits überall Spuren hinterlassen. Dennoch liess es sich hier wunderbar faulenzen, und Sarah zeigte ihr Kitesurf-Können; abends trafen wir uns zum Apéro und schlemmten in den Strandhütten-Restaurants; besuchten die Märkte, wo wir um Stoffe, Saris, Schmuck feilschten. Und Copilot Mäge nahm alles mit der Kamera auf und kommentierte das Video, das er uns später zukommen liess, zu Hause in perfektem Indisch-Englisch.

Schon bald nach dem Tsunami konnten wir Phuket wieder anfliegen. Wir blieben aber nicht in Thailand, sondern kombinierten die Rotation mit Flügen nach Sharjah in den Vereinigten Arabischen Emiraten, wo wir jeweils drei volle Tage verbrachten. Die meisten genossen die Zeit am Pool, einige Crewmitglieder auch in den riesigen Shoppingcentern im nahe gelegenen Dubai. Manchmal waren deren Koffer so schwer, dass ich fragte: »Bisch am Zügle?«* Ich staunte, was sie alles einkauften. Mir selbst wurde meistens nach zwei Stunden im Einkaufstempel langweilig, dann fuhr ich mit dem Taxi ins Hotel zurück und nahm die bereits getätigten Einkäufe der Flight-Attendants mit.

---

* »Ziehst du um?«

Dort mussten mir die Portiers beim Ausladen helfen. Die anderen Hotelgäste schauten mich schon etwas komisch an. Obligatorisch war auch ein Trip in die Wüste, wo wir mit dem Auto die steilen Dünen hinauf- und hinunterkurvten oder dies zumindest versuchten, sowie ein Apéro im imposanten Burj al Arab, dem damaligen Wahrzeichen von Dubai, einem der luxuriösesten Hotels der Welt, das wie ein riesengrosses Segel aussieht. Manchmal hatte ich Glück und unsere Kabinenchefin Claudia Degen war mit dabei. Sie kannte sich bestens aus in Dubai und zeigte mir Plätze und Restaurants fernab vom Tourismus.

Während eines Aufenthalts in Sharjah war ich einmal allein auf weiter Flur zu Fuss unterwegs. Es war ein heisser, ruhiger Nachmittag. Plötzlich, rumms!, krachte es neben mir. Instinktiv duckte ich mich und rannte in den nächsten schützenden Hauseingang. War das ein Anschlag auf mich? Niemand war zu sehen, kein Mensch, noch nicht einmal ein Auto. Ich kauerte eine Weile verängstigt am Boden. Mein Herz raste. Dann sah ich es liegen. Auf dem Trottoir. Ein grosses blaues Stück Eis. Ich schaute an dem Haus hoch, alle Fenster waren geschlossen. Dann blickte ich in den Himmel, sah Flugzeuge und begriff. Blue Ice! Sind die Ventile einer Flugzeugtoilette undicht, treten Tröpfchen aus, blau gefärbt vom Desinfektionsmittel. In grossen Höhen gefrieren sie allmählich zu grossen Eisklumpen, lösen sich irgendwann ab und landen krachend auf der Erde. Wie gerade eben. Ich hatte richtig Glück gehabt. Mit weichen Knien lief ich weiter, kopfschüttelnd wegen meiner Befürchtung, dass es ein Anschlag auf mich persönlich gewesen sein könnte, und froh darüber, dass ich überlebt hatte.

Von Weihnachten bis weit in den Januar hinein war in Sharjah alles festlich geschmückt. Künstliche Schneemänner bevölkerten den Rasen um den Swimmingpool, überall und immer waren »Jingle Bells« und Co. zu hören. Schon zu Hause störte mich der Weihnachtsrummel, aber in einem muslimischen, buddhistischen oder hinduistischen Land wirkte er geradezu grotesk. Eine spezielle Zeit war auch der Fastenmonat Ramadan, in dem Muslime tagsüber nichts zu sich nehmen dürfen. Abseits von den anderen Hotelgästen wurden wir trotzdem mit Getränken und leichter Kost versorgt. Wir sollten ja fit für den nächsten Flug sein.

Einmal, es war ein 26. Dezember, sollten wir als Passagiere von Dubai über Bangkok nach Phuket fliegen, um dort am darauffolgenden Morgen einen Flug nach Zürich anzutreten. Wir kamen aber mit acht Stunden Verspätung in Bangkok an, sodass wir den Anschlussflug nach Phuket verpassten. Alle anderen Flüge nach Phuket waren restlos ausgebucht. Erst da wurde uns klar, dass der 26. Dezember der Jahrestag des Tsunami war und viele Angehörige dorthin reisten, um ihrer Verstorbenen zu gedenken. Wir versuchten alles, erreichten nichts. Schliesslich konnte nur Ronnie in Zürich helfen. Und da ihm immer das Unmögliche gelang, erhielten sämtliche Besatzungsmitglieder doch noch einen Sitz, allerdings in verschiedenen Flugzeugen. Völlig erschöpft erreichten wir vierundzwanzig Stunden später unser Hotel. Nach einer minimalen Ruhezeit waren wir – wenn auch mit ein paar Stunden Verspätung, für die wir uns bei den Passagieren selbstverständlich entschuldigten – bereit für den Rückflug nach Zürich.

SCHNEE ÜBER ZÜRICH

Auf die Flugwetterprognosen, die den Piloten zur Verfügung gestellt werden, hatte ich mich in meiner langen Laufbahn meistens verlassen können. Zumal deren Qualität und Zuverlässigkeit im Lauf der Jahre ständig zunahmen. Manchmal verschätzten sich die Meteorologen aber doch. Wie an jenem 4. März 2006, als wir in Punta Cana für unseren Rückflug die Wetterlage studierten. Für unsere Ankunft in Zürich war etwas stärkerer Wind und eventuell leichter Schneefall vorausgesagt. Am Vortag hatte ich jedoch mit Geni, meinem späteren zweiten Ehemann, einige SMS ausgetauscht. Er schrieb, dass laut »Tagesschau« auf jeden Fall mit Schnee zu rechnen sei. Aus langer Erfahrung vorsichtig geworden, entschied ich, statt die vor Ort zum Mitnehmen bereitstehende Fracht einzuladen, lieber mehr Kerosin in den Tank zu füllen. Denn die Fracht konnte warten, aber plötzlicher Schneefall war eine heikle Angelegenheit. Er konnte zu langen Verzögerungen in der Luft führen und in einem Chaos enden, wenn der ganze Flughafen geschlossen werden musste.

Am Boden müssen bei Schnee umgehend die Pisten, sämtliche Taxiways, Standplätze, Treppen und Zugänge geräumt werden. Am Flughafen Zürich stehen dafür im Winter über dreihundert in- und externe Mitarbeiter bereit. Ein Einsatzleiter führt je eine Räumgruppe an, die aus zwei Einzelpflügen, einer riesigen Schneefräse, einem Grossenteiser und sieben multifunktionalen Jetbrooms, die pflügen, bürsten und blasen, besteht. Diese Jetbrooms fahren im Konvoi versetzt hintereinander her, gefolgt von den Pflügen, der Schneefräse und dem

Enteiser. Da eine Piste in Zürich sechzig Meter breit ist, werden bei einer Räumung zwei Gruppen gleichzeitig aufgeboten, also zweiundzwanzig Fahrzeuge. Ein gewaltiges Spektakel. Und eine Arbeit, die höchste Sorgfalt und Vorsicht verlangt, damit keine Pistenlampe, keine Markierung und auch keines der teuren Flugzeuge beschädigt wird. Auf Youtube gibt es unter dem Suchbegriff »Jetbroom 9000: Zürich Airport« ein sehenswertes Kurzvideo.

Wenn die Pisten geräumt sind, wird der Pistenzustand in einem Report zusammengefasst und den startenden und landenden Piloten zur Verfügung gestellt. Dieser Report gibt Auskunft über die Art und Höhe des verbliebenen Schnees und Eises auf der Piste, die oft nicht schwarzgeräumt werden kann, und über den sogenannten Bremskoeffizienten, der angibt, wie schnell ein Flugzeug auf der Piste zum Stehen kommt. Da kein Salz verwendet werden darf – das würde Pisten, Rollwege und Parkflächen zwar für Stunden freihalten, die Flugzeuge selbst aber korrodieren lassen –, benutzt man Enteisungsmittel. Diese sind in den letzten Jahren glücklicherweise viel umweltfreundlicher geworden. Es heisst, dass es in den USA noch Flughäfen gibt, die den Schnee mit Wärme bekämpfen. Auch in Zürich können Standplätze beheizt werden, allerdings nur noch wenige. Sie sind installiert worden, als CO_2 noch kein Thema war.

Aber auch die Wirkung dieser Enteisungsmittel ist zeitlich begrenzt, deshalb muss vor jedem Start ausgerechnet werden, wie lange sie vorhält; das ist die sogenannte Holdover-Time. Je nach Temperatur, Art des Niederschlags, des eingesetzten Enteisungsmittels und des Auftrageverfahrens variiert diese. Wird die Holdover-Time nicht eingehalten, muss nochmals enteist werden. Die gesamte Winter-Operation ist in dicken Ordnern festgehalten, und weil sie so komplex ist, müssen die Piloten sie vor jedem Winter repetieren.

Starker Schneefall vor einem Abflug kann also lästig sein, weil die Passagiere vom langen Warten ungeduldig werden. Wird man aber beim Anflug von Schneefall überrascht, kostet es richtig Nerven, denn dann hat man bezüglich des Treibstoffs schnell nur noch wenig Spielraum. Ganz abgesehen davon, dass Landungen auf einem Ausweichflughafen erhebliche Kosten verursachen, weil zusätzliche Landetaxen und Abfertigungsgebühren, unter Umständen auch Transportkosten für die Passagiere anfallen, die ja irgendwie zum eigentlichen Zielflughafen gebracht werden müssen. Und arbeitet die Crew aufgrund der zusätzlichen Landung über die erlaubte maximale Dienstzeit hinaus, muss sie ausserdem durch eine neue ersetzt werden.

Während unseres Rückflugs von Punta Cana hörten wir also die neuesten Wettermeldungen für Mitteleuropa ab. Demnach schneite es dort nicht nur leicht, wie prognostiziert, sondern anhaltend und kräftig. Als wir Zürich erreichten, war noch keine der drei Pisten für eine Landung präpariert. Wir flogen in den Warteraum über den Wolken und drehten im schönsten Sonnenlicht eine Runde nach der anderen. Obwohl der Autopilot zuverlässig arbeitete, hatten wir einiges zu tun, während Flight-Attendant Alexandra uns kalte Tücher gegen die Müdigkeit in den Nacken legte. Wir hörten den Automatic Terminal Information Service (ATIS) ab, den ständig aktualisierten Wetterbericht und die Pistenreports, überprüften die Bremswirkung mittels Tabellen und – am wichtigsten! – passten die Kraftstoffplanung an alle denkbaren Varianten an. Ausserdem hielten wir die Passagiere auf dem Laufenden, kontrollierten, ob der Ausweichflughafen noch offen war oder ob wir für den Fall der Fälle einen neuen suchen mussten.

Nach einer gefühlten Ewigkeit durften wir endlich in Zürich landen. An das genaue Datum, den 4. März 2006, erinnere ich mich deshalb so genau, weil ich danach noch zu Geni auf einen Kaffee fuhr. Von Andrea hatte ich mich inzwischen in aller Freundschaft getrennt. An jenem Tag schneite es immer weiter, sodass an ein Heimfahren nicht mehr gedacht werden konnte. Ein Jahr später heirateten wir.

Eine weitere nicht ganz zutreffende Wetterprognose erhielten wir an einem 18. Oktober, meinem Geburtstag. Für den Abend, es war ein Samstag, hatte ich mit einem anderen Geburtstagskind ein grosses Fondue-Essen mit vielen Freundinnen und Freunden geplant. Am Morgen hatte ich noch einen Flug nach Palma de Mallorca und retour. Die 757 war bis auf den letzten Sitz besetzt, und auf dem Jumpseat sass ein bekannter Schweizer Künstler, ein Gast unseres CEO. Leichte Bewölkung war angesagt und eine geringe Neigung zu temporären Gewittern. Wir tankten deshalb nur wenig mehr als das vorgeschriebene Minimum. Kurz nach Marseille standen am Horizont jedoch riesige Gewittertürme. Der Flugverkehrsleiter informierte uns, dass der Flughafen von Palma wegen Gewitter geschlossen sei. Wir reduzierten unsere Leistung und damit die Geschwindigkeit, um Kraftstoff zu sparen, und flogen ins Holding im Norden der Insel. An den Wochenenden war Palma ein stark frequentierter Flughafen und der Funkverkehr entsprechend überlastet. Viele Piloten wichen lieber gleich nach dem nur einen Katzensprung entfernten Ibiza aus.

Nach einigen Warteschleifen im Holding schien sich das Wetter zu beruhigen, wir bekamen die Meldung, dass der Flughafen wieder geöffnet sei. Wir verliessen den Warteraum und folgten den Kursanweisungen des Flugverkehrsleiters als Nummer zwei, hinter einer anderen Maschine. Obwohl wir mittels Radar versuchten, den stärksten Zellen auszuweichen, schüttelte es uns während des Anflugs so durch, dass ich kaum die Instrumente ablesen konnte. Der Regen hämmerte gegen die Cockpitfenster und den Flugzeugrumpf. Im Endanflug bekamen wir mit, dass die vor uns fliegende Maschine die Landeerlaubnis erhielt; dabei gab der Tower wie immer die aktuelle Windrichtung und Windstärke durch. In diesem Fall meldete er starken Regen, Querwind mit 60 Knoten – also über 110 Stundenkilometer – und eine Sicht von gerade nur 300 Metern. Das lag ausserhalb jeder Limite, sodass wir den Anflug sofort abbrachen und durchstarteten. Nun hiess es entscheiden, ob nicht auch wir besser nach Ibiza auswichen. Noch während wir durchstarteten, zeigte aber der Wetterradar, dass sich die Gewitterfront Richtung Osten verzog. Wir versuchten nochmals einen Anflug, wie das Flugzeug vor uns, das den ersten Anflug ebenfalls abgebrochen hatte. Als dieses erfolgreich gelandet war, warnte uns der Pilot per Funk: »Passt auf, bei fünf Meilen bekommt ihr noch mal eins draufgehauen!« Wir waren also auf Schlimmeres gefasst.

Aber so etwas hatte ich dann doch noch nie erlebt! Erst bekamen wir einen heftigen Schlag von oben, dann einen Kinnhaken von unten. Glücklicherweise waren wir nach einigen Sekunden durch das Unwetter hindurch. Die Landung verlief problemlos. Ich war nassgeschwitzt, aber erleichtert. Unser Passagier auf dem Jumpseat hatte während der ganzen Zeit kein Wort gesagt, war aber sichtlich mitgenommen. Die meisten Fluggäste waren kreidebleich, etliche Sickness-Bags gut gefüllt. Einer küsste nach dem Aussteigen den Boden. Als wir schliesslich wieder in Zürich eintrafen, teilte eine Flugbegleiterin mir mit, dass dies für sie definitiv der letzte Flug gewesen sei. Das tat mir sehr leid.

Eine Woche später flog ich die gleiche Strecke. Es regnete leicht. Als ich in Palma an der Treppe stand und die nach Zürich zurückfliegenden Passagiere begrüsste, fragten sie mich, ob das Wetter besser sei als beim Hinflug. Ich konnte sie beruhigen. Auf der ganzen Route war es dann auch schön: keine Wolken, kein Wind. In Zürich mussten wir wegen starken Verkehrsaufkommens dann trotzdem in den Warteraum. Der Lotse erlaubte uns aber, statt im Holding zu verharren, einen Abstecher zum Matterhorn und zu den Berner Alpen. Bei der Landung klatschten die Gäste. Einige bedankten sich danach persönlich bei mir, von anderen erhielt ich später einen netten Brief, und der Künstler, der auch auf dem Rückflug wieder auf dem Jumpseat sass, schickte mir eine schöne Dankeskarte.

QUÖLLFRISCH FÜR RONALDINHO

Berühmte Gäste hatte ich nur wenige an Bord. Die sind eher in Privatjets unterwegs oder buchen Linienflüge in der Ersten Klasse. Bei der Crossair flog ich einmal Vico Torriani und Caterina Valente, aber wer kennt die heute noch? Belair unternahm aber Champions-League-Spezialflüge für Mannschaften wie Arsenal, Manchester United und Barça, den FC Barcelona. Dafür wurde meistens Kabinenchef Peter Näf eingesetzt. Er war nicht nur fussballbegeistert, sondern auch ein wandelndes Lexikon, was diesen Sport betrifft, und sprach neben Englisch zudem fliessend Spanisch. Im Briefing bläute er der Besatzung immer ein, dass sie während des Flugs bitte keine Autogramme sammeln sollten, damit sich die Stars nicht belästigt fühlten. Oft erhielt die Crew aber trotzdem eine Unterschrift, ganz ohne fragen.

Einmal konnte auch ich den FC Barcelona von Spanien nach Mailand fliegen. Es war die Zeit, als Superstar Ronaldinho für den Klub spielte, mit Trainer Frank Rijkaard und Präsident Joan Laporta. An Bord bat Laporta um katalanische Zeitungen, da er die spanische »El País« offenbar nicht lesen mochte; leider hatten wir keine dabei. Peter Näf sorgte dann dafür, dass die gewünschte Zeitung auf dem Rückflug und auf allen zukünftigen Flügen mit Laporta vorhanden war. Er schaffte es auch, Ronaldinho für das Appenzeller Quöllfrisch-Bier zu begeistern, das wir an Bord hatten – im Gegensatz zu anderen Klubs durften die Barça-Spieler nach dem Match Bier trinken. Auf dem Flughafen in Mailand warteten hunderte Barça-Fans, um ihre Kicker zu begrüssen. Als es am Tag nach dem Match – der FC Barcelona hatte gewonnen – wieder zurück nach Spanien gehen sollte, mussten wir lange warten, bis der italienische Tankwart sich bequemte, unser Flugzeug zu betanken. Vermutlich hatte er die Niederlage seines Klubs AC Milan nicht vertragen und wollte den Barça-Spielern damit eins auswischen.

Daneben gab es noch andere Spezialflüge, welche die Belair-Crews rund um die Welt führten, nach Afrika, Südamerika, Asien. Auch ich durfte einmal einen der heiss begehrten All-inclusive-Programmreisen als Captain begleiten, den dreiwöchigen »Asia Cruise Flight«: Myanmar–Vietnam–Shanghai–Borneo–Bangkok. Schon zu Hause gab es einiges vorzubereiten. Unser Büro bei der Belair musste Slots für die jeweiligen Starts und Landungen sowie Überflugs- und Landebewilligungen einholen; ausserdem hiess es Abfertigungsfirmen organisieren, Flugpläne und Performance-Berechnungen in Auftrag geben. Sämtliche Crewmitglieder mussten ihren Pass hinterlegen und sich einen neuen ausstellen lassen, der ausschliesslich für diesen dreiwöchigen Asienflug eingesetzt wurde. Ansonsten hätten wir bei künftigen Flügen in die USA Probleme befürchten müssen, weil die US-Regierung gegen das vom Militär regierte Myanmar strikte Sanktionen verhängt hatte.

Während der drei Wochen hatten wir etwa hundertsechzig Gäste an Bord. Zu ihrer Betreuung standen ein Arzt und diverse Reiseleiter parat. Diese waren nicht zu beneiden, sie wurden rund um die Uhr von den Gästen in Anspruch genommen. Die Passagiere mussten sich um nichts kümmern, bei den Zwischenstopps nur ihren gepackten Koffer vor die Hotelzimmertür stellen und an den vereinbarten Terminen in der Lobby erscheinen. Zwei Catering-Verantwortliche sorgten für das leibliche Wohl, was keine leichte Aufgabe war, da auf den fernöstlichen Flughäfen nicht unbedingt die gewohnten Serviceangebote bereitstanden; allein schon eine ununterbrochene Kühlkette für die tiefgefrorenen Leckereien zu gewährleisten, war eine beachtliche Herausforderung. Begleitet hat uns auch Kurt Knecht, unser lizenzierter Flugzeugmechaniker, der sämtliche benötigten Unterhaltsarbeiten ausführte. Die Kabinenbesatzung trug in jedem Land die jeweilige Landestracht und schmückte auch das Flugzeug entsprechend.

Natürlich hatten auch wir vom Cockpit mehr zu tun. Da die Belair keine dieser Destinationen in ihrem normalen Charter-Programm anflog, musste vieles vor Ort selbst organisiert werden. Wir Piloten waren für den Fall der Fälle zu dritt, Captain Marco Lupi, Copilot Christian Frei und ich. Jeweils zwei kümmerten sich um den Flug, während der dritte für die Beladung verantwortlich war. Diese wurde immer grösser und sperriger, da unsere Passagiere wacker einkauften.

Dieser Einsatz war ein einmaliges Erlebnis, da wir viele Ausflüge mitmachen konnten, aber es war auch eine ziemliche Bewährungsprobe, weil wir als Crew ungewohnte drei Wochen am Stück harmonieren und funktionieren mussten. Was zugegebenermassen nicht immer gelang, vieles liess sich aber im Gespräch bereinigen.

DÜFTE UND ANDERE HERAUSFORDERUNGEN

Fliegen war im Lauf der Jahre sehr viel billiger geworden und die Anspruchshaltung einzelner Passagiere stark gestiegen. Wobei ich sagen muss, dass die meisten Fluggäste wirklich sehr nett und kooperativ waren. Doch es kam in Mode, schwere Rollkoffer mit ins Flugzeug zu bringen; wer diese nicht selbst in die Gepäckablagen wuchten konnte, erwartete ganz selbstverständlich, dass die Besatzung das übernahm. Im Gang stauten sich dann die Passagiere, und das Boarding stockte, was die Cockpitcrew nervös machte, da sie den Slot einhalten musste. Einige Passagiere trödelten gern auch noch im Duty-free herum und bequemten sich erst nach dem Final Call zum Flugzeug. Kam jemand auch dann nicht, musste im Frachtraum dessen Gepäck aussortiert werden. Nicht, weil man dem unpünktlichen Passagier einen Gefallen tun wollte, sondern, weil Gepäckstücke, deren Besitzer nicht an Bord sind, nicht befördert werden dürfen. Mir taten die Arbeiter leid, die deshalb sämtliche Koffer aus- und erneut einladen mussten.

Es kam auch vor, dass der Passagier genau dann wieder auftauchte, wenn sein Gepäck endlich gefunden war. Der Slot war dann natürlich verpasst, und wir mussten die nächste Startmöglichkeit abwarten. Das ging mir mit der Zeit derart auf die Nerven, dass ich das Prozedere änderte: Ich liess das Gepäck erst ganz am Schluss suchen und forderte die Bodencrew gleichzeitig auf, den Flug »zu schliessen«, wie es in der Fachsprache heisst. Damit waren unter anderem die Passagierlisten und der Beladungsplan definitiv abgeschlossen, und ich konnte keinen Passagier mehr mitnehmen. Das ist tatsächlich ein paarmal passiert. Ich liess mich nie erweichen. Wer nicht hören will ...

Manchmal hatten unsere Flight-Attendants auch Diskussionen mit Fluggästen, die halb nackt ins Flugzeug stiegen. Unerfahrene Kabinenchefs liessen das durch, gute blieben strikt und verlangten, dass sie sich anzogen. Wer wollte schon stundenlang neben einem schwitzenden nackten Oberkörper sitzen? Es ging allerdings noch deftiger. Das Boarding für unsere B-757 hatte begonnen, und die Cockpittür stand noch offen. Ich gab gerade die Route Zürich–Málaga in den Bordcomputer ein. Plötzlich bemerkte ich einen unangenehmen Geruch. Auch der Copilot rümpfte die Nase. Wir schalteten die Klimaanlage ein, doch es roch immer intensiver. Ich verliess das Cockpit, um nachzuschauen. Unser Kabinenchef, der bereits vergeblich Raumspray versprüht hatte, zeigte auf drei Personen in der hintersten Reihe; ausser ihnen war noch niemand eingestiegen, weil der Geruch einfach zu intensiv war. Ich bat ihn, das Boarding sofort zu stoppen.

Nun ging ich nach hinten und stellte mich der Familie – der Sohn war in den Fünfzigern, die Eltern gegen achtzig – vor. Dann fragte ich höflich, ob es möglich sei, dass jemand von ihnen so stark rieche. »Meine Mutter«, antwortete der Sohn, »sie hat sich seit fünf Monaten nicht gewaschen und lässt sich durch nichts dazu bewegen.« Ich überlegte ganz kurz. »Es tut mir leid«, beschied ich ihm dann, »diesen Geruch können wir den anderen Passagieren nicht zumuten. Ich bitte Sie, das Flugzeug zu verlassen. Ich rechne mit Ihrem Verständnis.« Es gab noch einen kurzen Disput mit dem Sohn, doch dann verabschiedeten sich die drei. Als ich den Vater am Stock hinaushumpeln sah, taten sie mir leid. Aber eine andere Entscheidung wäre für mich als verantwortlicher Captain nicht möglich gewesen. Ohnehin kostete uns das Ganze fast eine Stunde, da auch das Gepäck der drei gesucht und ausgeladen werden musste. Keiner der Fluggäste störte sich an der Verspätung, einige dankten mir sogar.

Auch Rauchen war ein ewiges Thema, seit es Mitte der Neunzigerjahre auf allen Flügen verboten worden war. Immer wieder zündeten sich Passagiere auf dem WC eine Zigarette an und versuchten, den Duft mit Parfüm zu übertünchen. Ein paar Schlaumeier knieten sogar vor die WC-Schüssel und betätigten die Vakuumspülung, in der Hoffnung, der Zigarettenrauch ziehe nach aussen ab. Alles zwecklos. Obwohl sich der Rauchmelder bei Zigarettenrauch nicht einschaltet, riecht man es bereits Sekunden später in der ganzen Kabine.

Leider kam es auch oft vor, dass Passagiere betrunken an Bord wollten. Je nach Pegelstand wurde ihnen der Zutritt verweigert. Und bei Flügen mit Fussballfans kam es nicht selten zu Pöbeleien. Verlor die eigene Mannschaft, flogen Bierdosen, einige liessen ihren Frust an der Besatzung aus. Hatte dann noch ein Flight-Attendant eine dunklere Hautfarbe, gab es üble Beschimpfungen, sogar physische Angriffe. Einer verpasste einer Flight-Attendant einmal ein blaues Auge. Sie ging zivilgerichtlich gegen den Passagier vor, mit Unterstützung der Firma; heute büsst das Bundesamt für Zivilluftfahrt derartige Vorfälle. Einmal drohte ein Passagier, dem irgendetwas nicht passte, einer Flight-Attendant, dass er ihre Adresse herausfinden würde und sie dann schon sehen werde, was passiere. Der Mann war derart aggressiv, dass das Cockpit eingreifen musste; bei der Landung wartete bereits die Polizei auf ihn. Nach solchen

Attacken steckt einem die Angst natürlich noch lange in den Knochen. Und da das immer öfter vorkam – wie auch sexuelle Belästigungen gegenüber dem Kabinenpersonal –, wurden bald Handschellen an Bord mitgeführt und die Crews darauf trainiert, gewalttätige Passagiere zu überwältigen.

FLUGANGST UND ANDERE AUSFÄLLE

Eines Tages stand ich beim Boarding in der Gangway und bemerkte, dass sich hinter mir an der Flugzeugtür ein Stau bildete. Ich schaute nach und sah, wie sich eine Frau mit aller Kraft mit beiden Armen gegen den Türrahmen stemmte. Sie wollte nicht einsteigen. Als ich sie fragte, warum nicht, starrte sie mich nur mit panisch aufgerissenen Augen an. Ihr Begleiter erklärte, dass sie ungeheure Angst vor dem Fliegen habe. Ich nahm sie zur Seite, damit die anderen Gäste durchkonnten, und erfuhr, dass die beiden für eine Woche auf die Kanaren fliegen wollten, was ein seit Jahren von ihm gehegter Traum war. »Endlich war sie einverstanden gewesen – und jetzt das!«, sagte mir der Mann; die Verzweiflung über die Situation war ihm ins Gesicht geschrieben. Ich erfuhr, dass die Frau keinerlei Vorkehrungen gegen ihre Angst getroffen hatte. Dabei gibt es Beruhigungsmittel wie zum Beispiel Baldrian. Ich redete ihr gut zu, erklärte ihr, wie sicher das Fliegen sei und dass ich, die so viel flog, ja gewiss nicht lebensmüde sei. Ich machte mit ihr sogar Atemübungen. Dann aber musste ich die beiden auffordern, entweder einzusteigen oder die Reise abzubrechen. Abbrechen wollte die Frau nicht. Im Zeitlupentempo setzte sie unter Staunen und Starren der anderen Passagiere einen Fuss vor den anderen, bis sie auf ihrem Platz sass. Und schlief bereits kurz nach dem Start ein, um erst nach der Landung wieder aufzuwachen. Zu ihrer und unser aller Glück.

Unsere Flight-Attendants sind auf medizinische Notfälle gut trainiert, und die Bordausrüstung ermöglicht eine bestmögliche Hilfe. Bei kritischen Fällen erfolgt die Durchsage, ob sich unter den Passagieren ein Arzt oder medizinisches Personal befindet. Die Kommunikation zwischen Kabinencrew und Cockpit ist bei einem Notfall sehr wichtig. Während die einen den Patienten versorgen, wägen die Piloten ab, ob eine Notlandung eingeleitet werden muss. Dabei holen sie sich Hilfe bei der Einsatzstelle des Arbeitgebers oder auch bei der Rega in Zürich, die Tag und Nacht über Funk oder Satellitentelefon erreichbar sind. Diese geben durch, wo am Boden eine ärztliche Versorgung möglich ist, und organisieren diese auch, falls der Flug tatsächlich abgebrochen werden muss.

Piloten trainieren im Simulator auch medizinische Notfälle im Cockpit. Zum Beispiel die sogenannte Pilot-Incapacitation, wenn der Pilot also ganz oder teilweise arbeitsunfähig wird. Es kann sich um Sekundenschlaf handeln, aber auch um ein schwerwiegendes medizinisches Problem. Um auch im Endanflug eine Incapacitation zu entdecken, wurden Checklistenpunkte eingeführt, die von beiden Piloten zwingend quittiert werden müssen. Antwortet der fliegende Pilot beispielsweise auf den Ausruf »Check gear down and locked« nicht mit »Down and locked«, muss der nicht fliegende reagieren und notfalls umgehend die Kontrolle über das Flugzeug übernehmen.

Bei der TEA brach einmal ein Captain während des Flugs bewusstlos zusammen. Der Copilot übernahm sofort das Flugzeug, stellte sicher, dass es auf Kurs blieb, und rief dann die Kabinencrew zu Hilfe. Sie fixierten den Captain so auf seinem Sitz, dass er nicht auf das Steuerhorn fallen und seine Füsse nicht aus Versehen ins Seitenruder treten konnten. Die Kabinencrew fragte nach einem Arzt, der sich allerdings erst fand, als die Crew erklärte, es sei wirklich dringend, denn es ginge um den Captain. Eine Zwischenlandung war nötig, was der Copilot problemlos hinbekam.

Sie fragen sich vielleicht, ob ein Pilot, dem so etwas passiert, jemals wieder fliegen darf. Die medizinischen Anforderungen sind tatsächlich sehr hoch, und um einem späteren Loss-of-Licence, dem Entzug der Flugerlaubnis, vorzubeugen, sind die Airlines natürlich daran interessiert, nur gesundes Personal einzustellen. Früher war nach einem Herzinfarkt oder einer anderen schweren Krankheit die Lizenz für immer weg. Heute sind die Regularien etwas differenzierter, und Piloten können nach bestimmten Vorfällen wieder ins Cockpit sitzen, allerdings nicht bei jeder Diagnose und nur mit bestimmten Auflagen.

Und manchmal ist der Patient die Maschine selbst. Bei der Balair hatten wir zwei fabrikneue Boeing 767 betrieben. Die Belair besass hingegen mit der HB-ISE ein inzwischen etwas älteres Boeing-Modell. Was nicht heissen soll, dass ältere Flugzeuge schlechter sind, sie müssen aber viel mehr gepflegt und gewartet und öfter repariert werden. So kam es immer wieder mal vor, dass wir wegen eines technischen Problems nicht rechtzeitig starten konnten oder irgendwo auf der Welt stecken blieben. Tritt ein Problem erst nach dem Start auf, versucht die Crew, mittels Checkliste zuerst einmal selbst eine Lösung zu finden, allenfalls unter Mithilfe der Maintenance via Funk. Viele Systeme sind doppelt und dreifach abgesichert, und daher kann man beim Verlust einer Komponente oft problemlos weiterfliegen. Wenn nicht, muss überlegt werden, ob der Maintenance-Betrieb am Zielort das Problem beheben kann. Fällt diese Entscheidung negativ aus, ist Umkehren angesagt. Tritt auf einem Rückflug eine technische Panne auf, ist das meistens einfacher: Zu lange Dienstzeiten und Anschlussflüge für die Passagieren sind dann kein Problem, und für die nächste Rotation kann ein Ersatzflugzeug eingesetzt werden.

Muss ein Flug wegen eines grösseren Problems tatsächlich nach dem Start abgebrochen werden, ist meist noch zu viel Kerosin im Tank und das Flugzeug zu schwer für die Landung. Der Treibstoff muss abgelassen oder, falls das Flugzeug keine derartige Funktion hat, in Warterunden »verbraten« werden. Dann ist es wichtig, die Passagiere gut und laufend zu informieren und dabei keine Angst zu erzeugen, denn Flugpassagiere fürchten sich schnell. Konnte ein Flugzeug wegen technischer Probleme nicht sofort starten, informierte ich die Passagiere meistens zuerst über das Bordmikrofon, warum wir immer noch am Boden standen, und ging dann auch noch durch die Reihen, um ihnen das Problem persönlich zu erklären. So konnte ich viel besser auf deren Fragen und Ängste eingehen.

BRILLENKETTEN-GNUSCH

Sechs Jahre düste ich mittlerweile mit der rassigen Boeing 757 und der wunderbaren 767 um die Welt. Flügen nach Westen folgten Flüge nach Osten. Mit der Zeit empfand ich es als immer schwieriger, mich vom Jetlag zu erholen. Wenn ich nachts erwachte, wusste ich oft einen Moment lang nicht, wo ich war Malediven, Karibik, zu Hause? Und wo befand sich bloss der verflixte Nachttischlampenschalter? Die ständig wechselnden Hoteleinrichtungen – veraltet in den USA, Hightech am Golf – waren eine Herausforderung. Wie oft stolperte ich im Dunkeln und schlug mich an Ecken an! Am schlimmsten waren aber

Hotelzimmer über zwei Etagen. Das Schlafzimmer oben und die Toilette unten. Was zum Teufel soll daran toll sein? Zum Glück habe ich gute Knochen, bei den nächtlichen Stürzen habe ich mir nur einmal einen Finger verstaucht. Und ich stand nicht allein mit diesem Problem. Eine Flight-Attendant lief einmal schlaftrunken mit voller Wucht gegen eine Wand. Als sie am nächsten Morgen zum Briefing kam, waren ihre Augen blutunterlaufen. Auf dem Flug verschlimmerte sich ihr Zustand derart, dass sie mit dem nächsten Flieger zurück in die Schweiz geschickt wurde. Dort diagnostizierte der Arzt eine gebrochene Nase. Und ein männlicher Flight-Attendant donnerte im Hotelzimmer mal in die Glastür, die das Bad vom Schlafraum trennte, und verletzte sich böse an den Scherben.

Glücklicherweise war ich immer gesund und erhielt mein alljährliches Medical-Attest problemlos. Ganz langsam schlich sich aber – ich hatte inzwischen die fünfzig überschritten – eine Sehschwäche ein. Mit Augentraining versuchte ich, das Unvermeidliche noch etwas hinauszuschieben. Aber schon bald brauchte ich eine Lesebrille, die, wenn ich sie nicht benutzte, an einem Ketteli um meinen Hals hing. Das ging gut, bis ich zum ersten Mal ein Simulatortraining mit Brille bestritt. Diesmal übten wir unter anderem, was bei einer explosiven Dekompression, einem schlagartigen Druckabfall im Flugzeug, zu tun ist. Dann heisst es nämlich sehr schnell reagieren, da dem Piloten nur wenige Sekunden bleiben, bevor er bewusstlos wird. Beim Training musste man also die Sauerstoffmaske aus der Seitenablage herausziehen und über den Kopf stülpen. Sobald man die Griffe der Maske loslässt, schmiegen sich die Riemen, die sich automatisch aufblasen, fest an den Kopf. Nun bekommt der Pilot Sauerstoff und kann die weiteren Massnahmen einleiten. Bevor man die Sauerstoffmaske überzieht, sollte man aber zwingend zuerst die Kopfhörer und selbstverständlich auch die Brille mit der Kette ablegen, sonst legt sich erstens die Sauerstoffmaske nicht satt an den Kopf, und zweitens entsteht ein fürchterliches Gnusch zwischen Ketteli und Maskenriemen.

Natürlich hatte ich die Brille an der Kette vergessen, und das Unheil nahm seinen Lauf. Als Piloten werden wir zwar immer darauf trainiert, das Unerwartete zu erwarten – »expect the unexpected«, heisst es –, aber mit so etwas Banalem hatte ich dann doch nicht gerechnet. Es gab ein heilloses Durcheinander auf meinem Kopf, sodass ich alles nochmals abziehen und neu aufsetzen musste. Kostbare Zeit ging verloren. Von nun an trug ich im Simulator meine Brille nie mehr an einer Kette. Im Cockpit trug ich die Brille jedoch weiter am Ketteli, in einem Notfall hätte ich es einfach abgerissen – dann funktioniert alles problemlos, ich habe es ausprobiert. Der Instruktor, der damals im Simulator noch den Kopf über mich geschüttelt hatte, erzählte mir später, als auch er alterssichtig geworden war, dass er ähnliche Probleme gehabt habe bei der ersten Simulatorsession mit Lesebrille.

Bei Übungen mit Rauch oder Feuer im Cockpit war die Brille noch hinderlicher. Das Szenario sieht dann so aus, dass man nicht nur die Sauerstoffmaske überziehen muss, sondern zusätzlich eine Schutzbrille, die sogenannte Smoke-Goggle. Diese drückte meine Lesebrille so fest gegen die Augen, dass ich nicht mehr über sie hinwegschauen konnte. Ich sah also sehr gut in die Nähe, dafür aber nicht mehr in die Weite, was beispielsweise bei einer Landung schon wichtig wäre. Glücklicherweise befanden wir uns im Simulator! Ich überlegte mir, eine Gleitsichtbrille zu kaufen, aber die hätte dreimal korrigiert sein müssen. Unten für nah, in der Mitte für weit und ganz oben wieder für nah, damit ich auch die vielen Schalter über meinem Kopf am

Overhead-Panel hätte bedienen können. Eine solche war nicht erhältlich. Nun, wäre dieser Notfall während eines Flugs eingetreten, hätte ich die Landung allein dem Copiloten überlassen müssen.

SCHRECK AM ACHTZEHNTEN LOCH

Und dann änderte sich wieder einmal alles. Ende 2007 ging Belair mit Air Berlin eine Partnerschaft ein. Air-Berlin-Piloten, die in Zürich stationiert waren, wurden in die Belair eingegliedert. Sie profitierten von besseren Anstellungsbedingungen, waren aber unzufrieden, weil sie sich in der Seniorität hinter den Belair-Piloten eingliedern und bei der Besetzung von Captainssitzen warten mussten. Zwei Corps zu vereinigen, ist immer schwierig. Verschiedene Unternehmenskulturen treffen aufeinander, und bald fühlt sich die eine oder die andere Seite benachteiligt. Ein Phänomen, das wohl alle kennen.

2008, im ersten Jahr der Kooperation, bediente Belair viele innerdeutsche Kurzstrecken, was bedeutete, dass wir nun abends in der Regel zu Hause waren. Ein Glück für mich, denn dort wartete ja Geni, mein zweiter Mann, auf mich. Ihn hatte ich drei Jahre zuvor auf der Driving Range in Kloten kennen gelernt, die, nachdem ich den Golfsport für mich entdeckt hatte, so etwas wie meine zweite Heimat geworden war. Da der Abflug von Piste 16 genau über die Driving Range führte, winkte ich meinen Sportskolleginnen und -kollegen manchmal von der Luft aus zu, indem ich leicht mit den Flügeln wippte.

Eines Tages stellte mir ein Kollege einen Mann um die fünfzig vor, den ich zuvor wie »en Pickte« hatte Bälle schlagen sehen. Er hiess Geni, und mir fiel gleich der Schalk in seinen blauen

Augen auf. »Ich kenne dich«, sagte er als Erstes, »du bist Pilotin und warst mit Maja im Lehrerinnenseminar.« Ich erinnerte mich sofort: Maja, die liebe Mitschülerin an der Töchti, die mir damals das Gedicht eingeflüstert hatte, war nach dem Semi mit einem Geni liiert. Geni erzählte weiter, dass er immer auf einen aus seiner Klasse neidisch gewesen sei, dessen Papi bei der Swissair gearbeitet habe, und der habe manchmal im Cockpit mitfliegen dürfen. Spontan lud ich ihn zu einem Flug nach Catania ein. Danach zu einem nach Island. Als mein lieber Freund Walti, der Kabinenchef, bei diesem Flug sagte: »Den musst du nicht nehmen, der ist viel zu devot«, wusste ich gar nicht, was er meinte, da ich nicht realisierte, dass Geni sich in mich verliebt hatte. Auch wie attraktiv er mit seinen wunderschönen Augen war, hatte ich anfänglich total übersehen. Heute muss ich über Waltis Worte lachen, denn eines war Geni ganz gewiss nicht: devot.

Ein paar Monate später forderte Geni mich zu einer Runde Golf in Otelfingen heraus. Nach intensivem Training, so glaubte er, würde er mich schlagen. Es war Februar und saukalt. Ich erschien ungeschminkt, im Skianzug, mit Bergschuhen und Mütze. Er verlor das Spiel. Und dann küsste er mich am achtzehnten Loch doch glatt auf den Mund. »Gahts noh!?«[*], rief ich erschreckt aus. Kurze Zeit später nahm ich seinen Heiratsantrag an. Niemand in seinem Freundeskreis hätte gedacht, dass dieser hartgesottene Junggeselle jemals heiraten würde. Und ich nicht, dass ich noch einmal heiraten würde, und dann erst noch einen Mann, der meinen Nachnamen annahm.

Geni arbeitete im Tiefbauwesen und war ein ganz spezieller Charakter. Er machte und sagte, was er wollte. Konsequent und

[*] »Gehts noh!?«

kompromisslos. Er kannte keine Grautöne, nur Schwarz und Weiss, er hielt nichts von Diplomatie, und seine brüske Sprache und Direktheit war selbst für mich manchmal etwas schwierig. Aber er war ehrlich, hat nie geheuchelt. Jedermann wusste, woran er war. Er hasste Tratsch und Geiz und verfügte über eine grosse Menschenkenntnis. Ich konnte mich bedingungslos auf ihn verlassen und fühlte mich in seinen starken Armen unglaublich wohl, denn von nun an musste ich nicht ständig selbst stark sein. Er wusste, dass ich eine unabhängige, selbstbestimmte Frau war, und akzeptierte dies ohne Diskussion. Erst später – ich war bereits als Linienpilotin pensioniert, aber weiterhin am Boden und in der Kleinfliegerei als Fluglehrerin und Expertin tätig – sagte er manchmal, ich solle doch weniger arbeiten und vor allem ruhiger werden. »Kannst du denn nie still sitzen?«, fragte er dann. Er genoss die Welt der Fliegerei, die sich für ihn durch mich auftat. Und hatte sogar ein passendes Hobby: die Modellfliegerei. Dies freute mich sehr, und ich begleitete ihn oft.

Geni kochte. Jeden Abend. Er putzte, sorgte für Ordnung sogar im Kühlschrank, erledigte ausser Wäschewaschen alles, was im Haushalt anfiel. Und er polierte einmal pro Jahr meinen Golftrolley auf Hochglanz. Ich übernahm dafür alles, was am Computer erledigt werden musste, inklusive Steuererklärungen. Geni war aber nicht nur wegen seiner hauswirtschaftlichen Vorzüge ein idealer Partner, er war tatsächlich einfach die Liebe meines Lebens.

Unsere Ehe war von drei Leitsätzen geprägt, die mir mein Vater mit auf den Weg gegeben hatte. Erstens: Du kannst einen Menschen nicht ändern, das kann nur er selbst. Zweitens: Schiebe nichts auf, mach es! Drittens: Geh niemals im Streit zu Bett, sondern kläre alles vor dem Schlafengehen.

Geni war meine Stütze, als es meiner Schwester Eva, die in jener Zeit bereits todkrank war, zusehends schlechter ging. Wie tapfer sie gegen den Brustkrebs ankämpfte! Ich besuchte sie so oft wie möglich. Ihre Krankheit belastete mich so schwer, dass ich zunehmend Mühe hatte, mich zu konzentrieren, was sich vor allem beim intensiven Simulatortraining zeigte. Eigentlich hätten ich und meine ganze Familie damals professionelle Hilfe gebraucht, leider haben wir es verpasst, uns diese zu holen. Oft war ich den Tränen nahe. Irgendwie fühlte ich mich ihr gegenüber schuldig, weil ich noch nie grössere Probleme im Leben hatte, während sie sich schon so lange mit schlimmen Krankheiten herumschlagen musste. Ich hörte sie jedoch nie klagen. Einmal begleitete sie mich noch auf eine wunderbare Woche in die Karibik. Die ganze Besatzung verwöhnte sie, was sie sichtlich genoss.

Auf den langen Spaziergängen am Strand redeten wir viel. Auch über unsere Kindheit, die manchmal belastend gewesen war, denn unsere Mutter hatte sich viel gefürchtet und gesorgt. Sie hatte ständig Angst, dass wir pleitegingen, wenn ein neues Flugzeug gekauft werden musste. Oder wenn die Flugschule in einem verregneten Frühjahr weniger Einnahmen hatte. Die Angst übertrug sich auf uns. Und stillschweigend bangten wir mit ihr um unseren Papi, wenn er bei schlechtem Wetter flog. Dabei hätten wir unseren Vater doch nur fragen müssen. Sicher hätte er gelacht und gesagt, dass wir uns keinerlei Sorgen zu machen brauchten. Eva war zwar immer die Ängstlichere und Vorsichtigere von uns beiden. Trotzdem wurde auch sie Fluglehrerin. Und getraute sich in die Welt hinaus. Ein paar Jahre lebte sie mit ihrem Mann in Südafrika. Wie hatte ich sie da vermisst! Und wie sehr mich gefreut, als sie mit ihrer Familie in die Schweiz zurückkehrte. Zwar nicht direkt in meine Nähe, aber immerhin.

Und nun lag sie im Sterben. Als mich Anfang November 2008 mein Schwager anrief und sagte, dass es zu Ende gehe, hätte ich eigentlich eine lange Rotation gehabt. Belair-Chef Thomas Frischknecht zeigte jedoch vollstes Verständnis und stellte mich frei. Bis heute bin ich ihm dafür sehr dankbar. Denn so konnte ich die letzten Tage bei meiner Schwester sein. Sie war erst fünfundfünfzig Jahre alt, als sie starb. Sie hinterliess in unserer Familie ein grosses Loch. Ihr Verlust schmerzt mich noch heute. Unsere Mutter starb fünf Jahre später mit sechsundachtzig. Mein Vater, ich habe es ganz zu Beginn erzählt, pflegte sie bis zu ihrem letzten Atemzug. Zuerst im Spital, bis er sie zum Sterben nach Hause nahm.

UMSCHULUNG AUF DEN AIRBUS

Doch zurück zur Belair. Schritt für Schritt übernahm Air Berlin nun die Kontrolle über Belair. Schon bald passte es dem Verband der deutschen Air-Berlin-Piloten nicht mehr, dass die Belair das deutsche Kurzstreckennetz bediente. Fortan verlagerte sich unser Einsatzgebiet deshalb auf den Flughafen Palma de Mallorca, den Air Berlin als Hub, als grosses Luftfahrtdrehkreuz, nutzte; von dort aus flogen wir nun sämtliche grösseren Flughäfen auf der Iberischen Halbinsel an. Und wieder einmal bekam ich eine neue Uniform, die von Air Berlin (nein, zahlen musste ich dafür seit Crossair nie mehr). Diese schrieb auch für Pilotinnen, und davon gab es bei Air Berlin erfreulicherweise einige, eine Krawatte vor. Bei flachbusigen Frauen sah das noch einigermassen gut aus, bei Pilotinnen mit mehr Busen schlicht lächerlich. Die Krawatte ragte dann gerade nach vorn, um am Brustende als kleiner Zipfel verloren in der Luft zu hängen.

Schnurstracks ging ich zu Claudia, unserer Kabinenchefin, die mir sofort ein Foulard der weiblichen Flight-Attendants-Uniform aushändigte. Als Air Berlin davon Wind bekam, setzte mein Flight-Operations-Chef Andrew sich für mich ein, und fortan konnten die Pilotinnen in der Schweiz zwischen Krawatte und Foulard wählen. Wieso zwingt man Frauen diese männlichen Symbole überhaupt auf? Männliche Flight-Attendants tragen doch auch keinen Rock!

Und dann wurden unsere Flugzeuge auf Air Berlin umgespritzt und die geliebten Langstreckenflüge ab Zürich eingestellt. Belair gab es nur noch auf dem Papier. Die meisten Flight-Attendants verliessen deshalb die Firma. Irgendwann später sollten auch unsere Boeings gegen den Airbus ausgetauscht werden. CEO Thomas Frischknecht fragte mich eines Tages, ob ich die Boeing 767 nicht bis zu ihrer Ausmusterung fliegen wolle. Das wären noch zwei Jahre und fiele mit meiner Pensionierung – also meiner eigenen Ausmusterung – zusammen. Ich war begeistert, mein Lieblingsflugzeug bis dahin weiterfliegen zu dürfen; ausserdem müsste ich dann nicht mehr auf den Airbus 320 umschulen.

Es ist übrigens, das sei hier – wie im Prolog versprochen – noch erzählt, ebendieser Thomas Frischknecht, dem Sie dieses Buch verdanken. Schon vor Jahren meinte er, dass ich all die Geschichten unbedingt aufschreiben müsse. Ich winkte lachend ab, denn so wichtig nahm ich mich nicht. Er hakte aber beharrlich nach, und als mein Vater unmittelbar vor der zweiten Coronawelle dreiundneunzigjährig starb und mit ihm all seine erinnerungswürdigen Geschichten, griff ich tatsächlich in die Tasten.

Aber zurück zur Air Berlin, die bald schon ihren Plan änderte: Die Boeing 767 sollte nicht mehr eingesetzt, sondern sofort ausgemustert werden. Und so flog ich bereits im November 2009 mein geliebtes Flugzeug ein letztes Mal nach München, wo ich es dem neuen Besitzer übergab. Zum Abschied küsste ich die Aussenseite der Flugzeugtür und hinterliess einen roten Lippenstiftabdruck. Nun musste ich also doch noch auf den Airbus umschulen. So ein Mist!

Als ich mich zu Hause online mit den neuen Systemen vertraut machte – die Computertechnologie hatte grosse Sprünge gemacht –, meckerte ich bald herum. Der Airbus war so anders als die Boeing. Nicht nur die Technik, auch die Handbücher fand ich viel komplizierter. Suchte ich etwas, fand ich es nicht sofort. »Kein Wunder, wenn mehrere Länder an einem Flugzeug bauen!«, schimpfte ich vor mich hin. Bei Boeing war alles so einfach und logisch aufgebaut. Sie sehen, ich war kein Airbus-Fan. Und wurde auch keiner. Die Umschulung bereitete mir Mühe. Das grösste Problem war aber wohl, dass ich mich nach zwanzig Jahren innerlich nicht von der Boeing-Philosophie trennen wollte. »Bin ich schon so unflexibel geworden?«, fragte ich mich, immerhin war ich inzwischen fünfundfünfzig. Aber so schnell gab ich dann doch nicht auf – ich biss mich durch. Schon früher, wenn im Simulatortraining etwas nicht so recht klappen wollte, war Aufgeben keine Option für mich, im Gegenteil, es spornte mich erst recht an. Oft dachte ich dann an eine Karikatur, die ich einmal geschenkt bekommen hatte. Sie zeigt einen Frosch, der in einem Storchenschnabel steckt, sich aber partout nicht geschlagen gibt: Mit seinen aus dem Schnabel herausragenden Händen drückt er den Hals des Storchs zu, um diesen zum Loslassen zu zwingen. Ich beschäftigte mich also einfach noch intensiver mit den neuen Handbüchern.

Eines Morgens, ich war kurz zuvor als Captain für den Airbus zugelassen worden, neigten sich auf dem Weg zur Arbeit die

Baumwipfel sehr bedenklich. Ein gewaltiges Sturmtief war angekündigt, das den ganzen Tag anhalten sollte. Vier Flüge standen auf dem Flugplan: Berlin retour und Hamburg retour. Sollte ich den Copiloten auch fliegen lassen? Ich war mir unsicher. Der Airbus hat statt zwei Steuerhörner zwei Sidesticks; als nicht fliegender Pilot konnte ich im Airbus aber die Steuerausschläge des Sidesticks des fliegenden Piloten nicht beobachten, da sich mein Stick nicht mitbewegte, sondern in Neutralstellung verharrte. Bei der Boeing schlagen dagegen beide Steuerhörner gleich aus, sodass ich immer sofort bemerkte, wenn ein Copilot falsch steuerte; dann konnte ich ihn darauf aufmerksam machen oder sogar leicht dagegenhalten. Beim Airbus war das nicht mehr möglich. Da hiess es vertrauen und notfalls das Flugzeug übernehmen – oder eben von Anfang an selber fliegen. Nach der ersten Landung überwand ich meine unguten Gefühle und liess den Copiloten zurückfliegen. Er machte das hervorragend. Ich war beruhigt. Es dauerte jedoch fast ein Jahr, bis ich mich auf dem Airbus wirklich sicher fühlte. Geliebt habe ich ihn nie.

Ein weiterer Grund für die lange Umgewöhnungsphase war aber sicher, dass ich inzwischen nur noch zu fünfzig Prozent in der Luft und die anderen fünfzig Prozent am Boden arbeitete. Denn ich hatte mich 2009 auf eine Stellenausschreibung der Belair als stellvertretender Quality-Manager gemeldet. Später wurde ich zum CMM, Compliance-Monitoring-Manager, wie der Quality-Manager unterdessen hiess. Dass mir dieser Bürojob derart gut gefallen würde, ahnte ich damals nicht. Ich hatte einfach nicht mehr so viel fliegen wollen, da ich von den vielen Nachtflügen Schlafprobleme und vom vielen Sitzen Rückenschmerzen bekam.

Als CMM war ich für die Umsetzung der erforderlichen Regularien zuständig und sah deshalb in alle Abteilung hinein, von der Ground-Operation über die Ausbildungsabteilung bis zur Maintenance. Ich lernte viel in meiner neuen Funktion und konnte zusammen mit Safety-Manager Marco auch ein paar Neuerungen einführen, wie zum Beispiel Mitarbeiterbefragungen, die dann auch zu Verbesserungen führten. Die Zusammenarbeit in unserem kleinen Team und mit den anderen Abteilungen funktionierte hervorragend. Fast täglich kamen fliegende Kollegen zu uns ins Büro, weil sie an einem Kurs teilnahmen oder sonst etwas erledigen mussten. Kam ich deshalb einmal mit meiner Arbeit nicht voran, erledigte ich sie am nächsten Tag einfach ungestört von zu Hause aus. Bei der Belair war Homeoffice schon damals kein Problem.

EIN ROTER TEPPICH

Während ich zwischen Büro und Cockpit pendelte, verflog die Zeit. Das Rentenalter für Piloten war inzwischen von siebenundfünfzig auf achtundfünfzig angehoben worden, zusätzlich hatte ich meinen Arbeitsvertrag noch um zwei Jahre verlängert, da die Belair über zu wenig Piloten verfügte. Und plötzlich, 2014, ein Jahr vor meiner definitiven Pensionierung, wurde mir schmerzlich bewusst, dass ich bald alles zum letzten Mal machen würde. Zum letzten Mal besuchte ich einen Notfallkurs, zum letzten Mal wurde ich geprüft, zum letzten Mal löschte ich im Trainingsgebäude ein Feuer oder sauste die Notrutsche hinunter, ein letzter technischer Refresher für den Airbus, ein letzter Dangerous-Goods-Kurs über den Umgang mit gefährlichen Waren an Bord, ein letzter Winter-Operations-Check, ein letztes Crew-Resource-Management-Training, ein letzter Linienflug-Check, ein letzter Simulatorcheck. Und dann – der letzte Flug.

Ich durfte mir aussuchen, wohin ich fliegen wollte. Da wir leider keine Langstreckenflüge mehr im Programm hatten, nahm ich einen Kurzflug nach Catania. Auch die Crew durfte ich auswählen. Klar, sass neben mir eine Pilotin: Michèle Widmer! Ich überlegte mir, auch für die Kabine nur weibliches Personal mitzunehmen; es gab eine Gruppe Frauen, mit denen ich in den letzten Jahren ein paarmal zusammen auf Palma-Rotation gewesen war, natürlich mit einem Nightstop. Das war immer der absolute Hammer gewesen. So anhaltend blödeln und lachen können Frauen vor allem dann, wenn sie unter sich sind. Ich entschied mich dann aber für meine alten Balair-Kollegen: Corinne, Anita, Dominique und als Kabinenchef Urs, die allesamt auch bei der Belair gelandet waren. Mein inzwischen achtundachtzigjähriger Vater durfte mich auf dem Jumpseat im Cockpit begleiten. Am Vortag hatte er sich extra noch eine Videokamera gekauft, um meinen letzten Flug als Linienpilotin festzuhalten.

Am 20. Oktober 2015, zwei Tage nach meinem sechzigsten Geburtstag, war es so weit. Sicher würde es nach dem Flug einen kleinen Apéro mit ein paar Kolleginnen und Kollegen geben, dachte ich, als ich an jenem Morgen zur Arbeit fuhr. Doch als ich den Briefingraum betrat, verschlug es mir den Atem. Sie hatten einen roten Teppich für mich ausgerollt mit der Aufschrift »in the air 1983–2015«, und am Ende des Teppichs kniete die Crew und stellte mit ausgestreckten Armen ein Flugzeug dar. Alle fünf trugen ein T-Shirt, auf dessen Vorderseite »First Airline Pilot Lady of Switzerland« stand – Switzerland durch ein Schweizerkreuz symbolisiert –, auf der Rückseite prangte ein Foto von meiner Hand auf dem Gashebel, darunter: »Regula's Last Flight 20.10.15«. Ausserdem trugen sie Mützen mit der Aufschrift »Proud of our pioneer«, »Stolz auf unsere Pionierin«.

Ich war überwältigt, auch wegen des meterhohen Blumenge-stecks, das auf dem Tisch stand. Ich konnte meine Tränen nur mit Mühe zurückhalten.

Es half nichts: Ein kurzes letztes Briefing, und wir fuhren zum Flugzeug, wo ich auch meinen Cockpitsitz blumenge-schmückt vorfand. Urs, ehemals Florist, war ein wahrer Künst-ler. Dann stiegen unsere Fluggäste ein, und mein Vater nahm im Cockpit Platz, die Videokamera einsatzbereit. Es herrschte schönstes Wetter auf dem Flug nach Catania, während dessen uns die Kabinencrew mit Leckereien und alkoholfreiem Sekt verwöhnte, die sie in grossen Mengen ins Flugzeug geschleppt hatten. Sie zelebrierten einen Erstklassservice wie zu den guten alten Balair-Zeiten. Und Michèle, meine Copilotin, brachte uns mit ihren Spässen zum Lachen. Das hatte sie auch zuvor immer wieder genau in dem Moment geschafft, wenn ich den Passa-gieren via Bordmikrofon etwas mitteilen wollte.

Auf dem Retourflug erzählte ich den Fluggästen ein bisschen aus meinem Pilotenleben. Und als die Crew im Flugzeug nach der Landung die Lieder »Über den Wolken« und »Volare can-tare« abspielte, kam ich gegen die Tränen nicht mehr an. Ich stellte die Motoren ab und dachte traurig: »Das wars!« Als ich meinen Vater anschaute, hatte auch er Tränen in den Augen. Fast alle Passagiere stiegen vorn aus, um mir die Hand zu schüt-teln und alles Gute zu wünschen. Dann öffneten die Flight-Attendants eine Flasche Champagner und überreichten mir einen riesigen Blumenstrauss. Mir blieben die Worte im Hals stecken. Gleich nochmals verschlug es mir die Sprache, als wir wieder zurück im Operation-Center waren. So viele Menschen warteten dort auf mich, auch ehemalige Arbeitskolleginnen und -kollegen, meine diversen Chefs, Geni, der absolut dicht-gehalten hatte, Freundinnen und Freunde, sogar der Direktor des Bundesamts für Zivilluftfahrt. Ich war überwältigt. »Wenn so viele Menschen zum Abschied kommen«, sagte damals ein Pilotenkollege, »dann hast du vieles richtig gemacht.« Ich dankte ihm und dachte: »Und einiges falsch.« Aber wer redet schon gern laut über die eigenen Verfehlungen?

Nun war ich also als Captain pensioniert. Und dies nach zweiunddreissig unfallfreien Jahren als Linienpilotin. Für Belair arbeitete ich als CMM aber noch zwei Jahre weiter. Die guten Zeiten waren für diese Fluggesellschaft aber endgültig vorbei. Alles wurde von Berlin aus gesteuert. Ständig neue Chefs, neue Organigramme, neue Strukturen, Kürzungen bei den Personalkosten. Es dauerte nicht mehr lange bis zur nächsten Pleite. 2017 meldete Air Berlin Insolvenz an, und damit blieb auch Belair am Boden.

Mich betraf das nicht mehr, da ich bereits in Rente war, aber mir taten all meine Kolleginnen und Kollegen leid, ob am Boden oder in der Luft. Sie haben bis heute nicht vergessen, wer vor dem Grounding ehrlich zu ihnen war und wer sie belogen hatte, auch in der Schweiz. Und ich bin froh, dass viele von ihnen bei anderen Schweizer Fluglinien unterkamen. Ein paar Monate nach der Air-Berlin-Pleite gab es noch einen Versuch, die Belair als Balair wiederauferstehen zu lassen. Man fragte mich, ob ich das Quality-Management übernehmen würde. Nach ein paar Monaten verliess ich das Projekt, es waren zu viele Möchtegerns und Fantasten am Werk.

MEIN SCHWIERIGSTER FLUG

Die Zeit, in der Propeller und Düsen die Hauptrolle in meinem Leben spielten, war nun vorbei. Reisen und Golf spielen, diese zwei Leidenschaften verbanden Geni und mich. Wie zuvor schon waren wir viel unterwegs, jetzt allerdings über einen längeren Zeitraum. Karibik, Thailand, Florida, Neuseeland, Südafrika.

Kurz vor Ausbruch der Coronapandemie kauften wir ein kleines Wohnmobil, unser »Wägeli«. Damit konnten wir sogar noch meine dritte Leidenschaft miteinbinden: Wenn ich auf dem Flugplatz Donaueschingen Flugschüler unterrichtete oder Prüfungen abnahm – was ich ja weiterhin mit Freuden tat –, zogen wir mit dem Wägeli auf den nahe gelegenen Campingplatz am Riedsee, von wo aus Geni mich jeden zweiten Tag zum Flugplatz chauffierte. An den anderen Tagen spielten wir Golf. Nebenbei bemerkt: Ich glaube, dass meine einstige Tätigkeit als Pilotin mir das Golfspielen erleichtert. Nicht, was die Technik betrifft, sondern was das Fokussieren und die hohe Konzentrationsfähigkeit angeht.

In der zweiten Coronawelle habe ich dann mit schwerem Herzen meine vierzigjährige Fluglehrer- und Expertentätigkeit aufgegeben. Das Risiko, mich im engen Cockpit bei einem Flugschüler anzustecken und damit auch Geni zu gefährden, der knapp fünf Jahre älter war als ich, erschien mir zu gross, zumal vier meiner Kollegen bereits an Covid gestorben waren. Von nun an konnten wir, wann immer wir wollten, in unser Wägeli steigen und losfahren. 2021 waren wir volle acht Wochen in Deutschland und Italien unterwegs.

Geni und ich haben nie etwas aufgeschoben. Ein »Oh, hätten wir doch …!« gab es bei uns nicht. Darüber bin ich genauso glücklich wie über die Tatsache, dass wir nie mit Groll aufeinander zu Bett gingen. Wenn wir uns stritten – ja, auch das kam gelegentlich vor, ab und zu knallten sogar Türen –, sprachen wir darüber. Eine Entschuldigung, ein Verzeihen. Dann kuschelte Geni sich eng an mich – das tat er ausnahmslos jeden Abend, seit wir zusammen waren –, und wir schliefen ein. Entspannt und friedlich. Wie auch in jener Nacht vom 10. auf den 11. Dezember 2021, nach der er einfach nicht mehr aufgewacht ist.

Nun startete ich also zu meinem nächsten Flug. Diesmal ins Ungewisse, im Blindflug und nicht ausbalanciert. Mit an Bord meine Trauer und Schwermut, aber auch die Hoffnung und das Vertrauen, diesen Flug ohne Absturz zu beenden und, wer weiss, vielleicht sogar mit einer sanften Landung abzuschliessen. Dass mir dabei die in der Fliegerei erlernten und verinnerlichten Notfallstrategien helfen, kam mir erst in den Sinn, als eine Kollegin mir eine Whatsapp-Nachricht schickte: Sie habe, schrieb sie, sofort erkannt, dass ich auch in dieser absoluten Ausnahmesituation wie ein Fels in der Brandung stünde.

Nun, im Notfallmanagement wurden wir auf FORDEC trainiert, eine für den Luftverkehr entwickelte Methode der strukturierten Entscheidungsfindung; die Abkürzung steht für Facts – Options – Risks and Benefits – Decision – Execution – Check. Ins Deutsche übertragen, heisst das: Erstens die Fakten überprüfen: In welcher Situation befinde ich mich? Zweitens die Handlungsoptionen ausloten. Drittens die jeweiligen Risiken und Nutzen der Handlungsoptionen abwägen. Viertens sich für eine Option entscheiden. Fünftens die gewählte Option ausführen. Sechstens abchecken, ob diese tatsächlich zum anvisierten Ziel führt.

Natürlich lässt sich dieses Vorgehen nur äusserst bedingt bei privaten Schicksalsschlägen anwenden, aber mir half das Erlernte bestimmt dabei, im ersten grossen Sturm nicht unterzugehen. Dass Geni tot ist, konnte ich relativ schnell als Tatsache akzeptieren, und ich habe mit meinem Schicksal auch nie gehadert. Optionen gab es für mich nur zwei: von der Brücke springen oder weitermachen. Aber Aufgeben ist eigentlich nicht meine Sache, und so habe ich mich fürs Weitermachen entschieden und dafür, mich nicht in ein Schneckenhaus zurückzuziehen, sondern greifbar zu bleiben für meine Freundinnen und Freunde aus der Fliegerei, vom Golf, von der Schule und auch für die wertvollen Menschen, die ich über Geni kennen gelernt habe. Nicht zu vergessen meine liebevollen Nachbarinnen und Nachbarn. Sie alle helfen mir, über diese schwere Zeit hinwegzukommen, und kümmern sich mit grosser Anteilnahme um mich, wofür ich ihnen aus tiefstem Herzen dankbar bin.

Unendlich dankbar bin ich auch für die wunderbaren sechzehn Jahre, die Geni und ich miteinander verbringen durften, dafür, dass ich heute sagen kann: Ja, wir haben es gut gemacht. Und dafür, dass er sich mit seinem handwerklichen Geschick und seinem Blick fürs Schöne kurz vor seinem Tod noch um die Restaurierung des Modells der Piper L4 gekümmert hat, das ich von meinem Vater vererbt bekommen habe; damit hat er mir – unwissentlich – ein letztes grosses Geschenk gemacht.

Und ja, auch was meine Pilotenzeit anbetrifft, empfinde ich Dankbarkeit. Dafür, dass ich in meiner Karriere so viel Schönes und Spannendes kennen lernen durfte. Für die tollen Kolleginnen und Kollegen, mit denen ich einen wichtigen Teil meines Lebens verbrachte, für die Teamarbeit, die sehr oft so traumhaft klappte. Es war auch faszinierend, mitzuerleben, wie regelmässig sich Piloten Tests unterziehen und wie oft sie sich in diesem

Beruf in neue Flugzeugsysteme einarbeiten müssen. Es war ein gute, nein, eine fantastische Zeit, und mit ganz wenigen Ausnahmen bin ich jeden Tag gern zur Arbeit gegangen.

Wer einmal vom Airline-Virus befallen ist, heisst es in Fliegerkreisen, kommt nur schwer wieder davon los, und wer es versucht, kehrt bald zurück. Umso erstaunter war ich, dass ich die Linienfliegerei nicht einen einzigen Tag vermisste. Ich hatte übrigens kurz vor meiner Pensionierung von einer Firma noch ein Angebot bekommen, für sie weiterzufliegen, habe dies jedoch dankend abgelehnt. Selbst meine Lizenz für einmotorige Flugzeuge habe ich inzwischen abgegeben. Und das nach fast fünfzig Jahren in der Luft, total 22 830 Flugstunden und 19 444 Starts und Landungen, die den Kurzstreckenflügen und meiner Arbeit als Fluglehrerin geschuldet sind.

Würde ich, wenn ich heute noch einmal von vorn beginnen dürfte, einen anderen Beruf wählen? Vermutlich ja, denn die Fliegerei hat sich rasant verändert, leider nicht nur zum Guten, zudem gibt es noch so viel Neues, anderes zu entdecken!

Trotzdem werde ich wohl mein Leben lang in den Himmel schauen, wenn ich ein Flugzeug höre. Und dabei auch an den Mann denken, der sich – fest an mich geschmiegt – auf seine letzte Reise begeben hat.

NOCH EIN PAAR WORTE ZUM SCHLUSS

Es ist mir wichtig, liebe Leserinnen, liebe Leser, hier noch einmal zu betonen, dass ich vieles, was in den Luftfahrtbereich gehört, bewusst sehr stark vereinfacht dargestellt habe, um Sie nicht mit allzu viel aviatischem Wissen, fachlichen Begriffen und detaillierten Formulierungen über fliegerische Abläufe und komplexe Verfahren zu langweilen. Ich bin sicher, dass Sie es mir verzeihen – wie hoffentlich auch meine Berufskolleginnen und -kollegen.

Während des Schreibens kamen viele Erlebnisse auf den Rotationen wieder an die Oberfläche. Es war faszinierend, diese Erinnerungen mit Freundinnen und Kollegen zu teilen und herauszufinden, ob sie sich mit ihren deckten. Und noch viel faszinierender war es, wenn ihnen weitere Geschichten dazu in den Sinn kamen und sie so meinem Gedächtnis ein bisschen auf die Sprünge halfen. Ein grosses Dankeschön geht also an alle, die mir bei der Erinnerungsarbeit geholfen haben. Zweien von ihnen möchte ich ganz speziell danken: meinen beiden Fliegerfreunden Jürg Bachmann und Walti Wüthrich.

Lieber Jürg, dich lernte ich ganz am Anfang in Lugano bei der Crossair kennen. Du fielst mir auf, weil du damals selten die Uniformjacke getragen, sondern gern mit deinem coolen schwarzen Lederjäckli eingecheckt hast – und immer mit einem Lächeln im Gesicht. Und wenn ein Flugzeug viel zu schnell auf dem Taxiway rollte, dann wusste ich: Das konntest nur du sein. Du wurdest mein Lieblingscaptain, weil die Flüge mit dir, als ich noch rechts im Cockpit sass, kurzweilig und immer sehr lustig waren und weil du mir auch bei den übelsten Stürmen vertrauensvoll das Steuer überliessest. Du hattest später massgeblich Einfluss auf meine Karriere, denn du inspiriertest mich zum Wechsel zur TEA, und zehn Jahre später ermahntest du mich, endlich bei der Balair anzuklopfen – was ich drei Tage vor Bewerbungsschluss dann auch tat. Ich schätze deine integre, ehrliche und vor allem absolut neidlose Art!

Lieber Walti, dich habe ich bei der TEA als grandiosen Kabinenchef kennen gelernt. Wie oft stelltest du, als wir später bei der Balair und der Belair zusammenarbeiteten, einen Business-Passagier – First Class gab es bei beiden Airlines keine –, der im Tanktop oder aber barfuss ins Flugzeug stieg, vor die Wahl: Entweder Kleiderwechsel oder ein Downgrading in die Eco. Unzählige fantastische Rotationen haben wir miteinander erlebt. Noch heute bringst du mich immer wieder zum Lachen, sehr oft aber auch zur Selbstreflexion. Schon früher hieltest du mir ab und zu den Spiegel vor und sagtest: »Regula, so nicht!« Oder ermutigtest mich, meinen Weg zu gehen. Ich schätze deine Spontaneität und Hilfsbereitschaft genauso wie deine offene, direkte und ehrliche Art, zu kommunizieren. Deine tröstenden und gleichzeitig immer wieder aufmunternden Worte, die du auch in der Zeit für mich fandest, als meine Welt aus den Fugen geriet. Wie oft hast du mir Mut gemacht mit dem immer gleichen Satz: »Du bist ein Glückskind und wirst immer eins sein!«

Ein Dankeschön geht an meine Lektorin Brigitte Matern. Liebe Brigitte, du hast mich während unserer Arbeit mit deinen Fragen zu und Interpretationen von aviatischen Begebenheiten manchmal fast zur Verzweiflung gebracht. Für mich war so vieles selbstverständlich, was für Nicht-Aviatiker offensichtlich ein Buch mit sieben Siegeln ist; das wollte ich lange nicht wirklich kapieren. Deine Gradlinigkeit und dein Nicht-Aufgeben, bis etwas so formuliert war, dass es alle verstehen, macht »Über den Wolken« – das weiss ich heute – zu dem, was ich mir von meinen Aufzeichnungen erhofft hatte. Danke vor allem aber auch dafür, dass wir nicht nur lange diskutierten, sondern immer wieder auch herzhaft lachen konnten.

Ein grosser Dank geht an Thomas Frischknecht, der mich mit der Verlegerin Gabriella Baumann-von Arx zusammengebracht hat, und ein ebenso grosser Dank an sie: Du, liebe Gaby, warst von Anfang an von der Idee begeistert. Ohne dich hätte ich es nicht geschafft!

Und ich danke Dominique Gisin, die als Skirennfahrerin die schneeweissen Pisten liebte, heute als Pilotin auf schwarzen unterwegs ist und das mich sehr berührende Vorwort zu diesem Buch verfasst hat. Danke, liebe Dominique!

Ich könnte noch lange fortfahren, denn es gibt so viele Menschen, die mich getragen haben und immer noch tragen, aber ich lasse Sie, liebe Leserinnen und liebe Leser, jetzt wieder los. In der Hoffnung, dass ich Ihnen ein paar spannende und unbeschwerte Lesestunden über den Wolken bescheren konnte.

Regula Eichenberger,
im August 2022